Zu diesem Buch

Dieses Buch ist parteiisch. Es ergreift Partei für jene, die immer noch die Hauptlast der Beziehungs- und Erziehungsarbeit, der Familien- und Hausarbeit zu leisten haben: die Mütter.

Immer noch ist das Einkaufen mit Baby im Wagen und Kleinkind an der Hand ein zirkusreifer akrobatischer Akt über zugeparkte Bürgersteige, durch vollgestellte Supermärkte und in überfüllten Nahverkehrsmitteln. Immer noch finden Kongresse und Tagungen, das Leben in Vereinen, Verbänden und Parteien, die Arbeit in Betrieben und Unternehmen ohne Aufenthaltsräume und Betreuung für Kinder statt. Immer noch gibt es zu wenig Plätze in Kindergärten und Krabbelgruppen. Immer noch sind Mütter die Hilfslehrer der Nation, denen Unterrichtsausfall und die Betreuung von Hausaufgaben aufgebürdet wird. Immer noch flüchten Väter vor Windeln und Wickeln in die berufliche Karriere, und immer noch gilt die Arbeit von Haus-Frauen als «Liebe», die nicht bezahlt zu werden braucht.

Immer noch ist die Entscheidung *für* ein Kind für Frauen eine Entscheidung *gegen* eine Teilnahme am öffentlichen Leben und gegen ein öffentlich-politisches Engagement. Warum eigentlich?

Frauen mit Kindern werden in dieser Gesellschaft ausgegrenzt. Aber immer weniger Mütter sind bereit, sich damit abzufinden, daß im Berufsleben, bei Terminplanungen, Veranstaltungen davon ausgegangen wird, Mütter hätten kein Recht, dabeizusein oder wären selbst dafür veranwortlich, sich die Möglichkeit zur Teilnahme zu schaffen.

Der Bau von Straßen gilt in dieser Gesellschaft als eine Aufgabe, für die die «Gemeinschaft» zu sorgen hat, das Aufziehen von Kindern als «Privatsache» der Frauen: Ob und wie sie dieses mit ihren sonstigen Ansprüchen an das Leben in Einklang bringen können, ist «ihr Problem».

Vor zwei Jahren hat sich eine Gruppe von Frauen, Müttern und Nicht-Müttern zusammengefunden und das sogenannte Müttermanifest formuliert, die umstrittene politische Plattform einer mütter- und kinderfreundlichen Gesellschaft. «Die Zeit der Klage, des Rückzugs, des Lamentierens ist vorbei. Mütter lassen sich nicht mehr fragen, ob und warum sie Kinder haben dürfen, sondern sie fragen die Welt, warum sie ihnen und ihren Kindern nicht den legitimen, notwendigen, sinnvollen Raum gibt – wo doch die Zukunft von ihnen abhängt und die Grundlagen des psychischen und physischen Wohlbefindens letztlich der gesamten Gesellschaft von ihnen geschaffen werden.»

Dorothee Pass-Weingartz und Gisela Erler gehören zu den Autorinnen dieses Müttermanifestes. Mit diesem Buch möchten sie ihre Erfahrung, daß Mütter trotz der Belastung, die ihre Arbeit mit sich bringt, in der Lage sind, etwas zu bewegen, an möglichst viele Frauen weitergeben.

Dorothee Pass-Weingartz
Gisela Erler (Hg.)

Mütter an die Macht

Die neue Frauen-Bewegung

Rowohlt

rororo aktuell – Herausgeber
Ingke Brodersen · Freimut Duve

Originalausgabe
Die Karikaturen auf den Seiten 137, 210
sind von Marie Marcks, die Karikaturen und Cartoons auf
den Seiten 12, 72, 194 von Claire Bretécher
Veröffentlicht im Rowohlt Taschenbuch Verlag GmbH,
Reinbek bei Hamburg, März 1989
Copyright © 1989 by Rowohlt Taschenbuch Verlag GmbH,
Reinbek bei Hamburg
Alle Rechte vorbehalten
Umschlagentwurf: Jürgen Kaffer / Peter Wippermann
(Foto: Joker / Lutz Schmidt)
Satz Times (Linotron 202)
Gesamtherstellung Clausen & Bosse, Leck
Printed in Germany
1080-ISBN 3 499 12513 7

Inhalt

Vorwort

Wenn mich in den letzten Wochen und Monaten Freundinnen und Bekannte fragten, wie es mir denn so ginge und was ich denn so machte und ich ihnen von diesem Buch erzählte, war ich doch verblüfft über die Reaktionen, die kamen. Ein Buch über Mütter? Aha, interessant. Und der Titel? «Mütter an die Macht». Mütter mit kleinen oder großen Kindern lachten meistens. Kommentare wie «schön wär's» oder «toller Titel» – und damit war die Sache meist abgehakt. Aber es gab auch andere Reaktionen. Frauen ohne Kinder fühlten sich getroffen, teilweise regelrecht verletzt von dem Titel. Und konservative Frauen machte er sogar aggressiv.

Parolen wie «Frauen an die Macht» oder «Kinder an die Macht» sind ja durchaus nicht neu. Sie haben immer schon dazu gedient, durch die selbstbewußte Provokation auf die gesellschaftliche Diskriminierung einer Bevölkerungsgruppe aufmerksam zu machen. Sie waren das Signal für den Aufbruch aus der Lethargie, die Aufforderung, Widerstand zu leisten. Ich hoffe, daß auch dieses Buch so verstanden wird.

Als wir, eine Gruppe von Müttern, uns vor zwei Jahren am Rande eines Frauenkongresses zusammenfanden, hatten wir eigentlich nur den Wunsch, nicht mehr nur immer unter uns über Freud und Leid des Mutterdaseins zu reden und zu klagen, sondern die Arbeit der Mütter endlich einmal zum öffentlichen Thema zu machen. Hatten wir in den Jahren zuvor in der Frauenbewegung noch dafür gekämpft, daß Frauen stärker werden und Frauenbelange ein größeres politisches Gewicht erhalten, so machten wir als Mütter die Erfahrung, daß wir plötzlich außen vor waren, daß niemand die Arbeit, die wir leisteten, registrierte. Wir planten deshalb einen Kongreß, der die Alltagswirklichkeit von Müttern in dieser Gesellschaft zum Thema haben sollte. Aber nicht nur zum Thema: Durch die Schaffung einer den Kongreß begleitenden, sorgfältig vorbereiteten Kinderinfrastruktur wollten wir deutlich machen, daß das gesellschaftliche Abseits, in dem sich Mütter und Kinder befinden, kein Naturgesetz ist, sondern durch eine andere praktische Planung aufgehoben werden kann, die die Bedürfnisse von Müttern und vor allem die Kinder als eigenständige Gruppe miteinbezieht.

Und das Experiment gelang. In begeisterter Selbstüberforderung,

7

immer mit Kindern auf dem Schoß oder am Bein, stellten wir einen Kongreß auf die Beine, der trotz der 200 Kleinkinder, die gut betreut sein wollten, 500 Frauen eine ziemlich ungestörte Diskussion und Reflexion über ihre Lebenswirklichkeit als Mütter erlaubte. Ohne sich in der sonst üblichen Hektik solcher Tagungen zu verlieren, setzten die anwesenden Frauen damit ein deutliches Signal, daß es auch anders geht, daß es auch mit Kindern geht, daß Frauen mit Kindern nicht ausgegrenzt werden müssen. Der Kongreß vermittelte eine Ahnung davon, wie eine andere politische Kultur in diesem Lande aussehen müßte und könnte, die sich in ihrer Planung und ihrem Funktionieren an denjenigen ausrichtet, die mit Kindern leben.

Und trotzdem war dieses Zusammentreffen alles andere als Friede, Freude, Eierkuchen. Es gab neben der breiten Zustimmung, die wir erhielten, immer noch genug Frauen, die in unseren politischen Aktivitäten und Forderungen nur konservatives Gedankengut entlarven zu können meinten und die argwöhnten, wir wollten die Frauen doch nur wieder auf die Mutterrolle festlegen und damit die althergebrachte Rollenteilung zwischen Mann und Frau weiter zementieren. Da standen sich nun plötzlich Mütter und Nichtmütter gegenüber – beide mit dem Anspruch, feministische Positionen zu vertreten und Frauen stärken zu wollen.

An diesem Punkt der Auseinandersetzung erschien es uns notwendig, das zusammenzufassen, was wir als unsere gemeinsamen politischen Einschätzungen und Forderungen erkannten. Wir wollten nicht länger klein und bescheiden sein, sondern laut und fordernd. Mütter schaffen einen großen Teil des Bruttosozialproduktes und sind immer noch von dem Taschengeld abhängig, das ihnen Männer oder staatliche Institutionen gewähren. Deswegen sollte unsere politische Plattform auch nichts Geringeres sein als ein Manifest – das Müttermanifest. Auf vier Seiten führten wir auf, was unseres Erachtens zur Schaffung einer mütter- und kinderfreundlichen Gesellschaft notwendig ist. Von einer ausreichenden finanziellen Sicherung der Betreuungsarbeit, einer vollständigen Umgestaltung des Arbeitslebens mit einer drastischen Arbeitszeitverkürzung oder einer Öffnung der Frauenbewegung für Anliegen von Müttern umfaßten unsere Forderungen sehr konkrete wie auch manche eher utopische Vorstellungen.

Ich denke, die wenigsten von uns, die zu den Erstunterzeichnerinnen des Müttermanifests gehörten, haben damals geahnt, welche Folgen dieser Text haben sollte. Hatte die Auseinandersetzung innerhalb der Frauenbewegung vorher nur eine vergleichsweise geringe Rolle gespielt, so brach sie nach der Veröffentlichung des Manifestes erst richtig auf. «Der Knüller des Jahres» – wie auf der Kasseler Frauenuniversität das Manifest bezeichnet wurde, war Inhalt von unzähligen Besprechungen, Veranstaltungen und Papieren. Die Antwort auf die Frage «Wie hältst du es mit dem Müttermanifest?» war oft genug Grund für heftige Streitereien und schwerwiegende Krisen vor allem unter uns Frauen.

Unsere Forderungen und Vorstellungen fanden Eingang in die Diskussionen aller Parteien, allerdings in höchst unterschiedlicher Ausprägung. Und es ist sicherlich kein Zufall, daß sich die angeblich so mütter- und kinderfreundlichen Christdemokraten am vehementesten gegen uns zur Wehr setzten. Dies hat ursächlich zu tun mit dem Mutterbild, das sie propagieren und das konträr zu dem steht, was wir mit unseren Forderungen ausdrücken wollten. Dabei sollte man denken, daß sich doch gerade eine Regierung, die – und das auf höchster Ebene – bei jeder sich bietenden Gelegenheit die Mütter der Nation und ihre so hervorragenden Eigenschaften hochlobt, eine Regierung, die erklärt, daß ihr das werdende Leben so sehr am Herzen liegt, daß es gerechtfertigt sei, die Frauen unter Strafe zu stellen, die sich der Mutterschaft zu entledigen suchten, sich der Forderung «Mütter an die Macht» vorbehaltlos anschließen sollte.

Doch weit gefehlt. Ist das Kind erst da, wird die Mutter und das vorher noch so umsorgte werdende Leben wie eine heiße Kartoffel fallengelassen. Wir haben in diesem Buch einige Frauen zu Wort kommen lassen, deren Beiträge dies mehr als deutlich machen. Sie sind allein mit ihren Schwierigkeiten, ob es sich nun um die alleinerziehende Frau handelt oder die Mutter eines behinderten Kindes, oder um die Frau, die ihr Kind zur Adoption freigibt. Es gibt keine wirkliche staatliche Hilfe, die ihnen ein freiwilliges Zusammensein mit ihrem Kind möglich macht und auch ihren Bedürfnissen als Frauen Rechnung trägt. Sie leben in einem Getto.

«Aber das wußten wir doch alles schon», höre ich schon die Entgegnung von einigen Frauen. Das Dilemma liege allein darin begründet, daß die Männer außen vor gelassen würden, daß wir die eigentliche Kampffront – nämlich die zwischen den Geschlechtern – verlassen würden, uns jetzt nur noch auf die Mütter konzentrierten und dem auch noch positive Gesichtspunkte abgewönnen.

Ja, wo sind sie eigentlich, die Väter? Nach neuesten Befragungen soll es sie hin und wieder schon geben: Männer, die ihr Kind auch als eine Chance für sich sehen, die sich gleichermaßen an der anfallenden Arbeit beteiligen. Doch es sind bis heute nur wenige versprengte Pioniere geblieben, meist beruflich privilegierte; der übergroße Teil der Väter befindet sich weiterhin auf der Flucht, mag diese auch nicht immer selbstgewählt sein. Natürlich sind es häufig auch pragmatische

Gründe, warum die Frauen zu Hause bleiben und die Männer ihrem Beruf nachgehen. Was Wunder bei den meist schlechteren Qualifikationen von Frauen und den damit verbundenen eingeschränkteren Verdienstmöglichkeiten. Ein Kind ist nun mal nicht umsonst zu haben und zu halten und die Höhe des Verdienstes in vielen Familien ein wichtiges Überlebenskriterium. Ein weiteres Hindernis, die Männer gleichermaßen in die Familienarbeit einzubeziehen, ist die Organisation des Arbeitslebens. In den meisten Berufen haben wir bis heute eine 39-Stunden-Woche, das heißt acht bis neun Stunden täglich ist er weg und sie zu Hause. Experimente, sich in *beiden* Bereichen die Arbeit zu teilen, scheitern meist am Widerstand der Arbeitgeber.

Ein Freund, Mitarbeiter im Bundeskanzleramt, beantragte dort die Halbierung seiner Stelle, um seinen Teil an Familienarbeit leisten zu können, da seine Frau die andere Hälfte des Tages wieder in ihren Beruf zurück wollte. Aber so weit scheint die Liebe im Bundeskanzleramt zu den Müttern nun doch nicht zu gehen. Der Antrag wurde abgelehnt, es stünden reihenweise Bewerber auf der Matte, entweder ganztags oder gar nicht. Das ist die Realität, nicht nur im Bundeskanzleramt.

Und was den Vorwurf anbetrifft, wir ließen die Männer außen vor: Nach Jahren, in denen Frauen angefangen haben, autonome eigene Strukturen aufzubauen, kommt nun gerade bei der Debatte um die Situation der Mütter vor allem aus der Frauenbewegung der Ruf nach den Männern. Ich halte das angesichts der ständig steigenden Zahl von Ein-Frau-Familien und angesichts der vielen Energie, die wir auf die Kritik an den Strukturen der Kleinfamilie verwendet haben, für einen schlechten Witz, daß diese nun wieder zum normativen Maßstab werden soll. Was machen wir denn mit den Frauen, die sich gegen den Mann und für ein Kind entschieden haben? Denen der Mann davongelaufen ist oder die sich bewußt gegen eine solche Gemeinschaft entschieden haben, oder die es einfach nur satt haben, neben Kind und Beruf auch noch Erziehungsarbeit am Vater des Kindes zu verrichten? Sollte es nicht vorrangig darum gehen, jeden Lebensentwurf von Frauen – ob nun frei gewählt oder auch nicht – abzusichern, zu unterstützen und gesellschaftliche Bedingungen einzuklagen, die ein autonomes Leben von Frauen möglich machen? Eine Frage, die wir in diesem Buch aufgreifen, eine Debatte, die wir in eine Frauenbewegung tragen wollen, die seit mehr als hundert Jahren mit der Mütterfrage kämpft und sich immer auch mit den Mütterbildern auseinanderzusetzen hatte.

Dazu und zu einer Reihe weiterer Gesichtspunkte haben Frauen ihre Ansichten, Überlegungen und Erfahrungen in diesem Buch niedergeschrieben. Es ist ein Ergebnis vieler Diskussionen, die wir in den letzten Jahren geführt haben und die hoffentlich weitergehen werden.

In jedem Falle war die Erstellung dieses Buches für viele von uns ein neuer und wichtiger Schritt des Lautwerdens. Unsere Arbeitsbedingungen waren wahrlich nicht von einem «Moment der Selbstvergessenheit» geprägt, sondern eher von einem hautnahen Kontakt zur Realität. Kranke Kinder und die vielen kleinen alltäglichen Katastrophen, mit denen man als Mutter konfrontiert ist, haben das Schreiben und die Konzentration immer wieder unterbrochen, uns aber auch die Wichtigkeit unseres Anliegens immer wieder deutlich werden lassen.

Wir sind stolz darauf, daß sich unserem Aufruf «Wir kochen schon lange – wir machen einen Auflauf» bis heute schon so viele Frauen angeschlossen haben. Nicht nur die über hundert Mütterzentrumsinitiativen, die inzwischen entstanden sind, legen davon Zeugnis ab. Wir haben ein neues Selbstbewußtsein bekommen. «Ich fühl mich super, seit dem Mütterkongreß habe ich mich zur freischaffenden Pädagogin erklärt.» Utes Aufbruch steht für viele. Dieses Buch soll dazu beitragen, daß noch mehr Frauen sich an unserem Auflauf beteiligen. Es soll ihnen helfen, sich selbst und ihre Arbeit wichtig zu nehmen und zu lernen, sich einzumischen, laut zu werden.

Dorothee Pass-Weingartz

Müttermanifest
Leben mit Kindern – Mütter werden laut

– Es ist an der Zeit für eine neue Frauenbewegung, eine Bewegung, die die Wirklichkeit, die Wünsche und Hoffnungen von Müttern mit Kindern ebenso konsequent und nachdrücklich vertritt wie die Interessen kinderloser Frauen.

– Es ist an der Zeit, daß die Mehrheit der Frauen, die Mütter, sich selbst vertreten.

– Es ist an der Zeit, daß nicht mehr andere Frauen oder auch Männer den Müttern vorschreiben, wie ihre Lebensplanung, ihre Gefühle für Kinder und Männer, ihre Einstellung zu Beruf, Karriere, Haushalt, Gesellschaft und Kindererziehung auszusehen haben.

– Es ist an der Zeit, daß die Frauenbewegung, die Grünen, die Linke und die konservativen Kräfte sich damit auseinandersetzen, daß Mütter ganz und gar grundsätzliche Veränderungswünsche an die Strukturen von Familie, Nachbarschaft, Beruf, Öffentlichkeit und Politik haben.

So wahr es ist, daß es Mütter gibt, die die bisherigen Entwürfe und Ansätze der Frauenbewegung und der politischen Kräfte als hinreichenden Einstieg in eine mütter-, kinder-, menschenfreundliche Gesellschaft betrachten, so offensichtlich teilt die große Mehrheit von Müttern diese Haltung nicht – für sie steht die Diskussion über ein insgesamt tragfähiges, sinnvolles Emanzipations- und Lebensmodell noch aus.

– Es ist an der Zeit zu verstehen, daß Mütter außerhalb ihrer vier Wände nicht nur als Arbeitskräfte, Ehefrauen, Politikerinnen anwesend sein möchten, sondern auch Raum für ihre Kinder fordern. Eine Gesellschaft, die Kinder an der Hand zulassen soll, bedeutet eine ganz grundsätzliche Herausforderung an alle vorgegebenen Strukturen. Umdenken tut not – und Mütter sind allenthalben dabei, so wie vor zwanzig Jahren die jungen Frauen der Frauenbewegung, alles noch einmal neu zu hinterfragen und dabei ganz neue Dimensionen zu entdecken.

Sie sind immer weniger bereit, sich damit abzufinden, daß Berufsleben, Terminplanung, Veranstaltungen, jede Form von Öffentlichkeit, de facto davon ausgehen, Mütter hätten kein Recht, dabei zu sein, oder wären selbst dafür verantwortlich, sich die Möglichkeiten zur Teilnahme zu schaffen. Sie wünschen endlich aktiver Teil jener Öffentlichkeit zu werden, – aber nicht zu den rigorosen Bedingungen, die viele progressive Dauerpolitiker/innen oder rückwärtsgewandte «Familienfreunde» ihnen aufzwingen möchten.

– Was ansteht, ist nicht mehr und nicht weniger als die Schaffung einer mütter- und kinderfreundlichen Öffentlichkeit, einer öffentlichen Wohnstube, eines nachbarschaftlichen Kinderzimmers, einer Überwindung der engen Familiengrenzen – ohne daß die Logik der Kneipe, des Betriebs oder gar der traditionellen Politik alles Leben durchdringt.

Im Rahmen einer solchen grundsätzlichen Umorientierung muß Platz sein für verschiedene Lebensentwürfe von Müttern, für Beruf und/oder Hausarbeit, Nachbarschaftsarbeit, große und kleine Politik. Wenn endlich Bedingungen geschaffen sind, die es zulassen, daß Mütter und Kinder sich wohlfühlen, einbringen und entlastet werden, dann werden auch kinderlose Frauen und vielleicht auch Männer Lust und Laune haben, teilzuhaben an dieser bunten und lebensfrohen Welt, die ihre Lebendigkeit auf alle Institutionen ausstrahlen kann.

– Die Zeit der Klage, des Rückzugs, des Lamentierens und Sich-Infragestellens ist vorbei. Mütter lassen sich nicht mehr fragen, ob und warum sie Kinder haben dürfen, sondern sie fragen die Welt, warum sie ihnen und ihren Kindern nicht den legitimen, notwendigen, sinnvollen Raum gibt – wo doch die Zukunft von ihnen abhängt und die Grundlagen des psychischen und physischen Wohlbefindens letztlich der gesamten Gesellschaft von ihnen geschaffen werden.

Raum für Mütter und Kinder zu fordern, heißt nicht etwa, die Frauenbewegung zu schwächen oder zu spalten. Es heißt auch nicht, Männer auszuschließen. Im Gegenteil: nur starke lebenslustige Mütter und selbstbewußte Kinder, die spüren, daß für sie auch Platz ist, sind Partnerinnen für die Frauen, die sich für einen Lebensentwurf ohne Kinder entschieden haben und für die Männer, die Väter sind oder auch nicht. «Black is beautiful», war der Ausgangsslogan für die Bewegung der Schwarzen in den USA, «small is beautiful», stärkte die ökologische Bewegung, «motherhood is beautiful», könnte die Grundlage für ein neues Selbstbewußtsein von Müttern werden, das den Durchbruch für eine Rückkehr von Müttern und Kindern in die Gesellschaft schafft.

Erst ein sicherer Umgang mit den Stärken und Befriedigungen, die im Muttersein auch liegen, ergibt eine klare Grundlage für die Auseinandersetzung mit all den Mißständen, Verkürzungen und Deformationen, unter denen Mutterschaft heute auch gelebt wird.

Mütterfeindlichkeit

Von der Ausgrenzung der Mütter

«Manchmal halte ich es nicht mehr aus. Dann schieb ich eben mit dem Kinderwagen ganz nah an den Autos vorbei. Wenn der Lack dabei einen Kratzer abbekommt, tut es mir kein bißchen leid. Vielleicht kapieren Autofahrer dann endlich mal, daß der Gehweg kein Parkplatz ist.» Auch ich bin in meinen Wunschvorstellungen oft nicht weit entfernt von einer Mütterguerilla und kann solche Gelüste erboster und genervter Frauen gut verstehen. Es ist einfach zu viel, was uns Müttern tagtäglich an Hindernissen in den Weg gelegt wird. Hindernisse, die ein deutliches Zeichen dafür sind, daß Kinder in dieser Gesellschaft nicht mitgedacht, nicht mitgeplant werden. Für die, die in diesem Lande mit Kindern leben – die Mütter –, hat das schwerwiegende Konsequenzen. Ganze Bereiche des sogenannten öffentlichen Lebens sind für sie nicht öffentlich. Das heißt, es gibt einen Zusammenhang, der bis heute viel zu selten in die Diskussion gebracht wird: Kinderfeindlichkeit bedeutet Mütterfeindlichkeit. Und so soll es in diesem Beitrag auch vor allem um die Auswirkungen gehen, die eine kinderlose Gesellschaft auf die Menschen hat, die mit Kindern leben. Darüber hinaus möchte ich von meinen Erfahrungen als Kommunalpolitikerin, als Mitglied im Rat der Stadt Bonn berichten, um Möglichkeiten für Mütter aufzuzeigen, ihre Anliegen selbst in die Hand zu nehmen.

«Spielplatzpatinnen»

«Mensch, du hast doch wenigstens einen Garten!» Ich höre diesen Satz oft und bin mir dieses Privilegs vollauf bewußt. Meine Kinder können raus, ohne daß ich immer sofort mitlaufen muß. Die Wohnsituation bestimmt für Mütter das tägliche Programm. Kleine Kinder springen gerne, haben einen enormen Bewegungsdrang. Was macht frau, wenn sich der genervte Nachbar über zuviel Lärm beschwert, wenn es keinen Balkon oder keinen Garten als Ausweichmöglichkeit gibt? Da gibt es nur eins: wir ziehen mit unseren Kindern mehrmals am Tag unsere Kreise, wandern immer wieder die gleichen Wege ab, jede Mutter mit ihren Kindern. Manchmal ist das entsetzlich langweilig, jede Geranie und jeden Stein glaubt man schon zu kennen. Aber da sind auch die Gespräche mit anderen Frauen, das Rauskommen aus der engen Wohnung. Dennoch: es bleibt ein durch die Wohnsituation aufgezwungenes Programm.

Früher oder später enden diese Spaziergänge natürlich immer wieder an den wenigen Plätzen, die unseren Kindern als Raum zum Toben offiziell zugestanden werden: den Spielplätzen. Spielplätze sind Orte, und das werden mir die meisten Mütter bestätigen, die eigentlich eher die Bezeichnung Hundeklo verdient hätten, und die sich meist durch eine ebenso phantasielose wie oftmals geradezu gefährliche Ausstattung auszeichnen. Durch meine Arbeit im Jugendwohlfahrtsausschuß der Stadt Bonn, dem Gremium, das zuständig ist für Kinderbelange, weiß ich, daß Spielplatzplanung vor allem von Männern gemacht wird, von Männern – und das gibt es wohl in kaum einem anderen gesellschaftlichen Bereich –, die null Praxiserfahrung haben. Mein Vorschlag, bei der Spielplatzplanung Mütter zu Wort kommen, Mütter als Betroffene und Expertinnen über die Gestaltung entscheiden zu lassen, rief in diesem Gremium, das bezeichnenderweise fast ausschließlich mit mittelalten bis alten Männern besetzt ist, nur herablassendes Gelächter hervor. «Mütter als Expertinnen» – so etwas hatten sie noch nie gehört.

Schließlich gäbe es ja ausgebildete Menschen (Männer), die sich in Sachen Spielplatzplanung auskennten. Aber wenn die Mütter so gern aktiv werden wollten, dann sollten sie sich doch als «Spielplatzpatinnen» zur Verfügung stellen und dafür sorgen, daß der Platz sauber bleibe... Als Putzfrauen werden wir so gerade noch akzeptiert. Und eine solche Reaktion ist beileibe kein Einzelfall.

Abenteuer öffentlicher Nahverkehr

Meine Kinder sind mittlerweile so groß, daß sie U-Bahn-Fahren einfach toll finden. Doch ich erinnere mich an Situationen, die mich zweifeln ließen, ob ich tatsächlich in einer zivilisierten Gesellschaft lebe. Mit meinem Sohn im großen Kinderwagen durfte ich das Abenteuer eines sogenannten öffentlichen Nahverkehrs erleben, in dem Mütter und Kinder nicht bedacht werden. Und dies wiegt um so schwerer, da nachgewiesenermaßen vor allem Frauen die Hauptnutzerinnen von Bussen und Bahnen sind. Männer fahren zur Arbeit natürlich meist im Auto.

Ich erinnere mich noch genau: allein die Vorbereitungen, mit Kleinkind, Windeln, Fläschchen rechtzeitig an der Haltestelle zu stehen, haben mir oft den Schweiß auf die Stirn getrieben. Doch damit noch lange nicht genug. Die so schön geplante Ausflugsfahrt mit meinem Kind geriet zu einer Strapaze, die nachhaltigen Eindruck bei mir hinterließ und mich nicht sonderlich motivierte, diese Art Unternehmungen häufiger zu starten. Denn da stand ich nun mit meinem Kinderwagen vor der U-Bahn-Station und konnte nicht auf den Bahnsteig, weil vor mir gähnend tief nur Treppenstufen zum Bahnsteig hinunterführten. In U-Bahnstationen, die zentraler gelegen sind, findet frau ja schon hin und wieder abgeflachte Zugänge zu den Bahnsteigen. Aber was tun, wenn niemand da ist, den frau um Hilfe bitten kann, und kein anderer Weg abwärts führt? Der erste Ausflug war für mich an dieser Stelle jedenfalls zu Ende. Nach dieser Erfahrung habe ich mich damals an den Schreibtisch gesetzt und einen wütenden Brief an den Oberstadtdirektor geschrieben und in meiner Funktion als Stadträtin einen Antrag an den zuständigen Ausschuß gestellt, an allen U-Bahnhaltestellen Rollrampen bzw. Aufzüge zu installieren. Seit dem Brief und dem Antrag sind drei Jahre ins Land gegangen. Die Mühlen der kommunalen Bürokratie mahlen eben langsam, aber zumindest «unsere» U-Bahn-Station hat nunmehr im August 88 als «Geschenk an die Mütter und die Behinderten» einen Lift erhalten.

Ein später, aber immerhin positiver Erfolg meines ersten gescheiterten Ausflugsversuches mit meinem Sohn. Auf jeden Fall ist es empfehlenswert, solcherart Nahverkehrsreisen nur in Begleitung zu machen. Denn nur mit geduldiger und einigermaßen geschickter Hilfe kann das nächste Hindernis genommen werden. Die enge, durch eine Mittelstange getrennte Tür eines Stadtbahnwagens macht den Zugang für einen Kinderwagen fast unmöglich. Nur ein extremes Schräglegen des Wagens gibt Mutter und Kind den Weg frei für eine Fahrt mit dem öffentlichen Nahverkehr – bis zum Ausstieg, bis zur nächsten Treppe, die ihr den Weg versperrt. Mütter mit Zwillingswagen haben in einem solchen System überhaupt keine Chancen.

Raucherzimmer statt Kinderzimmer

Neben all den beschriebenen Schwierigkeiten eröffnen sich in der Stadt noch einmal ganz neue Probleme. Da gilt es nicht nur zu hohe Bordsteinkanten zu überwinden oder bei zugeparkten Gehwegen mit dem Kinderwagen die Flucht nach vorn auf die Straße anzutreten. Was macht frau, wenn das Kind dringend gewickelt oder gestillt werden muß? Was ist, wenn sich die Situation durch ein weiteres Kind, das man immer im Auge behalten muß, kompliziert? In den wenigsten Kaufhäusern gibt es beispielsweise Wickeltische oder eine Spielecke. Kinder sind zwar als Kunden hochwillkommen, vor den Kassen türmen sich die Süßigkeitenberge als letzte Hürde für eine gestresste Mutter, doch darüber hinaus wird für Kinder nichts getan. Mittlerweile findet frau ja den einen oder anderen Hochstuhl in Restaurants –, aber immer in zu geringer Stückzahl. Ich habe mir angewöhnt, überall wo ich bin, laut und deutlich über diese Mütterkinderfeindlichkeit zu schimpfen. Doch meine individuelle Wut übt zu wenig Druck aus, und nicht jede Frau hat in so anstrengenden Situationen auch noch die Kraft, sich zu streiten oder zu beschweren.

Schlimmer noch ist es auf den Ämtern. Läden kann man teilweise meiden, aufs Ausgehen zum Essen notfalls einige Jahre verzichten. Bei den städtischen Ämtern hat man in der Regel keine Wahl. Eine arbeitslose Mutter beispielsweise muß sie aufsuchen, muß sich anstellen, muß böse Blicke erdulden, wenn ihre Kinder quengelig werden, weil Kinder nun mal nicht still und geduldig zwei Stunden warten können. Die Räume sind meist überfüllt oder restlos verräuchert. Auf einigen Arbeitsämtern gibt es seit einiger Zeit ein eigenes Raucherzimmer – welch ein Fortschritt!

Zu Beginn des Jahres 1985 stellte ich im Stadtparlament Bonn den Antrag auf «Einrichtung von Spielecken in allen städtischen Einrichtungen (Ämtern)», der dann auch erstaunlich schnell mit den Stimmen der anderen Fraktionen beschlossen wurde. Seit November 1985 gibt es nun im Bonner Stadthaus, im Rathaus Beuel, wo sich auch das Sozialamt befindet, und in zwei anderen Einrichtungen Spielecken, die zwar recht einfallslos gestaltet sind, aber es war und ist immerhin ein Anfang. Was noch aussteht und was meines Erachtens eine notwendige Einrichtung wäre, damit Mütter sich auch an öffentlichen Sitzungen der kommunalen Gremien beteiligen könnten, wäre ein Spielzimmer in direkter Nähe der Sitzungsräume. Wie oft schon hatten wir im Jugendwohlfahrtausschuß oder im Stadtrat Themen auf der Tagesordnung, die Müttern auf den Nägeln brannten. Aber wohin dann mit den Kindern? Mittlerweile empfehle ich, Kinder überall mit hinzunehmen, weil nur durch ihre Anwesenheit deutlich wird, daß sie andere Bedürfnisse haben, denen auch in der Planung und Konzeption öffentlicher Räume endlich Rechnung getragen werden müßte.

«Nun sagen Sie mal, wollen Sie Ihr Kind vielleicht auch noch ins Konzert mitnehmen?» fragte mich vor kurzem die Moderatorin einer Rundfunksendung anläßlich des Muttertages. Ja, ich will, ich will nämlich nicht zehn Jahre lang auf Kino, Theater, Konzerte, Restaurantbesuche, politische Veranstaltungen usw. usw. verzichten. Und eine Babysitterin können wir uns nun mal nicht immer leisten. Und viele andere Familien schon erst recht nicht. Also nehme ich meine Kinder mit.

Ich wünschte, mehr Frauen würden das tun. Ich finde es bedauerlich, daß gerade wir Frauen, die wir doch vor allem unter den vielen kinderfreien Räumen dieser Gesellschaft zu leiden haben, immer bereit sind, uns sofort wieder zurückzunehmen, zu verzichten, statt dafür zu kämpfen, daß überall eine entsprechende Kinderinfrastruktur geschaffen wird. Warum akzeptieren wir eigentlich so widerstandslos, daß es Räume oder Arbeitsbedingungen gibt, wo Kinder einfach keinen Platz haben? Warum kann nicht bei der Planung eines Konzertsaales auch ein Kinderzimmer mitkonzipiert werden? Um wie vieles würde unser Leben leichter, wenn wir wüßten, daß auch unsere Kinder überall Räume für sich finden.

Was wir brauchen, ist das Bewußtsein für eine Kinderkultur in dieser Gesellschaft. Eine solche Forderung beinhaltet, Kindern in der gesellschaftlichen Planung die ihnen zustehenden Rechte und Räume zu geben. Das bedeutet ein Um- bzw. Neudenken in vielerlei Hinsicht. Aber um das durchzusetzen, brauchen Kinder eine Lobby, und wer wäre da besser geeignet als wir Mütter? Wir sind die Expertinnen für unsere Kinder.

Eine kinderfreundlichere Gesellschaft könnte auch uns neue Möglichkeiten und Chancen eröffnen. Gerade in dieser Hinsicht ist die Forderung nach einer umfassenden, liebevollen Kinderbetreuung auf allen Ebenen unserer Gesellschaft aktueller denn je. Da wird uns immer wieder die berufstätige Frau als Leitbild für ein emanzipiertes Frauenleben vorgehalten und gleichzeitig an der öffentlichen Kinderbetreuung von Ländern und Kommunen immer weiter herumgekürzt. Der gesellschaftspolitischen Diskussion – Emanzipation gleich Beteiligung am Erwerbsleben – steht eine diametral entgegengesetzte politische Praxis *aller* Parteien gegenüber. Solange nahezu alles, was mit Kindern zu tun hat, von Frauen bewältigt wird, hat die Verschlechterung der Kinderinfrastruktur und -betreuung zur Folge, daß immer weniger Frauen die Chance auf ein emanzipiertes Leben haben werden. Das heißt, sie werden nicht nur keine Chancen haben, weiter oder wieder berufstätig zu sein, sondern – was unter dem Gesichtspunkt der Emanzipation eine weitaus größere Rolle spielt – sie werden erst gar keinen Raum und keine Zeit für sich selbst finden. In den Diskussionen um eine feministische Strategie hat dieser Aspekt bisher viel zu wenig Beachtung gefunden. Solange sich in der Kinderfrage nichts Entscheidendes ändert, bedeutet für uns die Gleichung Emanzipation gleich Erwerbsleben nur die Doppel- und Dreifachbelastung und ihre Auswirkungen auf die Kinder.

Kinderfeindlichkeit ist Mütterfeindlichkeit

Im Juni 1988 hatten die vier Schwangerschaftsberatungsstellen der Stadt Bonn Vertreter aller Parteien und der Stadtverwaltung eingeladen, um darauf hinzuweisen, daß sie zunehmend Probleme hätten, Frauen zum Austragen eines Kindes zu motivieren, wenn das Angebot der öffentlichen Hilfen – so zum Beispiel die Übernahme der Kosten für eine Pflegestelle für ein Krabbelkind – immer weiter abnehme. Hinzu käme: Von den 86 Krabbelplätzen, die in den Unterlagen der Stadt Bonn offiziell aufgeführt seien, würden letztendlich jedes Jahr nur zehn Plätze frei, die jedoch in der Regel für Kinder reserviert seien, die bereits auf der Warteliste stünden.

Solche Klagen sind kein Einzelfall. Daß es sich hier um die Schwangerschaftskonfliktberatungsstellen handelt, gibt dem Ganzen allerdings eine besondere Bedeutung. Ein Mißton im Chor der sogenannten Lebensschützer, der allerdings mehr als deutlich macht, wie es um den Schutz des real existierenden Lebens bestellt ist. Mit ein paar hundert Mark in der Tasche aus Mutter-und-Kind-Stiftung werden Mutter und Kind alleingelassen. Ist das Kind erst einmal da, bricht die bundesrepublikanische Realität eines kinderfeindlichen Landes vollends über die Frauen herein. Angeblich aus pädagogischen Gründen gibt es keine öffentlichen Angebote für Kleinstkinder bzw. haben sie laut Bericht zur Situation des Kindes in NRW (Kinder in NRW, Bericht über die Situation des Kindes, 1980) ausschließlich den Charakter von «Notfalleinrichtungen», in denen nur Kinder aus ganz schwierigen Verhältnissen einen Platz erhalten können. In der Bundeshauptstadt Bonn, die zur Zeit Millionen für die Durchführung einer 2000-Jahr-Feier ausgibt, existiert ein Platzangebot für Kleinstkinder, das auf dem Papier annähernd die Zahl 100 erreicht. Sind allein die paar Krippen- und Krabbelplätze ein Witz für eine Stadt, in der nahezu 300000 Menschen leben, so sind in der Praxis wirklich nur ca. 10 Plätze zu vergeben (bei allen anderen handelt es sich um Betriebskindergärten, die nur den Betriebsangehörigen offenstehen). Mit solchen Zahlen steht die Stadt Bonn nicht allein da. In zahlreichen Städten in NRW sind Plätze für Kleinstkinder überhaupt nicht vorgesehen und werden auch für die Zukunft nicht eingeplant. In der Diskussion über die Lage der öffentlichen Haushalte wird dann auch sehr schnell deutlich, daß der eigentliche Grund für die Nichtbereitstellung von Kleinstkindplätzen in der Kostenfrage zu suchen ist. Eine gute institutionelle Krabbelkinderbetreuung in kleinen Gruppen mit einem hohen Personalschlüssel verursacht natürlich mehr Kostenaufwand als die bislang praktizierte Finanzierung der sogenannten «altersgemischten» Gruppe, in der aber nur ganz wenige Plätze für Krabbelkinder abfallen.

Doch zurück zu der Mutter, die mit ihren paar Märkern aus der Stiftung Mutter und Kind jetzt dasteht mit ihrem Wunsch, weiterarbeiten zu wollen oder zu müssen, oder aber vielleicht ein paar Stunden am Tag Zeit braucht für ein Studium oder für sich selbst. Was tun in einer solchen Situation, in der vieles an eigener Lebensplanung auf dem Spiel steht?

«Kinderfrauen»

Der erste Schritt aus dieser Zange ist für viele Frauen erst einmal der Versuch, sich mit Betroffenen zusammenzuschließen, Krabbelgruppen zu initiieren. Kinderschutzbund und Geschäfte für Kinderbedarf wissen ein Lied davon zu singen: Die Nachfragen nach solchen Krabbelgruppen nehmen immer mehr zu und können von den zum großen Teil ehrenamtlich arbeitenden Mitarbeiterinnen gar nicht mehr bewältigt werden. Für die Frauen, die sich um die Entstehung einer solchen Gruppe bemühen, weist dieser Weg allerdings viele Unwägbarkeiten auf. So hat das Kind jetzt zwar Kontakt zu anderen Kindern, doch auch diese müssen betreut werden, auch die anderen Mütter haben schließlich Anspruch auf Entlastung. Das heißt, Krabbelgruppen bedeuten ein hohes Maß an zusätzlich aufzubringender Arbeit, was für eine Frau, die berufstätig ist, gar nicht leistbar ist. Alleinerziehende Frauen können sich eine solche Lösung für ihr Kind schon gar nicht erlauben. Neben der vielen Arbeit, die zumeist ehrenamtlich und kaum öffentlich unterstützt in den vielen sogenannten Elterninitiativen geleistet wird, die eigentlich ehrlicherweise Mütterinitiativen genannt werden müßten, haben wir natürlich auch das Privileg, genauer zu wissen, wie es unseren Kindern geht, und einen besseren Zugriff auf die pädagogische Qualität dieser von uns selbst geschaffenen Einrichtung. In den Genuß dieser Vorteile kommen allerdings nur wenige, weil Elterninitiativen aus einsehbaren Gründen wegen ihrer geringen öffentlichen Förderung auf aktive Mitarbeit angewiesen sind. Frauen, die diese Zeit nicht aufbringen können, sind gezwungen, den Weg der Ausbeutung anderer Frauen zu gehen und ihr Kind in die Obhut einer Ersatzmutter zu geben. Wobei das weder ein Vorwurf an die Mütter sein soll noch ein Heruntermachen der Kinderfrauen. Angesichts des Niveaus von Frauenlöhnen in dieser Gesellschaft wird auch in Zukunft diese schwere Arbeit von Ersatzmüttern völlig unterbezahlt bleiben. Wie oft schon habe ich in Gesprächen mit Müttern gehört, daß sie einzig aus dem Grunde nicht wieder in den Beruf wollen, weil sie die Betreuung ihres Kindes durch eine Kinderfrau nicht finanzieren können bzw. sie selbst dann gar nichts mehr übrighätten. «Dann bleibe ich doch lieber zu Hause und habe Zeit für mein Kind.» Eine einfache Rechnung, plausibel und absolut verständlich, wenn auch für viele Frauen recht schmerzhaft. Und so werden aus ehemals berufstätigen Frauen einfach aufgrund einer fehlenden Kinderinfrastruktur irgendwann Kinderfrauen, die dann noch zusätzlich ein Kind mitbetreuen, um überhaupt noch die Chance zu haben, etwas zu verdienen.

In unserer Gesellschaft, in der nur der zählt, der immer, ohne Unterbrechung und allseits einsetzbar ist, werden sie kaum je wieder Chancen auf dem Arbeitsmarkt haben, wenn sie überhaupt jemals wieder in den Beruf zurückkehren können.

Seit mehr als zwei Jahren wird von Bonner Ratsmännern unterschiedlicher Parteiencouleur der Antrag auf Einrichtung einer(!) zentralen Krabbelstube aus Kostengründen immer wieder auf die lange Bank geschoben. Eigeninitiative sei hochwillkommen, so der Jugendamtsleiter der Stadt Bonn, mit Blick auf die vielen Mütter, die ständig nach Platzangeboten für ihre Kinder fragen. Doch was geschieht, wenn sich wirklich Eltern zusammenschließen und in zusätzlicher Eigenarbeit eine Krabbelstube aufbauen? Die Elterninitiative für eine zweite studentische Kinderkrippe hat trotz mittlerweile über zwei Jahre sich hinziehender Auseinandersetzung die zugesagte Hilfe von seiten der Stadt bis heute nicht erhalten.

Die eingeplanten Mütter

Und so geht es weiter: hie die politische Praxis, dort die hehren Erklärungen. Anfang des Jahres brachte Rita Süssmuth in Zusammenarbeit mit den Vertretern der Freien Wohlfahrtsverbände eine Broschüre heraus, die als Kern den dringenden Appell enthielt, die Kindergartenöffnungszeiten in öffentlichen wie privaten Einrichtungen flexibler zu gestalten. Der Kindergarten, mit seinen Öffnungszeiten von 8 bis 12 Uhr, der zweistündigen Zwangspause, in der die Kinder abgeholt und versorgt sein müssen, und einem nochmaligen Spielangebot von 14 bis 16 Uhr, ist wohl der deutlichste Ausdruck unseres total veralteten, weder an Frauen- noch an Kindergesichtspunkten orientierten Kinderbetreuungssystems. Der Wunsch nach Berufstätigkeit für Frauen ist angesichts eines solchen «Angebots» absolut unrealistisch. Noch nicht einmal die Annahme einer Halbtagsbeschäftigung, die ja zumeist erst um 13 und nicht schon um 12 Uhr endet, ist für uns Frauen, die den Beginn der Kindergartenzeit herbeigesehnt haben, möglich.

Das Land Nordrhein-Westfalen, das zwar dem Kindergarten einen elementaren Bildungsauftrag zuschreibt, plant in seinem Kindergartengesetz die Unterversorgung schon gleich mit ein, denn nur für 75 Prozent der Vierjährigen und für 50 Prozent der Dreijährigen ist ein Platz vorhanden. Selbst in den wenigen Städten NRWs, in denen eine laut Durchschnittsstatistik 100prozentige Versorgung mit Plätzen garantiert ist, gibt es lange Wartelisten, Unterversorgung in bestimmten Stadtteilen und viel zu große Gruppen. Und wer schließlich doch einen Platz ergattert hat, muß heute damit rechnen, das Kind zu immer entfernter gelegenen Einrichtungen bringen zu müssen. Bei den existierenden Öffnungszeiten bedeutet das zweimalige Pendeln, in der Pause dazwischen kann vielleicht gerade noch das Einkaufen eingeschoben werden. Das Kind dann auch noch nachmittags in den Kindergarten zu bringen, dazu ist der Aufwand zu groß. Deshalb sind die meisten Kindergärten nachmittags leer, die Gruppen nicht ausgelastet. Der Kindergarten um die Ecke, in der Nachbarschaft, der vielleicht nachmittags für Kinder aus dem eigenen Stadtteil ein Ziel sein könnte, ist für «fremde» Kinder nicht zugänglich. So bleiben einfach aufgrund dieser Öffnungszeitenregelung nachmittags Unmengen an Räumen frei, die als Kinder- und Nachbarschaftszentren genutzt werden könnten.

Die Personaldecke in den Kindergärten ist so dünn, und die Gruppen sind aufgrund der ständig steigenden Nachfrage so groß, daß sofort alles zusammenbricht, wenn ein/e Betreuer/in krank wird. Und wer springt dann ein, wer wird gefragt, ob sie nicht mal einen Vormittag oder vielleicht auch mal nachmittags helfen könne? Natürlich die Mutter. Die sogenannte Elternarbeit in den Kindergärten wird ausnahmslos von Müttern verrichtet. Sie bereiten Feste vor, unterstützen die Erzieherinnen bei Bastelprojekten und begleiten die

Kinder bei Ausflügen oder Theaterbesuchen. Das bedeutet allerdings noch gar nicht, daß ihnen damit auch ein Mitspracherecht zum Beispiel über die pädagogische Konzeption eingeräumt wird. Im Gegenteil. Jugendämtern und oft auch den professionellen Erziehern fällt es schwer, Mütter als gleichwertige Partnerinnen in der pädagogischen Diskussion zu akzeptieren. Und die Mütter? Sie lassen sich hier wie auch in anderen Bereichen nur zu leicht den Schneid abkaufen, werden plötzlich unsicher, obwohl sie doch ihr Kind am besten kennen und in jedem Falle zu den Expertinnen in Sachen Kinderpolitik zählen.

Und damit auch für die Zukunft möglichst wenig Kosten im Kinderbereich entstehen, wird fleißig weiter über die Wichtigkeit der frühkindlichen Mutter-Kind-Beziehung geredet und gepredigt, daß Kinder um 12 Uhr mittags müde seien und einer Ruhepause zu Hause bedürften. Mütter, die sich dieser vorgeschobenen pädagogischen Argumentation nicht anschließen, sind Rabenmütter, die aus egoistischen Motiven ihre Kinder abgeben usw. So werden wir von links kritisiert, wir würden zu sehr an unseren Kindern kleben, wir könnten sie nicht loslassen, von rechts wird an unserer unterentwickelten Mütterlichkeit herumgemäkelt, und beide wollen uns als die emanzipierte berufstätige Frau sehen, die das alles locker regelt mit den Kindern und dann natürlich auch noch die Lebensaufgabe der Umerziehung der Männer zu bewältigen hat.

Die Hilfslehrerinnen der Nation

Viele Frauen sehnen das Ende der Kindergartenzeit ihres Sprößlings herbei, weil sie die Vorstellung haben, daß die Institution Schule sie weniger reglementiert und in der eigenen Zeit beschneidet als der Kindergarten. Um es gleich vorwegzunehmen: Die Schule schafft für Frauen noch weitaus größere Abhängigkeiten, sie ist unkalkulierbar und verlangt von Müttern *noch* mehr Arbeitseinsatz, *noch* mehr unbezahlte Arbeit und Energie als der Kindergarten. Unsere Kinder bekommen zwar zu Beginn eines jeden Schuljahres einen sogenannten Stundenplan ausgehändigt, doch mehr als einen unverbindlichen Versuch, damit auch die zeitliche Dauer des Unterrichts festzuschreiben, kann ich darin nicht sehen, weil es viel zu häufig vorkommt, daß Unterricht ausfällt, Stunden nicht gegeben werden oder die gesamte Stundenfolge umgestellt werden muß.

Dauernd kommt es vor, daß die Kinder mit einem Zettel in der Tasche nach Hause entlassen werden, in dem angekündigt wird, daß an den nächsten beiden Tagen der Unterricht um 11 Uhr endet. Was bedeutet eine solche Veränderung für eine berufstätige Frau, die für diese zwei Tage aus dem Stand eine Betreuung für ihr Kind finden muß?

Doch diese Unkalkulierbarkeiten, die ständig neuen Planungen sind nichts im Vergleich zu der Arbeit, die die Institution Schule nachmittags von uns Müttern verlangt – die Hausaufgaben. Ich kann mich noch gut an die Stressituationen erinnern, als mein Sohn, gerade im ersten Schuljahr, mittags vor mir stand und mich fragte: «Doro, erklär mir mal.» Und ich mitten in den Essensvorbereitungen auch noch alle Hände voll zu tun hatte, meinen zweijährigen Sohn möglichst mit einem ruhigen Spiel zu beschäftigen, damit er den Großen nicht störte. Viel zu häufig bin ich in solchen Situationen ungeduldig geworden, habe meinen Sohn angeschrien, wenn er meines Erachtens nicht schnell genug verstand, wenn er nicht schnell genug funktionierte. Eine Freundin, die halbtags berufstätig und alleinerziehend ist, berichtete mir, daß ihr Sohn mittags schon ungeduldig auf sie warte, damit sie helfe bzw. die Aufgaben nachschaue. «Dann komme ich müde und abgehetzt nach Hause, habe noch nichts gekocht und werde erst einmal von den Hausaufgaben vereinnahmt. Meine ganze Nachmittagsplanung wird durch das bestimmt, was mein Sohn aufhat.»

Auf einem der ersten Elternabende habe ich dann über meine Unzufriedenheit geklagt, meine Nichtbereitschaft erklärt, jeden Tag als ehrenamtliche Hilfslehrerin selbstverständlich von der Schule eingespannt zu werden. Meine Erwartung, daß zumindest alle Mütter meinem Antrag auf Abschaffung der Hausaufgaben mit Erleichterung zustimmen würden, wurde dann allerdings empfindlich enttäuscht. Wir müßten doch unseren Kindern jedmögliche Hilfe zuteil werden lassen, und in den weiterführenden Schulen würde doch noch viel mehr verlangt. – Ich fühlte mich nach diesem Abend einmal mehr als schlechte Mutter. Heute, nach drei Jahren Erfahrungen mit der Schule, bin ich sicherer geworden, weiß ich, daß Liebe und Hilfe für meinen Sohn sich nicht danach bemessen, wieviel Zeit ich mit seinen Hausaufgaben zubringe. Ich weiß auch, daß er bisher die wenigsten Anregungen über die Hausaufgaben erhalten hat, sondern daß das intensive Spiel, der Kontakt zu seinen Freunden und zur Umwelt für ihn viel wichtiger ist. Es fällt mir heute leichter, ihn auf die Schule, auf die Lehrerin zurückzuverweisen, wenn er nicht in der Lage ist, ohne meine Hilfe auszukommen. Ich versuche, Widerstand zu leisten gegen ein Schulsystem, das der heimliche Arbeitgeber für viele Frauen in diesem Lande geworden ist und mit der zunehmenden Lehrer/innenknappheit immer mehr auf unsere «Unterrichtsergänzung» setzt.

Statt uns also in die Ecke einer «schlechten» Mutter drängen zu lassen, sollten wir lieber dafür kämpfen, daß es mehr Ganztagsangebote in den Schulen gibt, allerdings nur unter der Voraussetzung, daß mehr Lehrer/innen eingestellt, die Klassen verkleinert und die pädagogische Qualität des Unterrichts bzw. des Lernprozesses weiter verbessert wird.

Komplizinnen

Und damit bin ich an einem Punkt angekommen, den ich aus meinen eigenen und auch aus den Erfahrungen und Gesprächen mit anderen Müttern nur zu gut kenne: unsere Selbstbescheidenheit, unserer Fähigkeit zum Dulden und Leiden. Unsere eigenen Mütter haben es uns ja vorgemacht, und so sind wir erzogen worden: wir schaffen das schon! In diesem Sinne sind Mütter Komplizinnen und mitverantwortlich für den Fortbestand einer Gesellschaft, deren öffentliches Leben und Denken nur vom männlichen, gesunden Erwachsenen geprägt ist. Doch es gibt, Göttin sei Dank, keinen Grund zu Pessimismus, denn überall melden sich Mütter lautstark zu Wort, mischen sich in die Politik ein, gründen Mütterzentren, sind Vorkämpferinnen für eine Kinderkultur in diesem Lande. Weil sie begriffen haben, daß sie erst frei sein werden, wenn es in dieser Gesellschaft Raum für ihre Kinder gibt.

Wohlgemerkt: Raum für ihre Kinder und keine neuen Betreuungsschubladen, die einzig den Sinn haben, Kinder einem Arbeitsleben anzupassen, das Bedürfnisse von Kindern ausschließt. Wir leben mit den Kindern, aber wir leben wie auf einer Insel, auf die wir verbannt worden sind. Jeglicher Gedanke an eine Rückkehr, an eine öffentliche Beteiligung an dieser Gesellschaft ist eine Schimäre, wenn nicht stadtteilbezogene Spielangebote, Spielstraßen, Freiflächen geschaffen werden, wenn nicht eine vielfältige öffentliche Kinderbetreuung institutionalisiert wird, eine Schule geschaffen wird, die mit unseren Kindern und nicht mit uns lernt. Erst dann werden wir frei entscheiden können, wann wir mit unseren Kindern zusammen sein wollen und wann wir Zeit für uns brauchen. Und erst dann werden die Bedingungen dafür geschaffen sein, daß wir uns gleichberechtigt am öffentlichen Leben dieser Gesellschaft beteiligen können.

SCHON LANGE WIR KOCHEN

WIR MACHEN EINEN AUFLAUF...

Mütter Courage
– Mütterselbsthilfe e.V. –
c/o Ute Frankenne
Ennertstr. 22
5300 Bonn 3
Tel. 48 36 54

Wer sind wir?

Wir sind eine Gruppe von Müttern, die sich seit dem Kongreß «Leben mit Kindern – Mütter werden laut» zusammengefunden haben. Die Hauptintention des Kongresses – Mütter zu stärken, um ihre Teilnahme am gesellschaftlichen Leben zu ermöglichen – versuchen wir seitdem auf kommunaler Ebene umzusetzen.

Was wollen wir?

Die Entscheidung für ein Kind bedeutet für einen großen Teil von Frauen das Herausfallen aus dem öffentlichen Leben, oftmals die berufliche Unterbrechung oder der gänzliche Verlust des Arbeitsplatzes. Frauen leben in einem aufgezwungenen Mutter-Kind-Getto, weil es weder eine Infrastruktur für Mütter gibt, noch ein qualitativ gutes Angebot an Kinderbetreuung, das auch in ausreichender Menge vorhanden ist, um eine Entlastungsfunktion zu besitzen.

Aus diesem Grunde ergeben sich für unsere kommunale Arbeit folgende Schwerpunkte:
– Initiativen für die Verbesserung und Ausweitung der öffentlichen Kinderbetreuung
– die Schaffung einer Infrastruktur für Mütter
– Aktivitäten für eine kinder-/elternfreundliche Stadt
– Kontakt- und Informationsarbeit für Mütter
– Bildungsarbeit für Mütter
– Unterstützung von Ansätzen für andere, abgesicherte Arbeitsverhältnisse und Rückkehrmöglichkeiten für Mütter in den Beruf

Vereinskonto: Sparkasse Bonn, Kto. Nr.: 146 015 235, BLZ 380 500 00

Mütter Courage
– Mütterselbsthilfe e.V. –
c/o Ute Frankenne
Ennertstr. 22
5300 Bonn 3
Tel. 48 36 54

Konkret heißt das:
– die Schaffung einer Kommunikationsstelle für Mütter mit Kinderbetreuung und Einrichtung eines Cafés und eines Mittagstisches
– Durchführung von Veranstaltungs- und Weiterbildungsangeboten
– Beratungsstelle für Mütter / Vermittlung von Babysittern
– Koordination von Müttergruppen in der BRD

Was brauchen wir?

Einen größeren Raum für das Café und den Mittagstisch
Einen Raum für die Kinderbetreuung
Ein Büro
und Spenden und finanzielle Hilfe, damit wir unser Projekt starten können.

An wen wenden wir uns?

An alle Menschen, die aus Betroffenheit oder aus Einsicht die Notwendigkeit sehen, im Sinne einer Gleichberechtigung die Situation von Müttern insgesamt zu verbessern.

Vereinskonto: Sparkasse Bonn, Kto. Nr.: 146015235, BLZ 38050000

Mama, ich muß mal ...
Fragebogen für einen «Kinder-Michelin»

Welche Mutter kennt nicht die aufregenden und anstrengenden Einkaufs-
situationen mit zwei oder gar drei kleinen Kindern. Ein geistiger und phy-
sischer Kraftakt, angefangen bei den Schwierigkeiten, einen großen Kinderwagen durch die Sperre zu schieben, die mühevolle Suche nach einem
Einkaufswagen mit Kindersitz, das Höchstmaß an Anspannung und Konzentration, um ständig drohende Katastrophen in den engen Gängen zu
verhindern. Und mitten hinein in dieses Szenario die lapidare Bemerkung
des Sohnes / der Tochter «Mama, ich muß mal!» Was dann folgt, wissen wir
nur zu gut. Eine Kundentoilette gibt es nicht offiziell, «Wir sind hier ja
schließlich keine öffentliche Bedürfnisanstalt.» Uns steht der Schweiß auf
der Stirn, das Kind zappelt: «Nun machen Sie doch mal eine Ausnahme.»
Endlich auf dem Klo, hat sich die Sache von selbst erledigt und wir sind es
nun auch, restlos bedient!
Ein Beispiel, das für viele andere steht. Unsere Schwierigkeiten mit dem
sogenannten öffentlichen Nahverkehr, fehlende Wickel- / Spielecken in öffentlichen Einrichtungen oder Geschäften usw. – Kinder wurden nicht mitgedacht und Mütter haben die Konsequenzen zu tragen.
Was tun?
Warum nicht all diese detaillierten Ärgernisse aufschreiben, Einrichtungen, Personen, Namen von Geschäften nennen, sie öffentlich als kinder /
mütterfeindlich anprangern, boykottieren, um Druck auszuüben. Und so
haben wir in langer Kleinarbeit einen Fragebogen entworfen, der viele unserer Problemsituationen aufgreift. Wir wollen mit unserer Aktion
«Mama, ich muß mal» Kontakte knüpfen zu Frauen, die uns ihre Erfahrungen und Vorschläge mitteilen können, wir wollen Druck machen und uns
aktiv an der Veränderung unserer Stadt beteiligen. Vielleicht schaffen wir
es ja – mit der Unterstützung von Müttern aus anderen Städten –, einen
Michelin in Sachen Kinder- / Mütterfreundlichkeit für die Bundesrepublik
zu erstellen.
In einem Buch von Müttern / über Mütter diesmal also ein etwas anders
geartetes Kochrezept, dessen Nachahmung Vielversprechendes verheißt.
Die «Mütter Courage» in Bonn sind bereit, diese Aktion zu koordinieren,
Anregungen und Kritik aufzunehmen und in Zusammenarbeit mit dem
Kinderschutzbund die Auswertung dieser Fragebögen zu übernehmen.

I. Öffentliche Verkehrsmittel

Ort/Stadtteil: _____

Linie (Bus/Tram): _____

1)   Gibt es eine praktische Verbindung?   ja   nein
1a) Erwünschte Zeitintervalle   10   20   30 Min.

2)   Gibt es Rampen/Aufzüge bei Haltestellen
    mit Treppen?   ja   nein
2a) Gibt es Hochbahnsteige?   ja   nein

3)   Sind die Türöffnungen breit genug für Zwillings-
    wagen, Doppelbuggy, Spezialwagen für Behinderte
    (Kinder)   ja   nein

4)   Hilft das Fahrpersonal beim Ein-/Aus-
    steigen wenn nötig?   gut   mittel   schlecht

5)   Rücksichtsvolles Anfahren/Bremsen?   gut   mitel   schlecht

6)   Sind die Einrichtungen in den Wagen kindergerecht?
6a) Ist ausreichend Platz für Kinderwagen?   ja   nein
6b) Sind die Halteknöpfe niedrig genug?   ja   nein
6c) Gibt es niedrige Haltegriffe und/oder kinder-
    gesicherte Sitze?   ja   nein

7)   Mitverantwortung des Fahrpersonals für alleinfahrende Kinder
7a) Werden die Haltestellen deutlich ausgerufen?   ja   nein
7b) Werden Kinder auf den richtigen Ausstieg
    hingewiesen auf Verlangen?   ja   nein

8)   Ist die Haltestelle ausreichend gesichert?   ja   nein
    Name der Haltestelle: _____

9)   Sonstige Beobachtungen: _____

_____

_____

_____

_____

II. Ämter/Öffentliche Einrichtungen

Einrichtung/Amt: _____

Ort/Stadtteil: _____

1) Sind die Parktplätze verkehrsfrei und zur
   Straße gesichert?   gut   mittel   schlecht

1a) Besteht die Möglichkeit, Kinderwagen
    bequem aus- bzw. einzuladen?   gut   mittel   schlecht

2) Ist ein Abstellplatz für Kinderwagen vorhanden?   ja   nein
2a) Fahrradabstellplatz?   ja   nein

3) Gibt es eine Wickelmöglichkeit?   ja   nein
3a) Wie ist die Ausstattung?   gut   mittel   schlecht

4) Gibt es ein(e) Spielzimmer/Spielecke   ja   nein
4a) Wie ist die Ausstattung?   gut   mittel   schlecht
4b) Gibt es eine qualifizierte Betreuung?   ja   nein
4c) Entspricht die Qualität des Warteraums den
    Wartezeiten?   ja   nein

5) Ist das Personal kinderfreundlich?   gut   mittel   schlecht

6) Gibt es Nichtraucherzonen?   ja   nein

7) Gibt es eine Kindertoilette?   ja   nein

8) Ist die Beschilderung kinderverständlich?   ja   nein

9) Sonstige Beobachtungen: _____

_____

_____

_____

_____

III. Kinderbetreuungsangebote

Betreuungseinrichtung: _____

Ort/Stadtteil: _____

1) Gibt es im Stadtteil ausreichend Betreuungsangebote?

1a) für Kleinstkinder 0–3 Jahre?	ja	nein
1b) Tagesstätten für Kinder von 3–6 Jahren?	ja	nein
1c) Horte für Schulkinder?	ja	nein
1d) Angebote für Jugendliche ab 10 Jahren?	ja	nein
1e) Gibt es Wartelisten?	ja	nein
1f) Gibt es Wahlmöglichkeit?	ja	nein
1g) Gibt es Ausgrenzungen?	ja	nein
1h) Entfernung vom Wohnort? 10 20 30 ?		Min.

2) Pädagogische Qualität der Einrichtung:

2a) Gruppengröße	gut	mittel	schlecht
2b) Raumangebot	gut	mittel	schlecht
2c) Betreuung	gut	mittel	schlecht
2d) Mitspracherecht der Eltern	gut	mittel	schlecht

3) Öffnungszeiten der Betreuungseinrichtung:

3a) 8–12 Uhr	ja	nein
3b) 14–16 Uhr	ja	nein
3c) 8–17 Uhr durchgehend	ja	nein
3d) Flexibel	ja	nein

3e)

Änderungsvorschlag: _____

_____

_____

4) Sonstige Beobachtungen: _____

_____

_____

_____

_____

IV. Spielplätze

Straße/Platz: _____

Ort/Stadtteil: _____

1) Wie ist das Angebot?   gut   mittel   schlecht
1 a) Ist der Spielplatz für alle Altersgruppen geeignet?   ja   nein
1 b) Wie sind die Spielgeräte   gut   mittel   schlecht
1 c) Wird der Spielplatz regelmäßig
     gewartet und gereinigt?   ja   nein
1 d) Ist der Spielplatz abgesichert vom Verkehr?   ja   nein
1 e) Ist der Spielplatz elternfreundlich? Bänke etc.   ja   nein

2)   Sonstige Beobachtungen: _____

_____

_____

_____

V. Stadtplanung

Ort/Stadtteil: _____

Was muß in Ihrem/Deinem Stadtteil verändert werden, damit es kinder-
und elternfreundlich ist?
(Hier sind mehrere Antworten möglich)
z. B. Tempo 30, Kinderampeln, abgeflachte Bordsteine, gesicherte Rad-
     wege zur Schule, zugeparkte Gehwege und und _____

_____

_____

_____

_____

Sonstige Beobachtungen: _____

_____

Fragebögen können in beliebiger Stückzahl angefordert werden.
Ausgefüllten Fragebogen zurücksenden an:
Mütter Courage, c/o Ute Frankenne, Ennertstr. 22, 5300 Bonn 3

Und wo bleiben die Väter?!

Wo immer das Müttermanifest diskutiert wird, kommt früher oder später aus den Reihen derer, die es ablehnen, der empörte Aufschrei: «Und wo bleiben die Väter?» Da werden im Müttermanifest Väter doch tatsächlich nur am Rande erwähnt und – damit nicht genug – da wird die «partnerschaftliche Arbeitsteilung» im Privatbereich gar als «gesellschaftliche Scheinperspektive» denunziert...!! Auch die Forderungen nach Mütterzentren, nach einer mütterfreundlichen Infrastruktur, nach nachbarschaftlicher Mütterselbsthilfe etc. lassen für viele den faden Geruch von Mütter-Gettos aufsteigen, in die sich Mütter – nach Jahren der Zwangsverbannung – nun freiwillig hineinbegeben wollen, anstatt die Väter ordentlich ‹in die Pflicht› zu nehmen.

Was mich daran immer noch verblüfft, ist, daß die Vorwürfe nach mangelnder Einbeziehung der Väter – in Art der Dolchstoßlegende – ausgerechnet von seiten vieler Frauen kommen, mit denen ich noch vor Jahren mit Vehemenz für gewaltfreie Räume für Frauen (und das hieß damals wie heute ‹männerfreie Räume›) gekämpft habe. Statt dessen geht jetzt – auch als Reaktion auf das Müttermanifest – in weiten Teilen der Frauenbewegung der Partnerschaftlichkeitswahn um.

Häufig schwingt in der Forderung nach partnerschaftlicher Arbeitsteilung der Glaube an die pädagogisch heilsame Wirkung der Familienarbeit für Männer mit. Schließlich ist damit die nicht ganz unberechtigte Hoffnung verknüpft, daß Männer über Versorgungsarbeiten an den Kindern ihre spezifischen Sozialisationsdefizite abbauen lernen, und daß es ihnen gelingt, sich menschliche Qualitäten anzueignen.

Ein anderer großer Teil von frauenbewegten Frauen behandelt allerdings das Thema ‹Zusammenleben mit Kindern› als eine Art Müllentsorgungsproblem, das Frauen nun lange genug beschäftigt habe, und das endlich entsprechend dem Verursacherprinzip den Männern aufgehalst werden soll.

Beiden Ansätzen – sowohl der pädagogischen wie auch der Rachefeldzugvariante – ist der Glaube gemeinsam, die Väter durch den ‹Zwang zur Pflicht› (manchmal schön verpackt im Gewande der ‹partnerschaftlichen Arbeitsteilung›) von der Notwendigkeit zu überzeugen, die allseits verachtete traditionelle Frauenarbeit anteilig zu übernehmen.

‹Partnerschaftliche Arbeitsteilung› wird so zum Losungswort für viele sozialpolitische Maßnahmen, die zweifelsohne schon allein darin ihre Berechtigung finden, daß sie vielen Menschen das Alltagsleben erleichtern (beispielsweise Arbeitszeitverkürzung, Elternschaftsurlaub etc.), die allerdings eins nicht geschafft haben: bei Männern eine größere Bereitschaft zur Übernahme von Versorgungsarbeiten zu erzeugen. Es ist durchaus verständlich, «...daß viele Frauen in einer Art kollektiver Verbitterung gegenüber den Freiräumen von Männern deren zwangsweise Einbindung in die Versorgung von Menschen fordern. ...Unverantwortlich ist aber die Tatsache, daß Expertinnen und Frauenfunktionärinnen alles unberücksichtigt lassen, was zeigt, daß die Strategien, die sie propagieren, nirgends auf der Welt auch nur ansatzweise die erwünschten Resultate zeigen: von Schweden über die USA, zurück in den Kibbuz oder in die UdSSR, alles Länder, in denen wichtige Teileelemente der propagierten Strategien durchaus praktiziert werden. Und fast schon kriminell ist es, wie die Transformation des Mannes, die doch trotz einiger Ausnahmen keineswegs auf breiter Front stattfindet, zur Hauptvoraussetzung von Frauenpolitik gemacht wird.» (1)

Der Einzug von Frauen in die Berufswelt, was besonders deutlich in den Ländern des ‹real existierenden Sozialismus› wird, hatte nicht die Übernahme der Versorgungsarbeit durch die Männer zur Folge. Dort wo Frauen sich aus dem privaten Versorgungsbereich zurückziehen, hinterlassen sie erst einmal ein Vakuum an Versorgungsqualität, das auch nicht durch institutionalisierte Kinder-, Alten- oder Krankenpflege aufgefüllt werden kann. Und alle Untersuchungen über geschlechtsspezifische Arbeitsteilung in anderen Ländern beweisen, daß es keine noch so ausgefeilte sozialpolitische Maßnahme geben kann, die Hebelwirkung für eine grundlegende Veränderung menschlicher, in diesem Falle männlicher Verhaltensmuster hätte.

Wird die partnerschaftliche Arbeitsteilung weiterhin als Hauptvoraussetzung für die Einmischung von Müttern in die öffentlichen Entscheidungsbereiche angesehen, bevor überhaupt darüber nachgedacht werden darf, ob es nicht wirkungsvollere Lösungsmöglichkeiten für eine reale Entlastung von Müttern (sowohl im Erwerbs- als auch im Versorgungsbereich) gibt, bedeutet das nichts anderes, als daß Frauen langfristig die gesellschaftliche Teilhabe verweigert wird. Denn kann diese Forderung nicht gesellschaftspolitisch eingelöst werden, bedeutet sie eine extreme Privatisierung der Kinderfrage. Zu der Doppel- und Dreifachbelastung der Frau kommt eine weitere hinzu: die der Umerziehung des Mannes. Gelingt diese nicht, ist frau selbst schuld, wenn sie ausgegrenzt bleibt!

Das, was an dem hartnäckigen Festhalten der Forderung nach partnerschaftlicher Arbeitsteilung durch Teile der Frauenbewegung so überrascht, ist die merkwürdige Wandlung der Vision von der autonomen Frau hin zur Partnerschaftsvision. Dort, wo zuvor die Familie abgeschafft werden sollte, entsteht nun die Vorstellung des perfekten Elternpaares – ob zusammenlebend oder nicht –, das durch ein versorgungsbedürftiges Kind aneinandergekettet, gemeinsam, Schulter an Schulter, alle damit zusammenhängenden Arbeiten trägt.

Nichts, absolut nichts spricht gegen eine partnerschaftliche Arbeitsteilung – dort wo sie gewünscht wird. Allein, die wenigen Beispiele, die mir persönlich einfallen, wo eine partnerschaftliche Arbeitsteilung im Ansatz funktioniert, fallen eher in den Bereich der exotischen Ausnahmen. Und selbst dort ist der Anteil an Arbeit, den die Frauen leisten, immer noch höher als der der Männer – wenn ich genau hinsehe. Unterhalte ich mich allerdings mit Vätern aus meiner alternativ-linken-Femi-Öko-Szene, behaupten alle, sie würden in einer partnerschaftlichen Beziehung leben und ihr Anteil an Versorgungsarbeit sei ebenso groß wie der ihrer Partnerinnen. Eine gigantische Wahrnehmungsverzerrung hat sich eingeschlichen, eine Wahrnehmungsverzerrung, die nicht nur individueller, sondern auch kollektiver Art ist.

Natürlich kann ich nicht übersehen, daß sich – meiner ganzen Verbitterung über diese leidige Väter-Diskussion zum Trotz – etwas Entscheidendes für die heutigen Kinder verändert hat: Im Gegensatz zu der Zeit, als ich noch Kind war, haben die meisten Kinder heute ‹mehr Vater›. Einen, der sich ‹mehr› um sie kümmert, als Väter es noch vor ein, zwei Generationen getan haben. Einen, zu dem sie eine reale und nicht nur vom Wunschdenken begleitete Beziehung aufbauen können.

Prinzipiell hat sich an der Verteilung der Arbeit und der Verantwortung für Kinder zwischen den Elternteilen nichts, was gesellschaftlich relevant wäre, verändert. Graduell schon, doch dabei überschätzen nicht nur Väter ihre eigenen Anteile an der Betreuungsarbeit, auch gesellschaftlich rückt die Rolle des Vaters immer stärker in den Mittelpunkt. Von Soziologen, Pädagogen und Psychologen wird ‹der Vater› in den letzten Jahren gehätschelt und heftig umworben. Diese Entwicklung wäre begrüßenswert, wenn sie nicht gleichzeitig Hand in Hand mit einer ständigen Abwertung der Mutter-Rolle gehen würde. Die Vaterschafts-Ideologie bricht sich ihre

Bahn, Mütter werden aufs Abstellgleis geschickt: Immer häufiger wird das Kind in Trennungssituationen der Eltern dem Vater zugesprochen.

Die einzige Ausnahme, in der eine vorrangige Mutter-Kind-Beziehung rechtlich festgeschrieben wurde, steht im Unehelichenrecht. Doch auch dieses ‹Mutter-Recht› soll nach dem Willen der Bundesregierung stufenweise abgebaut werden. Ein entsprechender Referentenentwurf zum ‹Umgangsrecht der Väter nicht-ehelicher Kinder› liegt bereits seit April 1988 vor. Dieser Entwurf, der die Besuchsrechte für Väter unehelicher Kinder den Rechten von Vätern ehelicher Kinder nach der Scheidung anpaßt, ist als Vorstufe für ein gemeinsames Sorgerecht (und wahrscheinlich auch für das alleinige Sorgerecht des Vaters) im Falle nichtehelicher Lebensgemeinschaften auch *gegen* den Willen der Mutter des Kindes gedacht.

Ich fürchte, daß die Überhöhung der Rolle des Vaters im Verhältnis zur Rolle der Mutter durch Psychologen, Pädagogen, Soziologen und auch der Partnerschaftlichkeitswahn im ‹fortschrittlichen› Lager den Bodensatz dafür geschaffen hat, die wenigen ‹mutterrechtlichen› Ansätze im Unehelichenrecht niederzuwalzen: Das Vaterrecht ist verstärkt angesagt, «...nicht nur von Vätern gefordert, sondern auch von Frauen: dies nach weiblicher Übung, sich selbst die beste Falle zu stellen, in konsequenter weiblicher Mittäterschaft.» (2)

Die Sorge um das Recht

> «*Die Erwerber des Vermögens sind die Männer, nicht die Weiber: Sie bedürfen stets eines Vormundes; daher sie in keinem möglichen Fall die Vormundschaft ihrer Kinder erhalten sollten.*»

(Arthur Schopenhauer)

Erst seit dreißig Jahren haben Frauen überhaupt die Möglichkeit, über die Belange ihrer Kinder zu entscheiden. Bis zum Jahre 1957 (acht Jahre nach dem Grundgesetz!) waren die Kinder rechtlich der ‹väterlichen Gewalt› unterstellt. Ein gleiches Recht für Mütter war im Gesetzbuch nicht vorgesehen.

Wie es statt dessen aussah, schildert Alice Rühle-Gerstel 1932:

«Die eheliche Mutter ist zwar mit erziehungsberechtigt, besitzt aber nicht die elterliche Gewalt. Ist sie schuldlos (!) geschieden und hat das Gericht ihr die Kinder zugesprochen, so bleibt trotzdem die elterliche Gewalt und das Verfügungsrecht über den eventuellen Besitz der Kinder beim Vater. Die Mutter muß sich in all ihren Erziehungsmaßnahmen ihm unterordnen. Über Wohnort, Schule, Freizeit, Berufsausbildung, Heirat Minderjähriger, über Vermögen und Erwerb der Kinder hat das letzte Wort der Vater zu sprechen. Alles, was die Mutter im Interesse ihrer Kinder etwa gegen seinen Willen durchsetzen möchte, bedarf gerichtlicher Genehmigung, welche meist erst nach dem Durchlaufen komplizierter Amtswege erlangt werden kann. Bei der allgemein herrschenden Ideologie über die Rolle der Väter und Mütter und bei der Besetzung der meisten Amtsstellen mit Männern ist die Mutter faktisch beinahe rechtlos. In der ‹Weltbühne› wurde einmal von einem Fall berichtet, in dem eine Mutter hilfesuchend den Richter um Schutz vor dem gewalttätigen, sie und die Kinder bedrohenden Gatten anflehte. ‹Erst muß etwas passiert sein›, das war der weise Urteilsspruch, mit dem die Frau zu ihrem Tyrannen zurückverwiesen wurde.» (3)

Heute haben Mütter Rechte, heute sind sie nicht mehr ‹nur Opfer›. Dennoch sind diese Rechte nicht selbstverständlich. Zwar änderte sich das absolute Vaterrecht, und Frauen wurde nach einer langwierigen und zähen Diskussion endlich im Jahre 1957 zugetraut, das alleinige Sorgerecht für ihre Kinder ausüben zu können, doch dieser Rechtszustand währte nicht lange. «25 Jahre lang, von 1957 bis 1982, hatten Frauen die Möglichkeit, uneingeschränkte Rechte für ihre Kinder innehaben zu können, wie sie ohnedies uneingeschränkte Pflichten wahrnehmen, eine tatsächliche wie juristische Sekunde, nach der nun der Mann/Vater angeblich Gleichberechtigung verlangt, indem er auch nach der Scheidung Fortbestand der gemeinsamen Sorge für die Kinder will, selbst wenn diese bei der Mutter leben, wie dies überwiegend Rechtstatsache ist.» (4)

Seit 1982 bietet sich den Familiengerichten neben den Alternativen, entweder der Mutter oder dem Vater das Sorgerecht zuzusprechen, die Möglichkeit, beiden Eltern ein gemeinsames Sorgerecht zu übertragen.

Aber das, was auf den ersten Blick so vernünftig aussieht, muß auf der Grundlage der sozialen Wirklichkeit von Männern und Frauen bewertet werden. Und die ist nun einmal nicht gleich. Allen Studien, allen repräsentativen Umfragen der letzten Jahre zufolge ist der Vater, der sich zusammen mit der Mutter um die Betreuung seiner Kinder kümmert, immer noch die Ausnahme. Es gibt zwar einen Einstieg von Vätern in die Elternverantwortung, aber Familienarbeit ist – weltweit – nach wie vor die Sache der Frau.

Und die Bereitschaft von Männern, die ausschließliche oder überwiegende Versorgungsarbeit für ihre Kinder zu übernehmen, wird nicht dadurch gesteigert, daß sie das alleinige oder ein gemeinsames Sorgerecht zugesprochen bekommen. Meist präsentieren sie ihren Kindern eine Ersatzmutter, sei es die Oma, die Geliebte, die neue Ehefrau, die Haushälterin, die Nachbarin oder das Kindermädchen.

Allen Gerüchten zum Trotz gibt es weder den neuen Mann noch den neuen Vater als eine gesellschaftlich relevante Erscheinung. Männer ändern – auch in noch so partnerschaftlichen Beziehungen – ihren Lebensentwurf nicht zugunsten von Kindern!

Die Chancen, die – selbst von einigen Feministinnen – darin erblickt werden, daß Männer sich um die Versorgungsarbeit kümmern könnten, wenn sie rechtmäßig in den Erziehungsprozeß eingebunden sind, lassen sich – bis auf ganz wenige Ausnahmen, die sicherlich nicht aufgrund der Rechtslage zustande gekommen sind – an keiner Stelle der gegenwärtigen Alltagsrealität bestätigen. Die Geschichte des Patriarchats (= Vaterherrschaft!), in Männer alle Rechte als Väter besessen haben, sollte uns warnendes Beispiel genug sein.

Gerade dann, wenn eine Frau aus der Ehe gegen den Willen des Mannes aussteigen will, wird das Sorge- und Umgangsrecht des Vaters häufig genug dazu benutzt, die Mutter unter Druck zu setzen. Meist entdecken Väter ihre ‹Zuneigung› zu ihren Kindern genau in dem Moment, wo ihre Ehefrauen sich von ihnen trennen wollen. Urplötzlich entwickeln sie Erziehungsideale, denen die Mutter eh nicht gerecht werden kann, urplötzlich fangen sie an, den Kindern ‹mehr› Zeit zu widmen, urplötzlich rücken sie die Kinder in den Mittelpunkt ihres Lebens.

Anhand der folgenden zwei authentischen Frauenbiographien lassen sich die Schwierigkeiten, die in Trennungssituationen häufig auftauchen, ablesen:

Maria, 34 Jahre alt, 3 Kinder (6, 7, 10 Jahre), seit 1½ Jahren alleinerziehend.

Maria wächst in einer gutbürgerlichen Familie auf, lernt Mitte der siebziger Jahre ihren späteren Ehemann W. kennen. W. gehört der ‹linken Szene› an, ein lustbetonter, charmanter Mann, ein Hansdampf in allen Gassen, der das ungezwungene Studentenleben genießt.

Als sich das erste Kind ankündigt – von Maria gewünscht –, verfällt er in eine tiefe Depression, er, der sich nie um Verhütung gekümmert hat. Sie ziehen gemeinsam in eine Wohngemeinschaft und heiraten ein Jahr später.

Während der Schwangerschaft wird er begeisterter potentieller Vater, liest alle Bücher über Schwangerschaft und Geburt, bereitet sich intensiv auf das Kind vor: er hütet probeweise kleine Kinder 1x die Woche, als Entlastung für die jeweilige Mutter, aber auch, um den Umgang mit Kindern zu üben. Der gelebte Alltag nach der Geburt dämpft seine Begeisterung: der Säugling stört die Nachtruhe. Während Maria jede Nacht wach wird, schläft W. seelenruhig weiter. In der ersten Zeit weckt sie ihn manchmal, damit er das Kind versorgt, was er anfangs auch widerspruchslos akzeptiert. Irgendwann gibt sie es auf, da sie ohnehin schon wach ist und dann zumindest ein Elternteil durchschlafen kann.

Der Alltag mit dem Säugling bringt verstärkt Organisationsprobleme mit sich: Abendtermine müssen abgesprochen werden. Ein klassischer Mechanismus schleicht sich ein: seine Termine sind grundsätzlich wichtiger, und wenn Maria schon zu Hause beim Kind bleibt, dann kann sie ja auch gleich die Küche machen, Strümpfe stopfen, Wäsche waschen, kurz: alle zum Haushalt gehörenden ‹Kleinigkeiten› erledigen. Da sie in einer WG leben, wird der Putzplan für jede einzelne Person aufgestellt. Sie übernimmt große Teile seiner Hausarbeit, er hat ja wichtige Termine oder geht mit dem Kind spazieren.

In den siebziger Jahren beginnen einige Väter sich zu emanzipieren, zeigen sich gern und öffentlich allein mit den Säuglingen oder Kleinkindern. Die bewundernden Blicke – insbesondere der Frauen – sind ihnen gewiß, die nach außen getragene väterliche Fürsorge stärkt das Selbstwertgefühl in einer Zeit sich wandelnder Geschlechterrollen.

Zumindest am Wochenende wechseln sie sich mit der Versorgung des Kindes ab, schließlich braucht Maria auch mal eine Nacht zum Durchschlafen. Er bricht sein Studium kurz vor dem Examen ab und geht als Hilfsarbeiter im Zuge der Studentenbewegung in einen Betrieb, um den Arbeitern das ‹richtige› Bewußtsein nahezubringen. Inzwischen ist sie wieder voll erwerbstätig, sein Monatslohn reicht ohnehin nicht aus, um eine dreiköpfige Familie zu ernähren. Maria verdient bedeutend mehr als er, was W. wiederum die Möglichkeit gibt, politisch arbeiten zu können, ohne Angst vor einer möglichen Entlassung, da das Familieneinkommen durch ihre Berufstätigkeit abgesichert ist. Er feiert häufig krank (bis zu 22 Wochen im Jahr), zumal er feststellen muß, daß die Arbeit am Fließband nicht zu den lustvollsten Momenten des Lebens gehört und die Agitation der Arbeiter auch nicht so einfach ist.

Das 2. Kind – ein gemeinsames Wunschkind – kommt zur Welt, ein Jahr später das 3. Kind, ungeplant.

Maria erhält die Möglichkeit, in den Entwicklungsdienst nach Afrika zu gehen und dort eine Gesundheitsstation aufzubauen. W. erklärt sich bereit, seinen ohnehin wenig geliebten Arbeitsplatz aufzugeben und für drei Jahre als begleitender Ehemann mitzugehen. Im Dezember 1983

*siedeln sie nach Afrika um. Zwei Monate später kommt es zu Gewalttä-
tigkeiten: W. verprügelt seine Frau. Es bleibt zwar bei diesem einen
Mal, weil es Maria gelingt, in dem Bekanntenkreis eine Öffentlichkeit
darüber herzustellen, aber das Verhältnis ist gespannt. In ihr reift der
Entschluß, sich von ihm zu trennen. Freunde und Freundinnen warnen
sie vor diesem Schritt, da durch eine Trennung die Vertragsbedingun-
gen für ihr Projekt in Afrika möglicherweise nicht mehr erfüllt seien
und sie mit einer Vertragsauflösung zu ihren Lasten (100000 DM) rechnen müsse. Sie gibt ihre Trennungsabsicht vorerst auf.*

*Maria hat Angst, ihre Kinder zu verlieren, und sieht keine Mög-
lichkeit, sich in Afrika juristisch beraten zu lassen. Sie hat Angst, bei
einer Trennung ihren Arbeitsplatz zu verlieren, sie hat Angst vor erneu-
ten Gewalttätigkeiten. Bis zur Beendigung ihres Projekts bemüht sie
sich um einen kräftezehrenden Balanceakt.*

*Nach Beendigung ihres Vertrages ziehen beide gemeinsam nach M.,
einer konservativ geprägten Stadt im ländlichen Raum. Sie mieten ein
Haus an, und Maria muß noch einmal für einige Wochen allein zurück
nach Afrika, um das Projekt abzuschließen und zu übergeben. In dieser Zeit fällt sie die Entscheidung, sich endgültig von ihm zu trennen.
Sie konfrontiert ihn mit ihrer Absicht, als sie nach Hause zurück-
kommt. Für sie beginnt – aus ihrer Sicht – damit die Zeit des Psychoter-
rors.*

*Die Kinder, die nach gemeinsamem Beschluß aus den Streitigkeiten
der Eltern herausgehalten werden sollten, müssen mit ansehen, wie er
ihr am Tisch Grimassen schneidet, mit dem Brotmesser drohend auf sie
zurennt, kurz vor ihr abdreht, um sich dann eine Scheibe Brot abzu-
schneiden.*

*Er versucht, das älteste Kind auf seine Seite zu ziehen, setzt sich vor
das Kind, weint und erzählt ihm, die Mutter wolle die Familie kaputt-
machen. Das Kind kommt in extreme Loyalitätskonflikte, die prompt
zu völligem Schulversagen führen.*

*Sein Lebensrhythmus sieht inzwischen so aus, daß er bis morgens
um 11 Uhr schläft, zum gemeinsamen Mittagessen erscheint, anschließend seinen Mittagsschlaf hält, danach in seinem Zimmer bleibt, um
nach 22 Uhr in die Diskothek zu gehen, wo er bis in die frühen Morgen-
stunden bleibt.*

*Sie ist in dieser Zeit ohne Erwerbstätigkeit, organisiert den gesamten
Haushalt, bringt die Kinder zur Schule und zum Kindergarten, ist
durch ihr Arbeitsloseneinkommen die Ernährerin der Familie.*

*Die Spannung nimmt zu: wenn er morgens nach Hause kommt,
stürmt er in ihr Zimmer, reißt sie aus dem Bett, will mit ihr reden oder
bedroht sie.*

Maria bekommt Todesängste, schließt sich nachts ein und holt schließlich in den letzten Wochen vor der Trennung eine Freundin ins Haus.

Er sagt zu auszuziehen, findet jedoch nicht sogleich eine Wohnung, die ihm gefällt. Sie vermutet, daß er keine finden will, und entschließt sich nun ihrerseits, gemeinsam mit den Kindern wegzuziehen. Kaum hat sie den Mietvertrag für eine Wohnung in einer anderen Stadt unterzeichnet, findet er eine passende Wohnung für sich. Maria übernimmt die Maklergebühren und Ausstattungskosten für W.s Wohnung, er nimmt alle Möbel mit – zumindest die wertvollen. Sie zahlt ihm noch zwei Monate lang Unterhalt, bis sie so heillos verschuldet ist, daß sie kein Geld mehr geben kann. Daraufhin findet er eine gutbezahlte Arbeitsstelle. Bis heute, 18 Monate nach der Trennung, zahlt er – trotz schriftlicher Zusage und obwohl er inzwischen gut verdient – nur sehr unregelmäßig Unterhalt für die Kinder. Eine Unterhaltsklage ihrerseits würde ihre Hoffnungen auf eine einvernehmliche Scheidung ohne schmutziges ‹Wäsche-Waschen› zerstören.

Die Besuche der Kinder bei ihrem Vater werden auch heute noch begleitet von seinen – inzwischen subtileren – Angriffen auf Maria. Einmal setzt er sie vorzeitig in den Zug nach Hause, weil sie sich geweigert haben, den Tisch abzuräumen. ‹Er habe nun einmal keine Geduld mehr mit Kindern.›

Während der akuten Trennungszeit mußte Maria – wie die meisten Mütter in ähnlichen Situationen – mit den Drohungen ihrer Kinder leben: «Wenn du mir dieses oder jenes nicht kaufst, ziehe ich zu meinem Vater.»

«Weißt du», sagt sie nach unserem Gespräch, «ich habe inzwischen mit vielen Frauen, die sich von ihren Männern getrennt haben, geredet. Alle sind erst in dem Moment gegangen, als sie sicher waren, daß jedes ihrer Kinder mit ihnen gehen würde.»

Nicole, 28 Jahre alt, 2 Töchter, Nora (8 J.) und
Nina (2 J.), zum zweitenmal verheiratet.

«Es ist schon merkwürdig», sagt sie, als wir uns treffen, «ausgerechnet von fortschrittlicher Seite werden heute die Besitzansprüche des Mannes auf ‹seine› Kinder als legitim betrachtet. Der männliche Samen ist einfach höherwertig. Alles, was Frauen in Kinder investieren: Schwangerschaft, Geburt – auch heute noch unter Einsatz des Lebens der Frau! –, Stillen, die Arbeit mit dem Säugling, jahrelange nächtliche Ruhestörungen; die Zeit, die Frauen darauf verwenden, um das Kind ins

‹Leben zu führen›, ihm Selbständigkeit beizubringen – all das und vieles mehr zählt nicht viel, wenn Väter ihre Besitzansprüche auf das Kind erheben! Meldet aber die Mutter ihrerseits Besitzansprüche an, wird das mit ‹Mütterlichkeitsideologie› beiseite gewischt!»

Nicole wächst, von ihren Eltern sozial sehr streng kontrolliert, in einer Ruhrgebietsstadt auf. Noch während ihrer Lehre zieht sie zu dem ersten Mann, mit dem sie eine Beziehung eingeht. Hubert lebt auf dem Lande, umgeben von streng katholischer Verwandtschaft und Nachbarschaft. Sie ist 20 Jahre alt, als sich ein Kind anmeldet. Beide heiraten und ziehen gemeinsam in die Ruhrgebietsstadt, aus der Nicole stammt.

Hubert freut sich auf das Kind, eine Vorbereitung auf die Geburt erübrigt sich für ihn, er kenne schließlich den Geburtsablauf von den Kühen her. Die traditionelle Rollenverteilung – sie zuständig für Kinder und Hausarbeit, er fürs Geldverdienen – wird von beiden nicht hinterfragt.

Bei der Geburt des Kindes ist Hubert dabei und beteuert ihr, die sich vor Schmerzen krümmt, seine Liebe. Dafür erntet der werdende Vater großes Lob von der Hebamme, ein vorbildlicher Ehemann sei er. Für die werdende Mutter hat die Hebamme nur Kritik übrig. Sie beherrscht die Atemtechnik nicht, konnte während ihrer Lehrzeit, in der sie Wechselschichten hatte, nicht an dem Geburtsvorbereitungskurs der Hebamme teilnehmen. Nicole empfindet die Liebesbeteuerungen ihres Ehemannes, während sie in den Wehen liegt, nicht als Hilfe, sondern ärgert sich, ärgert sich auch, wenn ihr Mann bewundert wird, während für sie nur Kritik abfällt.

Anfangs, durch den Reiz des Neuen, kümmert er sich um das Kind, ‹hilft› seiner Ehefrau und gilt als vorbildlicher Vater, immerhin geht er sogar allein mit seiner Tochter spazieren – für ihn, den Mann vom Lande, schon ein gewaltiger Schritt. Aber sein Anteil an den Versorgungsarbeiten für das Kind wird immer geringer, je mehr das Zusammenleben mit dem Kind zum Alltag wird.

Nicoles Bewegungsradius reicht in dieser Zeit bis zum Supermarkt und zurück. Zwar hat sie die Kontovollmacht über ‹sein› Konto, darf jedoch nicht selbständig Geld abholen. Ihre Lehre hatte sie nach der Geburt des Kindes aufgegeben. Obwohl Hubert ihr ‹erlaubt›, den Führerschein zu machen, darf sie ‹sein› Auto nicht benutzen. Als sie damit einmal wegfahren will, nimmt er ihr kurzerhand den Autoschlüssel weg.

Ihre Isolation wird vollständig, als ihr Mann ihr verbietet, ihre beste Freundin in die gemeinsame Wohnung zu lassen. Sie setzt gegen seinen Willen ein Hochschulstudium durch; zwei halbe Tage in der Woche verbringt sie nun an der Uni.

An der Uni verliebt sie sich in einen Kommilitonen. Das gibt ihr die Kraft, ihrem Ehemann die Trennung vorzuschlagen. Für ihn kommt der Vorschlag aus heiterem Himmel. Sie erklärt ihm, daß sie ihn nicht sofort verlassen werde, aber er solle sich mit dem Gedanken vertraut machen. Nach dieser Eröffnung fährt sie für einige Stunden weg, auch um ihm Zeit zu lassen, sich zu sammeln.

Spät abends, sie war inzwischen wieder zu Hause, kommen Huberts Schwester und sein Schwager, nehmen die kleine Tochter aus dem Bett und fahren gemeinsam mit Hubert weg. Hubert meldet sich telefonisch, erklärt, daß er zu seiner Schwester gefahren sei und daß er aufs Land zurückziehen möchte. Die Tochter werde er behalten. Nicole steht dieser Situation völlig hilflos gegenüber, weiß nicht, wo und wie sie Hilfe und Rat holen kann, versucht ihn zur Rückkehr zu überreden. Nach zehn Tagen kommt Hubert mit Nora, der Tochter, zurück.

Eine schwierige Zeit beginnt für beide Elternteile. Er kann und will ihre Entscheidung, sich von ihm zu trennen, nicht akzeptieren, setzt sie abwechselnd unter Druck oder fleht sie an, bei ihm zu bleiben. Er erhält volle Unterstützung durch seine Familie, sie selbst ist in ihrem Wohnumfeld und im gemeinsamen Bekanntenkreis inzwischen völlig isoliert, gilt als Ehebrecherin, die ihre Familie zerstören will. In dieser Zeit extremer Spannung zwischen dem Ehepaar wird er auf eigenen Wunsch vom Hausarzt krankgeschrieben, erhält starke Beruhigungsmittel. Der Hausarzt – gleichzeitig auch der Arzt von Nicole – rät Hubert, sein Kind zu nehmen und zu verschwinden. Sie habe durch die Beziehung zu einem anderen Mann das Recht auf ihr Kind verwirkt.

Die Situation eskaliert, als sie sich eines Abends die Zähne putzt, Hubert wiederholt erklärt: «Das Kind kriegst du nicht!», um dann nach der Ankündigung: «Jetzt hol ich ein Messer!» mit einem Brotmesser in der Hand drohend auf sie zuzukommen. Sie bleibt auch dieser Situation völlig hilf- und wehrlos ausgeliefert, schreit nicht, rennt nicht weg, sondern bleibt wie angewurzelt und hypnotisiert stehen. Er stößt nicht zu.

Am nächsten Tag packt Nicole die Koffer, nimmt ihr Kind und verläßt in seiner Abwesenheit die Wohnung – Hals über Kopf –, hinterläßt eine Telefonnummer, unter der sie erreichbar ist, aber keine Adresse.

Fortan gilt Hubert als der bedauernswerte verlassene und betrogene Ehemann, dem sie das Kind genommen habe. Er sucht Trost in der Verwandtschaft, bei Freund/inn/en und Bekannten, Nicoles eigene Mutter hält ihm Händchen und nicht ihr, während Nicole unter extremen Schuldgefühlen leidet und nicht weiß, wie sie ihre Existenz und die des Kindes sichern soll.

Sie wird zu einem Versöhnungsgespräch eingeladen, bei dem sie allein ihrem Ehemann und dessen Schwester gegenübersitzt. Seine Schwester unterbreitet Nicole ein Friedensangebot: Nicole könne gehen, das Kind aber solle bei ihrem Bruder bleiben, und da er das Kind wegen seiner ungünstigen Arbeitszeiten nicht selbst betreuen könne, wolle sie, Nicoles Schwägerin, Nora großziehen. Schließlich würde Nicole Hubert sonst alles nehmen, er würde nicht mehr auf die Beine kommen, das alles verkrafte er nicht. Nicole könne sein Leben doch nicht völlig zerstören. Außerdem könne sie ja mit dem anderen Mann neu anfangen, ohne die Belastung durch das Kind. Kurz: das sei für alle die beste Lösung.

Die Schuldgefühle lassen Nicole schwanken, bis ihr Vater ihr zu einem Anwalt rät. Nach dem Gespräch mit dem Anwalt steht ihre Entscheidung fest, sie will nicht, daß ihre Tochter irgendwann einmal ‹Tante› zu ihr sagt, sie will nicht das Schuldgefühl gegenüber Hubert gegen ein Schuldgefühl ihrer Tochter gegenüber eintauschen: sie will mit Nora zusammenleben.

Sie räumt dem Vater ihrer Tochter ein großzügiges Besuchsrecht ein: Wenn er will, kann er seine Tochter jedes Wochenende zu sich holen.

Wenn Hubert das Kind abholt oder bringt, wird sie im Beisein des Kindes wechselweise beschimpft, bedroht oder angefleht, sie möge doch zurückkommen. Außerdem ist Hubert in dieser Zeit ständig alkoholisiert. Einmal bringt er seine Tochter zurück und erklärt Nicole, er habe sich während der Fahrt über die Autobahn überlegt, ob er sich nicht zusammen mit seiner Tochter umbringen solle. Er habe vorgehabt, gegen einen Autobahnpfeiler zu fahren.

Obwohl sie das Gefühl hat, die Drohung ist ernstgemeint, obwohl sie keine ruhige Minute mehr hat, wenn Hubert mit Nora unterwegs ist, ist sie weiterhin der Meinung, sie könne sich dagegen nicht wehren. Ihr Anwalt bagatellisiert die Drohungen. Das sei häufig so bei Trennungen, das Problem mit dem Alkohol und den Drohungen werde sich mit der Zeit legen. Sie durchlebt alle möglichen Angstzustände, ohne einen Ausweg zu sehen. Hubert droht mit der Entführung der Tochter nach Südafrika, wo sein Bruder lebt.

Das Kind beginnt, unter dieser Situation zu leiden. Nora hängt an ihrem Vater. Wenn Hubert sie zur Mutter zurückbringt, strampelt, schreit und weint sie. Nicole braucht jedesmal eine Woche, bis sich ihr Alltag mit dem Kind wieder normalisiert, doch dann kommt der Vater, holt die Tochter, und die nächste Woche beginnt. Daraufhin ändert sie nach einem Jahr das wöchentliche Besuchsrecht in ein 14-tägiges um.

Nicole kann mit ihm weder den Erziehungsstil besprechen, noch was Nora an neuer Kleidung oder an Spielzeug braucht. Statt dessen gibt es für das Kind Süßigkeiten vom Vater und weiße Wildlederschuhe von *seinen Eltern. Zwei Jahre lang hat die Tochter extreme Schwierigkeiten, mit der Situation fertigzuwerden. Sie ißt nicht mehr richtig, magert ab und wird der Mutter gegenüber immer aggressiver.*

Bei Huberts Eltern darf Nora bis spät in die Nacht fernsehen, selbst Horrorfilme – wie Nicole herausfindet. Nora versucht, ihre Mutter zu erpressen: «Wenn du böse zu mir bist, geh' ich zu meinem Papa. Der wollte mich ja sowieso haben, aber du wolltest mich nicht gehen lassen!»

Wenn Hubert sein Besuchsrecht wahrnimmt, bringt er sie zu seiner Familie aufs Land, wo sie von seiner Schwester und seiner Mutter betreut und versorgt wird. Fährt er mal in seine Wohnung, kümmert sich die Vermieterin um das Kind. In jedem Fall steht eine Ersatzmutter bereit, die dem leidgeprüften Vater die Versorgungsarbeit abnimmt.

Hubert zahlt – obwohl eigentlich dazu verpflichtet – keinen Unterhalt für seine Frau, die mit ihrer Tochter von der Sozialhilfe lebt. Ihre soziale Situation ist ihm egal. Nicole wird die Mutter fürs Grobe, während Hubert und seine Familie der Tochter jeden Wunsch von den Augen ablesen.

Nachdem sie zu einer Anwältin gewechselt ist und dort zum erstenmal über ihre eigenen Rechte aufgeklärt wurde, ändert Nicole diesen Zustand. Hubert darf Nora regelmäßig nur noch alle 14 Tage für einen Tag zu sich holen. Ein Tag ist zu kurz, dafür lohnt es sich nicht, aufs Land zu seiner Familie zu fahren. Nora hat jetzt ‹mehr Vater›, dafür weniger Ersatzmütter, und ihr Gesundheitszustand stabilisiert sich.

Nach der Scheidung von Hubert erwartet Nicole ein zweites Kind und heiratet erneut. Damit löst sich die Spannung zwischen ihr und Hubert. Mit dem zweiten Kind ist sie unwiderruflich – aus der Sicht ihres Ex-Ehemannes – in den Besitz eines anderen Mannes übergegangen.

Trennungen sind schmerzlich. Meist sind es die Kinder, die in den Trennungsphasen der Eltern am stärksten leiden, besonders dann, wenn ein gerichtliches Tauziehen um die Kinder einsetzt. In einigen europäischen Ländern wird deshalb das gemeinsame Sorgerecht als Erfolg gefeiert. Es gibt Erfahrungsberichte aus den skandinavischen Ländern, denen zufolge die Ausübung des gemeinsamen Sorgerechts der Eltern nach der Trennung im allgemeinen gut funktioniert. Für die Zeit der Trennungsphase wird dort den Eltern qualifizierte Beratung angeboten.

Sicherlich kann man sagen, daß Eltern – ob sie verheiratet waren oder nicht – nach einer Trennung die Möglichkeit offenstehen muß, das gemeinsame Sorgerecht auszuüben. Aber jede gerichtliche

Zwangsverordnung eines gemeinsamen Sorgerechts ist abzulehnen. Gleiche Rechte für Väter und Mütter setzen gleiche Pflichten voraus. Hat ein Vater *vor* der Trennung von seiner Partnerin das gemeinsame Kind mitversorgt, hat er sich weder dem Kind noch dessen Mutter gegenüber gewalttätig verhalten, wäre die Mutter des Kindes vermutlich die letzte, die ihm im Falle einer Trennung ein anteiliges Sorgerecht verwehren würde. Doch ein gemeinsames Sorgerecht wird nur dann auch tatsächlich gemeinsam ausgeübt werden können, wenn die Eltern nach der Trennung in relativ kurzer Entfernung voneinander und unter gleichwertigen ökonomischen Verhältnissen leben. Und das ist nur selten der Fall.

In dieser Gesellschaft sind Mütter durch und über ihre Kinder allemal stärker erpreßbar als Väter. Mütter sind ökonomisch, sozial, emotional und durch körperliche Gewaltandrohung erpreßbar.

«War es schon früher so, daß Frauen ihre Kinder ‹erhandelten›, indem sie auf andere Rechte verzichteten, so droht das alte Muster wieder einzukehren über den neuen Handel um das elterliche Sorgerecht.

Die Frauen sind heute Subjekte genug, daß sie handeln; indem sie gehen, die Männer verlassen, einen eigenen Ort der Geschichte für sich suchen. Aber wo Männer (noch) nicht imstande sind, Frauen wahrzunehmen, geschweige denn, ernst zu nehmen, wo Frauen aus der Sicht des männlichen Geschlechts Subjektstatus nicht haben, (noch) nicht Gleiche sind, wo Frauen ökonomisch abhängig und nach der Trennung und Scheidung an den Rand der sozialen Existenz gedrängt werden, lassen sich Frauen auch allzu leicht erpressen mit der Drohung, sie hätten langen Krieg – bis in die höchsten Instanzen – zu erwarten, um elterliche Sorge, Vermögen und Hausrat. (...)» (5)

Ich halte daher eine Rechtsprechung, der die ideelle Gesamtpartnerschaft von Mann und Frau zugrunde liegt, die – gesellschaftspolitisch gesehen – auch nicht im entferntesten der Realität entspricht, für absurd.

Fazit: Eine gleiche Rechtsprechung in bezug auf das Sorgerecht in einer Zeit ungleicher Alltagswirklichkeit von Männern und Frauen kommt einer Verhöhnung der Mütter gleich.

Die Ausweitung des Vaterrechts

Eine Untersuchung von Phyllis Chesler zeigt, daß in Amerika inzwischen die meisten Sorgerechtsklagen zugunsten der Väter ausgehen (70%), ungeachtet des psychischen und physischen Einsatzes der jeweiligen Mutter während der Kleinkindversorgung. Von diesen Vätern, die das Sorgerecht für ihre Kinder erhielten, hatten sich 83 % nicht an der Kleinkindversorgung beteiligt, hatten 67 % keinen Unterhalt für das Kind gezahlt, als das Kind noch bei der Mutter lebte, hatten 62 % während der Ehe oder während des Scheidungsverfahrens ihre Ehefrauen körperlich mißhandelt, und 37 % von ihnen hatten ihre Kinder entführt. (6)

Auch in der Bundesrepublik wird dieser Trend spürbar. Der gesellschaftliche Minimalkonsens für das Bild eines idealtypischen Vaters beschränkt sich erst einmal nur darauf, daß er seine Kinder gesetzlich anerkennt und ökonomisch unterstützt. Väter, die ‹etwas mehr› für ihre Kinder tun, werden deshalb häufig als ‹besser› angesehen als die Mütter, von denen ohnehin erwartet wird, daß sie alles machen.

Die Änderung des Unehelichenrechts durch das Engelhart-Ministerium erscheint mir derzeit als ein Mosaiksteinchen in einem Gebäude, dessen patriarchales Fundament fest verankert steht und dessen Mauern, nun, nach einigen Angriffen seitens einer starken Frauenbewegung etwas bröckelig geworden, schnellstens im Renaissancestil wieder aufgebaut werden soll – und zwar weltweit.

Ich vermute, daß mit der Änderung des Unehelichenrechts nicht so sehr das ‹Wohl des Kindes› durch ein verbrieftes Umgangsrecht des leiblichen Vaters gefördert werden soll, sondern daß es gilt, die wenigen Freiräume von Frauen weiter einzuschränken. Denn Väter nichtehelicher Kinder hatten bislang durchaus die Möglichkeit, das Umgangsrecht zu erhalten. Sie mußten allerdings nachweisen, daß dieses Umgangsrecht tatsächlich auch dem Wohle des Kindes dient. Im Änderungsentwurf soll dieser Nachweis fortan entfallen.

Der Verdacht liegt nahe, daß in erster Linie der bedrohlichen Zunahme weiblicher Lebensentwürfe, in denen Frauen nicht mehr heiraten, sich aber trotzdem für ein Leben mit Kindern entscheiden, ein Riegel vorgeschoben werden soll – begleitet von Jubelrufen einiger Frauen, die Anfang der siebziger Jahre noch mit Bannersprüchen wie ‹Mein Bauch gehört mir› durch die Straßen gezogen sind.

Weitere Mosaiksteinchen für eine Renaissance des Vaterrechts lassen sich in Tendenzen finden, die sich in den USA schon seit längerer Zeit bemerkbar machen und die in die bundesdeutschen Wohnzimmer dank der amerikanischen Familienserien (Dallas, Denver oder Die Colbys) ihren Einzug halten konnten. In diesen Familienserien häufen sich die Episoden, in denen Männer Ansprüche auf die noch ungeborenen Kinder ihrer Ehefrauen, Ex-Ehefrauen, Geliebten oder Ex-Geliebten geltend machten. Mit Tränen in den Augen bringen diese Männer dem Publikum ihre Liebe zum Fötus nahe. Wie moralisch verwerflich muß eine Frau sein, die sich gegen die bereits erklärte Liebe des potentiellen Vaters zum ungeborenen Kind für eine Abtreibung entscheidet?!

1984 sorgte eine Entscheidung des Vormundschaftsgerichts in Köln für Aufregung, als es einen Vater in den Stand setzte, die Mutter zum Austragen des Kindes zu zwingen. Wenngleich nach bisheriger Meinung in Rechtsprechung und Literatur diese Entscheidung nicht haltbar ist, fragt sich dennoch, wie lange es wohl noch dauern wird, bis Frauen die Möglichkeit einer Abtreibung rechtlich verwehrt wird, falls der Vater des ungeborenen Kindes sich gegen eine Abtreibung entscheidet? Schließlich richten sich die meisten Kampagnen der Abtreibungsgegner nicht gegen jedweden Abbruch einer Schwangerschaft (zum Beispiel wird nicht die eugenische Indikation, die sogar bis zur 22. Woche rechtlich möglich ist, angegriffen), sondern die Kampagnen richten sich allein gegen den Abbruch, den die Frau aus eigenständiger Beurteilung ihrer Lebenssituation will. (7)

Könnte es sein, daß Vormundschaftsgerichte in Zukunft einer Frau das Sorgerecht für ihr Kind entziehen, weil sie in den ersten Schwangerschaftsmonaten eine Abtreibung überlegt hatte, um das Sorgerecht dem Vater zu übertragen, der das Kind ja schon als Keimzelle liebte?

Fest steht: «Bei Lockerung der Rechtsnormgewohnheiten (Abnahme der Eheschließungen, Zunahme von Geburten außerhalb der Ehe, Alleinleben von Frauen) erobern sich Väter – im Rückgriff auf patriarchale alte Regelungen, verbrämt jedoch mit moderner Partnerschafts- wie Gesellschaftsideologie – wieder mehr Rechte über die Kinder innerhalb wie außerhalb einer Beziehung, innerhalb wie außerhalb einer Ehe und über künstlich produzierte Kinder.» (8)

Die USA erweisen sich dabei als Trendsetter: Hier sei an die schlagzeilenträchtige Geschichte von Baby M. erinnert. Eine ‹Leih›-Mutter weigert sich, den Leihmuttervertrag einzuhalten. Sie will ihr Kind nach der Geburt nicht abgeben. Sie will die Beziehung zu ihrem Kind leben. Sie unterliegt jedoch in einem spektakulären Prozeß gegen den genetischen Vater. In diesem Prozeß spielte die zweite ‹Mutter› – soziale Mutter – und Ehefrau des Vaters deutlich nur eine Nebenrolle. «In Wahrheit siegte der Vater gegen zwei Mütter: zum einen dadurch, daß die Tragemutter offiziell als Medium zur Menschwerdung betrachtet wurde, als Gefäß für das Kind, dessen (genetischer) Vater höhere Bewertung erfuhr als sie selbst, und zum anderen dadurch, (...) daß das staatlich akzeptierte Gefüge der Keimzelle Ehe und Familie des genetischen Vaters (großbürgerlich, finanziell unabhängig, gebildet, ordentlich, gesund und insgesamt normgemäß) prämiert wurde und mit dem dafür zuständigen Rechtsbegriff, dem «Kindeswohl» entsprechend, in den Urteilsgründen und somit der Rechtssetzung belegt wurde.» (9)

UND WO BLEIBEN DIE MÜTTER...??

Literatur

1) Erler, Gisela Anna, Androgyne Sozialutopien: Vernebelung zu Lasten der Frau, in: Lebensmodelle für Frauen. Reader zur 2. Grünen Bundesfrauenkonferenz, Bonn 1987, S. 146

2) Bahr-Jendges, Jutta, Männlichkeit und Moderne, in: Weiblichkeit in der Moderne, Tübingen 1986, S. 178

3) Rühle-Gerstel, Alice, Die Frau und der Kapitalismus, Archiv sozialistischer Literatur 19. Autorisierter Nachdruck der Erstausgabe von 1932, Frankfurt (o. J.), S. 332

4) Bahr-Jendges, Jutta, a. a. O. S. 162

5) Bahr-Jendges, Jutta, a. a. O. S. 170

6) Chesler, Phyllis, Mothers on Trial, New York, St. Louis, San Francisco, Hamburg, Mexico, Toronto, London, Sydney 1986

7) Bahr-Jendges, Jutta, Renaissance des Vaterrechts durch neue Reproduktionstechniken, in: Streit 3/87, S. 98

8) Bahr-Jendges, Jutta, a. a. O. S. 99

9) Bahr-Jendges, Jutta, a. a. O. S. 100

Elke Heidenreich über das Telefonat einer Mutter

Also, Hannelore ruft Katrin an und will ihr was erzählen. «Hallo? Ja, ich bin's, Hannelore. Morgen, wie geht es dir?» – «Gut, und dir?» «Auch gut. Moment mal – du, Bennylein, laß das jetzt mal, ja, Mami will telefonieren. Du?» – «Ja?» «Ich wollt dir was erzählen, deshalb ruf ich auch an, stell dir vor: Ich hab heute nacht von dir geträumt.» – «Ach, ehrlich?!»

«Ja, paß auf – Benny! Laß es jetzt! Ja, stell dir vor, ich hab geträumt, daß du – Benny, laß jetzt sofort die Telefonschnur los! Also dieser Bengel macht mich noch verrückt. Bist du noch da?» – «Jaja.» «Was wollte ich?» – «Du hast von mir...»

«Ach ja, ich hab von dir geträumt, und zwar warst du ganz allein auf einem Boot und – warte, du, das hat keinen Sinn. Moment mal eben – Benny! Gleich knallt's aber mal, das sag ich dir. Du reißt bitte nicht an der Schnur vom Telefon! Das geht doch kaputt! Und ich will jetzt in Ruhe telefonieren, haben wir uns verstanden? Also, das ist vielleicht ein Satansbraten – Katrin? Bist du noch da?» – «Naturlich. Was war mit dem Boot?»

«Du warst allein auf dem Boot, und da war ein See, weißt du, hinten kam Sturm auf und – Walter! Walter! Kümmer dich doch bitte mal fünf Minuten um den Jungen!» – «Hör mal, sollen wir später...»

«Nein, nein, ich wollte dir das unbedingt erzählen, weil, vorgestern hab ich noch mit Walter über Träume gesprochen, und er sagte, er träumt oft, und ich hab gesagt, also, ich träum fast nie, und nun ausgerechnet heute nacht und ausgerechnet von dir, wo wir doch gestern abend – Benny! Ich warne dich noch einmal, und du fängst dir wirklich eine, die sich gewaschen hat. Walter!!!» – «Hannelore?» «Ja, Moment mal. Walter!!! Es ist zum Wahnsinnigwerden hier, glaubst du das – wo war ich?» – «Hannelore, wir können doch ein andermal telefonieren, ich meine...»

«Nee, nee, laß nur, jetzt hab ich grad mal fünf Minuten Zeit.» – «Ich kann doch am Nachmittag zurück...»

«Nein, nein, ist schon okay, sag ruhig jetzt, worum geht's, was wolltest du?» – «Ich?» «Ja.» – «Du wolltest mir doch erzählen...»

«Ich? Du hast doch angerufen, oder?»

«Ich doch nicht! Du hast mich angerufen und hast gesagt, daß du von mir...»

«Benny! Bist du verrückt! Reißt der die ganzen Bücher aus dem Regal! Das räumst du alles genauso wieder ein, das sag ich dir. Katrin?» – «Ja. Du wolltest mir erzählen, was du geträumt hast.»

«Ich träum doch fast nie. So, jetzt geht der endlich raus, verdammt noch mal. Ja, raus mit dir, Benny. Tür zu! Haaaa, jetzt ist Ruhe. Also, um was ging's?» – «Komm, laß uns ein andermal, hat ja keinen Sinn.»

«Nein, jetzt hab ich grade schön Zeit, komm, sag schon, weshalb hast du angerufen?» – «Du hast angerufen, Mensch! Du! Du!»

«Bist du sicher? Benny! Du, da scheppert was ganz fürchterlich in der Küche, ich leg mal auf, ja, ich ruf dich – Katrin? Hallo? Katrin? So'ne Kuh. Ruft hier an, weiß nicht, was sie will, und legt dann auf. Und von so einer träum ich auch noch nachts.»

GISELA ERLER

Herr, wo Du bist, da will auch ich hingehen...

Befremdliches über die Zukunft der Geschlechtsrollen

Was ich in 15 Jahren Projektarbeit mit (Tages-)Müttern, erwerbstätigen Müttern, Hausfrauen, Vätern, in ungezählten Interviews, bei Forschungsarbeiten, in meinem Leben als Wohngemeinschaftsmitglied, als linke Studentin, als frauenbewegte Frau, als Mutter in nichtehelicher Partnerschaft, in den kleinen Vortragssälen der Landbüchereien und den Hörsälen der Universitäten gelernt, erfahren und zusammengetragen habe, was also das Ergebnis eines langen Lernprozesses mit vielen anderen Menschen ist, ist eigentlich ganz einfach:

Es stimmt nicht, daß wir wirklich auf dem Weg zur Überwindung der sogenannten geschlechtsspezifischen Arbeitsteilung in Gesellschaft, Beruf und Familie sind. Und dort wo sich in einzelnen Bereichen eine solche «Überwindung» in Ansätzen abzeichnet, fragt man sich bei genauer Betrachtung des Ergebnisses: Ist es das, was wir wirklich wollen und brauchen?

Genauer: Die rein abstrakte und formale Forderung nach einer paritätischen Aufteilung aller Lebensbereiche zwischen Männern und Frauen ist nicht deshalb problematisch, weil sie «irreal» scheinen könnte. Visionen sind schließlich der Ausgangspunkt jeder zukunftsorientierten Politik. Vielmehr ist sie gefährlich, weil diesem Ziel gegenwärtig ganze für eine lebendige Gesellschaft wichtige Lebensbereiche geopfert werden – denn in der Dominanz von Mobilität, zeitlicher Ungebundenheit, klassischer Erwerbsbiographie haben nur einzelne Frauen Erfolg, die Frauenmehrheit aber bleibt ungesichert, abhängig und ausgegrenzt – bei gleichzeitig wachsender Verachtung für den gesamten Bereich «private Versorgung», ob sie nun Kindern, alten Menschen oder Behinderten gilt.

Die Aussage, daß das nicht wahr sei, was so viele Frauen heute als ihren Hoffnungsstrohhalm festhalten, macht vielen begründete Angst. Noch bedrohlicher und verwirrender aber ist das kritische Durchleuchten vieler sogenannter «Erfolge». In Seenot zu sein und ein bestimmtes Land zu suchen, ist schlimm genug. Noch schlimmer aber, gar nicht zu wissen, was Land eigentlich ist, ob es überhaupt existiert, wie es aussieht.

Es wäre ein Leichtes, meine Thesen mit vielen Zahlen und Entwicklungen aus aller Herren(!) Länder zu dokumentieren – auch mit eigenen Forschungsergebnissen, z. B. aus unserer letzten Studie: der *Brigitte*-Studie «Kind? Beruf? oder beides?» (*Brigitte*-Untersuchung, 1988). Aber die Erfahrung zeigt, daß denen, die etwas anderes sehen möchten, die Statistiken nicht verläßlich scheinen, daß sie die Forschungsmethoden hinterfragen, gezielte Manipulation unterstellen etc. Deswegen möchte ich hier statt dessen versuchen, anhand von Beobachtungen, Ereignissen, subjektiven Kommentaren, nachvollziehbaren Erfahrungen etc. einen gemeinsamen Erfahrungsraum herzustellen – um dann zu meinen Schlußfolgerungen zu kommen.

Die Zukunft der Frau

Die *Petra*-Serie zur *Zukunft der Frau. Karrierechancen durch ungeahnte Leistungssteigerungen in Beruf, Politik und Sport* vom November 1988 basiert auf einer Studie, in der vorhandene Daten aus allen Lebensbereichen von einem Forschungsinstitut zu einer Prognose zusammengezogen wurden: Megatrends für Frauen. Grundaussage: die Bedeutung der Frau wird steigen, Männer werden zunehmend bedeutungsloser. Bald schon wird eine Kanzlerin Ausdruck dieser Entwicklung sein. (Wobei wir nicht vergessen dürfen, daß in Indien noch immer Bräute von Mitgiftjägern verbrannt werden, obwohl dort lange eine Frau «herrschte».) Jedes dritte Unternehmen wird von einer Frau gegründet usf. Dieser Erfolgstrend ist jedoch eingebettet u. a. in folgende Randbemerkungen zu den Lebensverhältnissen:

● «Im Jahr 2020 verschwindet sogar die klassische Küche mit Herd, Kochfeld und Spüle aus den Wohnungen. Mikrowelle reicht dann. *Kein Mensch (!!) befaßt sich länger als dreißig Minuten am Tag mit Hausarbeiten.* Es gibt kaum noch ein richtiges Essen, aber bis zu zehnmal am Tag einen kleinen Imbiß, *den sich jeder selbst zubereitet. Das macht zwar satt, schmeckt aber nicht mehr besonders gut. Der sogenannte Genußindex (!?) sinkt von 154 im Jahr 1981 auf vermutlich 130 im Jahr 2008.* Zwei bis dreimal in der Woche geht man zum Essen aus – häufig nur zur Fast-Food Station.»

● «Jede Frau, die sich Kinder wünscht, kann Kinder bekommen. Die Verfahren zur Herstellung von Retorten-Babies werden weiter perfektioniert. Ein ganzes Netzwerk von Leihmüttern wird sich jenseits der Grenzen des Legalen bilden. Vor allem arme Frauen in Ländern der Dritten Welt werden dann Kinder für europäische und amerikanische Familien gegen Gebühren austragen.»

- «Viele Frauen verzichten unter solchen Umständen (?) aber auf Nachwuchs. Etwa 40% (niedrigste Schätzung) bis 80% (höchste Schätzung) wollen im nächsten Jahrtausend keine eigenen Kinder haben.»
- «Die Männer werden immer unfruchtbarer. Samenbänke haben Hochkonjunktur.»
- «Im Jahr 2008 arbeiten wir nur 165 Tage im Jahr, Viertagewoche mit 32 Arbeitsstunden.»
- «Die freie Zeit teilt sich so auf: 40% Schlafen, 28% *sogenannte Obligationszeit (Hygiene, Gesundheit, Essen, Einkäufe, Erledigungen, Besorgungen und soziale Verpflichtungen).*»

Kommentar zu diesen Voraussagen: Sie spiegeln in der Tat das wider, was in der heutigen Diskussion beherrschend ist und was sich tendentiell bereits faktisch heute herausschält: eine Gesellschaft, in der es nur Raum für *Selbstversorger* gibt.

Kinder, Alte und Kranke kommen im Konzept nicht mehr vor. Fürsorge wird statusmäßig immer weiter gemindert, zum letzten Restbereich der «Obligations-Verpflichtungszeit». Eine Gesellschaft, die Mütter immer weiter abschafft, Abhängige ausgrenzt und ins Getto oder nach Mallorca schickt. Neben den Rohstoffen sollen die Gebärmütter der Dritten Welt ausgebeutet werden, durch den Export von Neugeborenen und den Export von erwachsenen Arbeitskräften, in die die Liebe, Arbeit, Beziehungsfähigkeit einer Drittweltmutter eingeflossen ist. So wie in den Industrieländern bestimmte Artikel kaum noch produziert werden, weil der Lohn zu hoch ist, wird die Mutter- und Versorgungsarbeit so weit abgewertet, daß es sich kaum jemand wirklich erlauben kann oder möchte, ihr hier nachzugehen. Wir sind zu kostbar fürs Kinderkriegen.

Makabre Verdeutlichung dieses Trends: Vor einigen Monaten wurde gemeldet, daß die amerikanischen Behörden einer Menschenhandelsbande auf die Spur gekommen seien. Die Gesellschaft verkaufte überwiegend behinderte Kinder aus den Elendsquartieren Lateinamerikas an Organbanken zur wortwörtlichen Ausschlachtung und folgenden Tötung der Kinder. Offizieller Grund der Kindereinfuhr war die Adoption für kinderlose Elternpaare.

Frauenpower?

Wo Frauen hinkommen, da ist die Macht immer schon wieder gegangen. Frauen entern eher das sinkende Schiff.

Rita Süssmuth (man mag zu ihr stehen wie man will) hielt lange mit

Hans Dietrich Genscher die oberste Position der Popularitätskurve. Sie ist die bekannteste Politikerin der Republik. Aber Macht? Bei ihren Kabinettskollegen erntete sie nur Widerstand mit ihren Vorhaben zum Ausbau von Erziehungsgeld, Bestrafung der Vergewaltigung in der Ehe etc. Als kein Mann von Macht, wenn auch von weit geringerem Status, sich durch den Posten eines Parlamentspräsidenten *entmannen* wollte, wurde sie, mächtigste Frau der Nation, dem staunenden und betroffenen Publikum als pflichtgetreue Frau zwangsvorgeführt, im Schwitzkasten von Helmut Kohl und Alfred Dregger. Ein Putsch unter rücksichtsvoller Beteiligung der betroffenen Dame. Die Kollegin Renate Schmidt von der SPD mahnte an: Rita Süssmuth habe eben die Regeln der Macht nicht beherrscht. Viel Erfolg für Renate Schmidt, deren kluges und differenziertes Denken ihr allerdings auch in der SPD noch keine Schlüsselgewalt gegeben haben. Die sichtbare relative Ohnmacht auch der meisten «erfolgreichen» Frauen gilt allgemein. Daß sie für Mütter mit jüngeren Kindern ganz besonders kraß ist, daß hier die Widersprüche noch unerträglicher sind als bei anderen Frauen, ist offensichtlich. Diese innere Differenzierung zwischen «Frauen» allgemein und Müttern durchzieht alle Themen, die ich im folgenden ansprechen werde.

Der gegenwärtige Aufstieg von Frauen in der Politik (wobei für praktizierende Mütter dabei wenig Platz ist), läßt sich auch anders lesen als gewöhnlich.

Der Präsident der Deutschen Bank verkündete kürzlich im Fernsehen, es sei ja allgemein bekannt, daß qualifizierte Männer, die «Besten» eben, praktisch nicht mehr in die Politik gingen: dort lande nur noch die dritte Garnitur. Noch nie wohl in der unglücklichen Geschichte der Beziehung des bundesrepublikanischen Volkes zu Staat und Parteien war die Politik so tief unten – und gerade die ganz jungen Frauen ziehen denn auch, radikaler als ihre männlichen Alterskollegen, einen drastischen Schluß: sie sind zu über 50 % unter die Nichtwählerinnen gegangen. Frauen der mittleren Generation aber «erobern» nun Amt und Würden, noch immer gegen den Widerstand vieler Männer, jedoch auf einem teilweise bereits entwerteten Terrain.

Vergessen wir nicht: 1992 folgt der nächste europäische Integrationsschritt. Die Staatsregierungen rutschen unter der Knute einer von niemand legitimierten Bürokratie auf die Ebene von Provinzialverwaltungen, denen nicht einmal mehr die Bierhoheit zugestanden wird. Da werden dann die Türen der Politik für Frauen und RentnerInnen geöffnet, Politik wird mehr und mehr versozialarbeitert.

Die in der Politik verbliebenen Männer haben gar nicht so unrecht mit ihrer Angst: Noch jeder Bereich, den Frauen zahlenmäßig weitgehend für sich erobert haben, erlitt starke absolute oder relative Einbußen an Status, Einkommen, Einfluß. Dies war der Fall bei den Ärztinnen in Rußland, den Bürokräften in Deutschland, es zeichnet sich bei den Rechtsanwältinnen in den USA ab. Fazit: Frauen betreten Berufsfelder *von unten* und bleiben dort. Wenn ein neues von Frauen bereits erschlossenes Berufsfeld erfolgversprechend ist, wird es über komplizierte Mechanismen den Frauen wieder aus der Hand genommen (z. B. Informatik oder Datenverarbeitung).

Die scheinbar automatische wundersame Niedrigplazierung von Frauen wird durch Steuerungsinstrumente mit «objektivem» Charakter verstärkt. So haben z. B., dank der Bildungsexplosion, Mädchen heute bessere Schulnoten und Abiturnoten als Jungen. Da dies den männlichen Zugang zum Elitestudium der Ärzte behindert, wurde ein Testverfahren eingeführt, das dazu dient, nicht nur nach der Schulnote zu bemessen – ein menschenfreundliches Anliegen (Spiegel, Nr. 245, 1988). Doch statt Kandidaten, Frauen und Männer mit Notenknick oder bunter Biographie hereinzuholen, hat der Medizinertest «zufällig» und ohne, daß darüber breit diskutiert würde, eine ganz andere Wirkung: Es bestehen ihn mehr Männer als Frauen, obwohl *nichts* darauf hinweist, daß junge Männer ausgeprägter über die für den Medizinberuf so wichtige soziale Kompetenz als Ergänzung zur Schulkompetenz verfügen als Frauen.

Karrierefrauen

Ebenfalls im «Spiegel» (Nr. 45, 1988) fand sich kürzlich ein langer Artikel über Karrierefrauen in der Bundesrepublik – die Autorin Marion Schreiber hatte sie aufgespürt in Industrie und Banken, in Politik und Verwaltung. Es gibt sie, auch wachsend, aber sie sind eine verschwindende Minderheit. Selbst im öffentlichen Dienst, der einen hohen Frauenanteil hat, liegen weibliche Führungskräfte bei höchstens 6% bis 7%. Oft sind Top-Karrierefrauen kinderlos, einige wenige aber haben als Superfrauen hochkarätige Jobs und fluktuierende Scharen von Kindermädchen plus Kinder und Ehemann gemanagt. In den USA *stagniert* der Anteil von Frauen in echten Spitzenpositionen – und zunehmend leben die Frauen, die es auch nur bis «zur Mitte» geschafft haben, ohne feste Partnerbeziehung, ohne Kinder, greift ein neues Gefühl des Betrogenseins unter solchen Frauen um sich – haben sie doch ihre starke Beziehungsorientierung selbstverständlich nicht abgelegt (Hewlett, 1986). Die Alternative Karriere oder Leben?

stellt sich für amerikanische ebenso wenig wie für bundesrepublikanische Männer.

Marion Schreiber hat nun bei ihrer Studie deutscher Karrierefrauen festgestellt: Sie sind überwiegend «Vatertöchter», sehr stark am männlichen Berufsverhalten orientiert, und: Sie haben meist während ihres Aufstiegs keinerlei Frauenthemen aufgegriffen oder sich innerlich damit beschäftigt. Viele dieser Frauen haben für sich lange in einer gewissermaßen neutralen Identität gelebt, sich nur auf Sachthemen bezogen, jede Vermengung von Beruf und Privatleben ängstlich gemieden und vor allem: die strukturellen Probleme von Frauen als Geschlecht verdrängt oder auch für sich geleugnet («Wer etwas kann, bringt es auch zu etwas»). In dem Maß, in dem solche Frauen beginnen, sich über ihre Situation als Frau oder die von Frauen allgemein Gedanken zu machen, geht ihre Fähigkeit zur unschuldig-freudigen Karriereorientierung oft verloren. Frauen nämlich, die für sich selbst das Thema der Machtverhältnisse zwischen den Geschlechtern, von offenen und verdeckten Herrschaftsmechanismen thematisieren, fallen meist ganz aus den Aufstiegskanälen heraus. Einerseits, weil sie natürlich anfangen, auch für sich die Mythen der Arbeitszeitanforderungen, die Rituale der Sachlichkeit von Männergremien etc. zu hinterfragen, andererseits weil sie, wenn dieser Prozeß sichtbar wird, von den rekrutierenden Männern und Vorgesetzten als schwierige Kandidatinnen, verquere Emanzen gelabelt werden. Hier entsteht ein Paradox: Der Erfolg einzelner Frauen beruht häufig darauf, daß diese aufgrund ihrer eigenen Biographie, z. B. die starke Förderung durch einen erfolgreichen Vater, die Frauenthematik für sich nicht aufgreifen mußten, daß sie also die Spaltung in «vernünftige» und «zickige» Frauen oft unbewußt ein Stück mitgetragen haben. All dies ist zum Teil auch eine Schilderung meiner eigenen Biographie. Ohne eine breite Frauenbewegung wären aber viele Entwicklungen auch für diese Frauen gar nicht denkbar. Eine Quotierung, so unumgänglich sie scheint, mag viele Probleme bergen: Die tiefe Angst aber, die der Gedanke an eine hohe Frauenquote auslöst, hängt auf seiten der Männer nicht nur mit der Konkurrenz gegenüber einer großen Anzahl Frauen zusammen, sondern auch mit dem Verlust ihrer Kontrollmöglichkeit über die guten und richtigen Frauen.

Blockierter Geschlechterdialog

Die bisherigen «Erfolgsfrauen» haben also meist keinen *Geschlechterdialog* geführt, sondern sich auf sogenannte *Sachdialoge* in der Herrensprache begrenzt. Die meisten Frauen aber sind zweisprachig, sie können sich in den Begriffen und Gesten einer von Männern geprägten Umwelt zurechtfinden und verständigen, haben aber untereinander noch einmal andere Gesprächsmuster. Diese folgen ebenfalls klaren Prinzipien: Mehrere Ebenen fließen ineinander, Persönliches wird mit eingebunden, persönliches Interesse (um nicht zu sagen «Betroffenheit») ist üblich und zulässig. Hierarchien sind informeller, manchmal auf quälende Weise unsichtbar, Konflikte emotionaler, *Entscheidungen werden jedoch in Frauengruppen rascher entwickelt.*

Frauen, die Frauenkommunikation nicht nur einfach praktizieren sondern die sich bewußt in Frauenzusammenhänge begeben haben, seien es nun Frauenversammlungen, Frauenvorlesungen, Frauenfeste, Mütterzentren, erleben dies in der Regel als Wachstum ihrer Kompetenz und als Bewußtseinsprozeß ihrer möglichen Fähigkeiten (Belenkey u. a., 1986). Die kollektive Bewußtwerdung hat aber den öffentlichen Dialog zwischen Frauen und Männern eher erschwert. Zwar ist allseits bekannt, daß Frauen in Männergremien weniger gehört, mit mehr Ungeduld aufgenommen werden, daß sie sich in Expertengremien oft miß- oder unverstanden fühlen, daß Männer nur Männer zitieren etc. Doch von seiten der meisten Männer geschieht dies in einem Zustand wahrhafter Unschuld: Nichts ist beabsichtigt, nichts wird wahrgenommen, die Brüskierung ist einfach Teil des Programms. Frauen dagegen geraten in eine Schwierigkeit: Bei Diskussionen, Veranstaltungen, Seminaren zum Thema Frau sind sie fast ganz unter sich. Die wenigen Männer, die dort auftreten, werden oft und zunehmend als unerträglich, bevormundend, weitschweifig, ignorant, arrogant und/oder perspektivlos empfunden. Die Ungeduld von Frauen mit Männern in der Öffentlichkeit wächst – und damit das Vermeidungsverhalten von eben diesen Männern. Ist der Frauenein- und -aufstieg für Männer ein wenig erbauliches Thema, so ist es ihnen, die die Vereinzelungserfahrung von Frauen nie machen mußten, die ein kollektives Beurteilt-Werden durch das andere Geschlecht auch nie erfahren haben, zunehmend unangenehm, in die Höhle der Löwen zu gehen.

Der kollektive Geschlechterdialog, soweit es um Öffentlichkeit geht, ist praktisch zusammengebrochen bzw. findet noch immer nicht statt. Spannung und Kriegsstimmung von seiten der Frauen, Selbstbezichtigung, Gönnerhaftigkeit und wachsende Aggression von seiten der meisten Männer. Ende nicht in Sicht.

«Männer in die Pflicht nehmen»

Auf Grund der Bitterkeit vieler Frauen (die mit dem wachsenden Alter häufig steigt) ist das Bedürfnis nach formalen Regelungen, die Männer in die Familie «zwingen», die ihnen einen Teil Verfügungsmacht nehmen, ungestillt.

Andererseits sind es noch immer fast ausschließlich Männer, die über Gelder, Strukturen, inhaltliche Änderungen entscheiden – und da ist ein gewisses Maß an Verständigung nötig, wenn Veränderung das Ziel ist. Dieses Dilemma durchzieht viele Veranstaltungen – bei einem Kongreß zum Thema «Karrierefrau», im Herbst 1988 in Berlin, machte sich großer Frust unter den Frauen breit, weil es nicht gelungen war, männliche Machthaber aus den Firmen etc. herbeizulocken. Ebenso auf dem Brigitte-Kongreß im Oktober 1988 «Kind? Beruf? – oder beides?», bei dem viele Forderungen an Betriebe, Verwaltungen und Gesellschaft laut wurden und wo sich trotz hohen Einsatzes kein männliches Wesen aus dem inneren Kern der Arbeitgeber oder Arbeitnehmer(Innen)-Organisationen zur Teilnahme an der Podiumsdiskussion fand.

Der Wunsch nach Auseinandersetzung mit Männern ist groß unter den Frauen, ihre Wut gut begründet. Die öffentliche Brüskierung auch ihrer hochkarätigsten Veranstaltungen durch die angesprochenen Männer ist deshalb für viele Frauen eine Demütigung. Ein Ende dieser Null-Kommunikation ist nicht abzusehen – wo Frauen um des Friedens willen darauf verzichten, ihre Situation und Anliegen gemeinsam offensiv zu thematisieren, da verlieren sie sofort gesellschaftlich an Boden, da werden weiter nur einzelne Frauen von Männern ausgewählt. Wo sie aber ihre Themen einbringen, wächst der Aggressionspegel beider Geschlechter – mit unterschiedlicher Machtverteilung. Der Zugang zu Ressourcen für Frauen *ist* an ihr Wohlverhalten gegenüber Männern und allenfalls dosierte Konfliktstrategien gebunden – das gilt für das private Glück von Eheleuten so sehr wie für Frauen, die Gelder für ein Frauenhaus, ein Mütterzentrum, ein Beratungszentrum suchen. Eine bittere Realität.

Das Vermeidungsverhalten von Männern gegenüber Frauenzusammenhängen ist also leicht erklärlich. Während wir für Frauen feststellen können, daß sie insgesamt, trotz gewachsenen Frauenbewußtseins, Männerräume suchen, um sich selbst aufzuwerten, vermeiden Männer Frauenbereiche, um sich nicht zu entwerten und um Konflikte zu vermeiden.

Frau, wo Du bist, da will ich nicht sein! Und wie da die In-die-Pflicht-Nahme aussieht, ist schwer zu beschreiben, außer der Befriedigung, die entsprechende Spruchbänder verleihen. Quoten sind ein Hilfsmittel mit begrenzter Wirkung in diesem Prozeß.

Frauen in Männerberufen

1986 gab es im Land NRW 400 000 weibliche Bürofachkräfte, aber nur etwa 400 Maschinenschlosserinnen. Trotz aller Propagandafeldzüge ist es nicht gelungen, Frauen massiv in die klassischen technischen Handwerks- und Facharbeiterberufe hineinzuholen oder hineinzu-treiben. Im Gegenteil: Viele der hier ausgebildeten Frauen bleiben arbeitslos, mehr als Frauen in anderen Bereichen (Frauenförderung in Unternehmen... 1988). Die Chancen von Frauen lagen und liegen eher in traditionell weiblichen oder in neuen Mischberufen – wobei der oben beschriebene Trend, Frauen das jeweils untere Ende zu re-servieren, deutlich bleibt. Über ein Drittel der Hochschulabsolven-tinnen in Nordrhein-Westfalen wurden 1986 Bürofachkräfte – immer mehr hochqualifizierte, überqualifizierte Frauen, Lehrerinnen etc. leisten Sekretariatsarbeiten für Männer mit häufig geringerer, allen-falls gleichwertiger Qualifikation. Für Männer findet eine derartige Verdienstleistlichung nicht statt. Die Frauenberufe bleiben schlecht bezahlt, werden arbeitsteilig weiter aufgegliedert, ohne Rücksicht auf das allgemein hohe Bedürfnis aller Frauen nach inhaltlich anspruchs-voller Arbeit zu respektieren.

Die Perspektive, Frauen in Männerberufe hinein auszubilden, mag sinnvoll sein. Mit dem Facharbeitermangel wird ihnen demnächst si-cher auch das untere Ende dieses Terrains abgegeben. Doch fatal ist: Frauen in Frauenberufen bleiben, aus schierer Mißachtung weib-licher Tätig- und Fertigkeiten, völlig ungeschützt. Es hat bisher noch nicht einmal eine selbstbewußte Infragestellung der geltenden Bezah-lungskriterien stattgefunden, geschweige denn die Forderung nach Einbeziehung solcher Kriterien wie weibliche Geduld, Fingerfertig-keit, soziale Kompetenz. Gleichwertiger Lohn für gleichwertige Ar-beit ist eben deshalb immer noch kein öffentliches Thema, weil neben fast allen Männern auch viele Frauen glauben, das, was sie tun, sei letztlich minderwertig gegenüber Tätigkeiten von Männern. Selbst dann, wenn diese Tätigkeiten früher von Männern ausgeübt oder ne-ben ihnen von Männern praktiziert werden. Minderwertigkeitsge-fühle und Schutzgefühle für das männliche Selbstwertgefühl, für die Verdienerrolle von Männern, reichen sich hier die Hand.

Die Flickenteppichberufsbiographie

Auch die jungen Frauen von heute, wenn sie Mütter werden, leben nicht dieselbe Berufsbiographie wie Männer (Brigitte-Studie, 1988). Über die Hälfte von ihnen wird immer noch Hausfrau, für viele Jahre. Von den erwerbstätigen Müttern arbeitet ein großer Teil Teilzeit. Mütter leben immer noch eine Flickenteppichberufsbiographie und sind auch weiterhin weit weniger finanziell gesichert als Männer. Die Behauptung, dies würde sich zunehmend von selbst durch die Frauenerwerbstätigkeit erledigen, ist nicht wahr. Auch bei den jungen Frauen ist durch Berufswahl, Teilzeitarbeit, Berufsunterbrechungen die Abhängigkeit von einem Mann oder vom Staat vorgegeben, vor allem wenn sie Familie haben. Alleinerziehende Mütter kämpfen deshalb so schwer, weil ihre Verdienstmöglichkeiten nicht als Familieneinkommen bewertet werden. Auch in das dritte Jahrtausend hinein wird die finanzielle Abhängigkeit oder Armut von Müttern weiterhin existieren, wenn keine zusätzlichen Sicherungsmodelle entwickelt werden.

Sind Männer die Lösung?

Kaum ein Treffen von Frauen, Hausfrauen, Szenefrauen etc., in dem nicht sofort Einigkeit darüber herzustellen wäre, daß Männer immer noch viel zu wenig im Haushalt tun, die Kinder vernachlässigen, nie ernsthaft Verantwortung übernehmen und den Frauen immer noch die «Drecksarbeit» allein überlassen. Wieherndes Gelächter, wenn ein Mann mit seinen Abwaschkünsten prahlt. Kaum eine Veranstaltung jedoch, in der nach so vielen Beschwerden nicht einige Frauen sich melden und meinen, sie könnten das alles nicht verstehen, bei ihnen sei das ganz anders: Ihr Mann habe sie daheim immer unterstützt, die Kinder mitversorgt, manche wissen gar von teilzeitarbeitenden Männern zu berichten. Sie haben recht: Einzelne Frauen haben tatsächlich extrem partnerschaftliche Männer – und Frauenerfolg hängt nicht zuletzt davon ab, speziell bei Müttern. Und dann immer Kameraschwenk – egal, ob ein Viertel oder ein Drittel der Eltern sich trennen, egal mit welcher Hoffnungslosigkeit viele Frauen von ihren innerfamiliären Arbeitsteilungskämpfen berichten: Als Lösung für alle Frauenprobleme gilt dann doch wieder der Mann im allgemeinen und besonderen. Wer keinen hat? Na ja.

Wo Kinder da sind, bildet sich eine relativ klassische Aufgabenteilung heraus. Über 70 bis 80 % der Frauen und Männer, auch wenn die

Frau Vollzeit arbeitet, gehen davon aus, der Mann solle der *Hauptversorger* sein (Brigitte-Studie, 1988). Frauen passen ihre Berufsbiographie der Geburt von Kindern an, Männer tun das äußerst selten. Jedoch: Der Wert von Kindern wächst für viele Männer – gerade in den neuen Hochtechnologiebereichen mit geringem Eigenspielraum und hoher Qualifikation ist die Berufsmotivation vieler Männer besonders brüchig. Generell haben Männer in der Bundesrepublik eine relativ distanzierte Einstellung zum Beruf, im Vergleich zu den USA oder Schweden oder England. Ihr Suchen nach dem Sinn, Eigenschaft eines fundamentalistischen Volkes, hat sich stark auf Freizeitinteressen oder eben auf die Kinder verlagert (vgl. Strümpel u. a. 1988). Ganz junge Väter *versorgen* die Kinder mit (füttern, wickeln), nehmen Anteil an Elternabenden, bringen Kinder zum Kindergarten, wenn es geht (Bericht von H. Seehausen über Erfahrungen des Deutschen Jugendinstituts im Kindergartenbereich in Hessen). Das heißt: Sie entwickeln eine *qualitativ* neuartige Beziehung gerade zu jüngeren Kindern. Frauen und Öffentlichkeit sind dafür ungeheuer dankbar. Männer bewerten dies ebenfalls sehr hoch, auch wenn sie sich selbst ganz anders verhalten, gibt es ihnen doch die Möglichkeit, ihre allgemeine Rolle in der Gesellschaft gegenüber den nörgelnden Frauen positiver zu interpretieren. Das Phänomen ist wichtig. Jedoch: Männer wenden *nicht* mehr Zeit für die Familie auf, und vor allem: In ihrer großen Mehrheit verändern sie ihre Berufspläne nicht, so daß Frauen eigene berufliche Möglichkeiten frei entwickeln könnten. Von etwa der Hälfte der Hausfrauen ist das aber ein dringender Wunsch. Eine winzige Minderheit von Männern tritt weiter in den Familienraum ein. Hausmänner entwickeln sehr rasch massiv Hausfrauensymptome (Strümpel). Kein Wunder: Sie sind durch nichts, auch durch kein inneres Bild, auf eine Situation vorbereitet, die sie so weit von allem anderen abschneidet, und zudem als Mann vereinzelt unter Frauen in den Alltag wirft. Teilzeitarbeitende Männer kommen mit dieser Lösung besser klar, doch auch für sie bleibt die berufliche Statusminderung ein großes Problem, das Frauen selbstverständlich tragen.

«Ich würde so gern mit dir tauschen»

Männer sagen oft, wenn sie könnten, dann würden sie ja gern auch daheim bleiben etc. Schuld sei der Betrieb. Doch das Problem liegt tiefer: Es sind ja Männer, die die Unternehmen, die Verbände, die Gewerkschaften, die Verwaltungen kontrollieren. Diejenigen mit

Veränderungswünschen schließen sich nicht zusammen, um familien-orientierte Perspektiven zu erörtern oder einzubringen. Der Mythos, daß nur wertvoll arbeitet, wer voll «frei» und verfügbar ist für seinen Betrieb, das Gefühl von Stress und Unverzichtbarkeit im Alltag, ge-koppelt mit dem Freizeitstress von Drachenfliegen, Trecking und Therapie bei Singles, das sind die immer mehr verfestigten kulturellen Leitnormen. Lange Arbeitszeiten werden zum Statussymbol, nur der lumpige Stahlkocher oder Autoarbeiter bekommt seine 37-, 35-, 30-Stunden-Woche. Wer wirklich zählt, schafft länger. Dieses Identitäts-gefühl, das sich aus flotter Arbeit, Hektik, Mobilität speist, trennt in unserer Gesellschaft die Mehrheit «immobiler» Menschen kulturell von den Kodexen der mobilen, hochgebildeten Meinungsleader, Le-bensstiladvokaten. Die kulturelle Lebensstildominanz der mobilen Minderheit aber verschärft die Marginalisierung von Müttern und den wenigen Vätern, die Familienalltag leben (Pfeiffer, 1988). Nicht eine strenge Arbeitsmoral, sondern Hektik und Stress als *Suchtmittel* sind also die wahren Feinde einer weiteren Familienorientierung.

Teilzeit oder Arbeitszeitverkürzung?

Eine Scheinfrage. Frauen, Mütter praktizieren häufig Teilzeitarbeit – sie teilen damit die verfügbaren Frauenarbeitsplätze untereinander auf. Frauen haben auch das größte Interesse an einer *täglichen* Ar-beitszeitverkürzung – und eine solche Verkürzung bei vollem Lohn-ausgleich in den unteren Gehaltsgruppen ist einer der wichtigsten Wege für Frauen, allein oder mit Kindern gesichert zu leben. Daß Männer durch Arbeitszeitverkürzung ihr Leben zugunsten der Fami-lie ändern, wird bei einer Minderheit vorkommen, bei einer größeren Gruppe (noch) nicht, sollten die gegenwärtigen kulturellen Muster andauern, möglicherweise nie. Schließlich wurde in diesem Jahrhun-dert die Arbeitszeit bereits um 20 Stunden verkürzt, ohne daß Män-ner ihre freien Zeitkontingente nennenswert in die Familie verlagert haben.

Was heute schon geschieht, ist *genau das Gegenteil*: Immer mehr Männer und voll verfügbare Frauen betreiben Nebenjobs, Putzarbei-ten bei den FabrikarbeiterInnen, Vorträge, Aufsätze, Seminarleitun-gen bei den geistig Tätigen etc. Die Freisetzung von Arbeit in einer Kultur, in der Stress und Unverzichtbarkeit Statussymbole sind, führt bei vielen zu verdichteten Stundenplänen, häufiger bei Männern als bei Frauen. Dennoch sind und bleiben bezahlte und unbezahlte Ar-beitszeitverkürzungen, Beurlaubungen mit Rückkehrrecht, die Anerkennung von Phasen jenseits des Betriebes etc. Schlüsselfragen für alle aktiven Eltern oder BetreuerInnen anderer abhängiger Menschen.

Bald sind sie da, die Männer...

Die heute gängige Darstellung der Wirklichkeit lautet: Noch sind die Schritte klein, aber Männer haben immerhin angefangen, in die Familien zu gehen. Mit noch etwas mehr Hilfe von seiten der Arbeitgeber und der Frauen (oder Druck? oder Zwang?) wird der Rest schon kommen.

Ich meine, die Fakten sprechen eine andere Sprache: Es wird eine kleine Gruppe hochmotivierter Männer geben, die versuchen, sich konsequent auf Familienalltag einzulassen, und die dafür ähnliche Diskriminierungen ertragen wie Frauen, oder auch stärkere. Aber nur ein Teil selbst dieser Väter wird lebenslange Verantwortung für Kinder tragen, denn gerade in ausgeprägt partnerschaftlichen Beziehungen ist die Trennungsquote der Eltern in der Frühkindzeit sehr hoch. Insgesamt ist zu beobachten, daß nach anfänglichem Zögern Männer sich heute genauso weit vom Familienalltag entfernen wie früher.

Es findet eher ein Exodus der Identität *beider* Geschlechter aus dem häuslichen Bereich statt. Dies hat seine Gründe in der heute so entwerteten und isolierten Häuslichkeit – aber er bedeutet eine soziale Risikosituation, für Alte, Kinder, Schwache, die *nicht allein* durch schöne Institutionen aufgefangen werden können.

Weltweit existieren heute zwei Modelle: Entweder Frauen sind zunehmend diejenigen, die allein die Verantwortung für Kinder tragen, auch finanziell – so die Entwicklung in der «Dritten Welt», aber auch in den USA, die zu wachsender Frauenarmut führt. Oder die Versorgungswelt wird völlig abgewertet und unsichtbar gemacht. Straßenbau gilt als Gemeinschaftsaufgabe, Kinderbetreuung als Privatproblem! Das führt zu immer größeren Schwierigkeiten für Frauen und Männer, Kinder und die damit verbundene Lebensform selbst positiv zu erleben – und hindert natürlich Männer, in diese Bereiche einzudringen.

Getrennte Arbeitsmärkte

In allen Ländern mit zunehmender Erwerbstätigkeit von Frauen vertieft sich die Trennung von Frauen- und Männerarbeitsmärkten. In Italien machen vergleichsweise mehr Frauen Karriere als bei uns, auch in der Wirtschaft. Schweden und die USA haben stärker nach Frauen und Männern getrennte Arbeitsmärkte als die Bundesrepublik, trotz des schwedischen Elternurlaubs und der amerikanischen Feuerwehrfrauen. Auch bei uns ist mit der wachsenden Frauenerwerbstätigkeit (vor allem Teilzeitarbeit) in den letzten Jahren die Kluft zwischen männlichen und weiblichen Arbeitsbereichen eher größer geworden. Vor allem in einzelnen Berufen und auf den Hierarchieebenen existieren nach wie vor scharfe Grenzen, mögen diese auch teilweise relativ «nach oben» verschoben sein. Keine sozialwissenschaftliche Untersuchung hat bisher bestätigt, was alle Welt glaubt, nämlich daß Frauen und Männer zunehmend die gleichen Berufe ergriffen, die gleichen Karrieremöglichkeiten hätten oder gar, daß Frauen die Männer bald überrundet hätten (Schnorr-Bäcker, 1986). Das alte Gefüge – Frauen weiter unten, in anderen Berufsfeldern als Männer, und geringer bewertet – hat sich also auch heute praktisch nicht geändert.

Das Problem der Niedrigbewertung von Frauen kann also auch weiter bestehen, wenn und falls sich der Arbeitsmarkt für Frauen endlich wieder öffnet. In der Geschichte läßt sich gut zeigen, daß Frauen buchstäblich stets nur bei Pest, Cholera und Krieg einen relativ breiten Zugang zu den Arbeitsmärkten hatten – der Erste und Zweite Weltkrieg waren in dieser Hinsicht der Pest zwischen 1345 und 1400 vergleichbar (Dobberthien, 1984). Jetzt mag der Geburtenrückgang einen ähnlichen Effekt haben – doch in einer Zeit hoher Mobilität, scharfer Trennung von Arbeit und Familie etc. ist damit das Problem Familie und Beruf, bzw. Akzeptanz und echte Teilhabe für Versorgende zu schaffen, keineswegs gelöst. Die sozialistischen Länder sind in ihrer Minderbewertung von Frauen dafür ein gutes Beispiel.

Was nun? Was tun?

Wir alle kennen die äußeren Rahmenbedingungen, die es braucht, damit alle Frauen, eben auch gleichermaßen die Noch-Rest-Mütter, teilhaben können an einem vollen Leben, in Würde, in Unabhängigkeit, mit Handlungs- und Entscheidungsräumen. Wir führen in diesem Rahmen veraltete Scheindebatten über Vollzeit- und Teilzeitarbeit und hochaktuelle Debatten über eine Kinderbetreuung, die

Kinder aus der Isolationshaft der Dreizimmerwohnung befreit, Mütter ebenfalls – ohne alle Menschen über einen Kamm zu scheren. Wir sind uns meist gar nicht so uneinig, was es braucht, und selbst Männer nicken zunehmend mit den Köpfen: Wenn auch eine ordentliche Hausfrau ihre liebste Begleiterin ist, so möchten sie meist doch nicht das Geld in ihre Tochter umsonst investiert haben, bloß damit diese jetzt irgendeinen Kerl heiratet und Kinder kriegt.

Doch egal, was wir weiter tun, wieviel der tatsächlich dringend nötigen Über-Mittag-Kindergärten gebaut werden, die Gefühle des Abgehängtseins, des Ausschlusses, der geringeren Chancen, der Depression werden jenen bleiben, die privat viel Zeit in die Betreuung naher Personen investieren, solange sie der gesellschaftlichen Ächtung unterliegen. Es geht dabei nämlich auch um die *Definition von Drecksarbeit, von Last, von Qualifikation*. Selbst eine vollerwerbstätige Frau wird ihrem Mutter-Dilemma, ihrer Depression, nicht entkommen, solange der Druck, daß alles andere wichtiger, dringlicher sei als ausgerechnet die Pfütze auf dem Gehweg, die ihre Zweijährige soeben erforscht, nicht von ihr weicht. Und sie kann diesen Druck nicht allein abschütteln. Daß Frauen mit Kindern der Zugang zum Arbeitsmarkt erleichtert, ein verbessertes Erziehungsgeld gewährt wird, daß es mehr Ganztagskindergärten gibt usw. – all dies mag in Zukunft unverzichtbar sein, doch es wird nicht ausreichen. Die Frage ist doch schließlich auch, ob unsere Gesellschaft überhaupt noch einmal Raum schaffen wird für den Schutz des Lebens jenseits der Produktivität, der Geschäftigkeit, dem Rhythmus des Arbeitslebens. Für Mütter, Kinder und engagierte Väter ist aber genau das die Kernfrage. Mütter und all die anderen Frauen, die Versorgungsarbeit leisten, sind die Opfer dieser einseitigen Ausrichtung unserer Gesellschaft. Für sie wird sich erst dann etwas entscheidend ändern, wenn der Verständigungsprozeß über diese Realität weitergetrieben wird, wenn endlich deutlich gemacht wird, wie sehr die Diskriminierung von Frauen auf dem Arbeitsmarkt mit der tendentiellen Zuordnung jeder Frau zur Rasse Mutter und der Abwertung aller Mütterlichkeit zusammenhängt. Muttersein und Mutterschaft sind die Wurzel für die Ausgrenzung und Abwertung von Frauen allgemein. Frau ist – zu Recht – verdächtig, noch eine andere Identität als die der Zeiteffizienz und/oder Hierarchie zu kennen.

Was heißt da nun «Überwindung der geschlechtsspezifischen Arbeitsteilung»? Das Mutterstigma verschwindet nicht, wenn eine Frau Ingenieurin ist. Frauen, auch Mütter, wollen und sollen *alles* sein und werden können – doch nicht um den Preis, daß *alles* entwertet wird, was sie bisher beruflich angefaßt oder privat geleistet haben.

Es mag und soll gelingen, Männer zunehmend in die Betreuung in der Familie einzubeziehen – obwohl es für die Mehrheit in vorausseh-barer Zeit nicht danach aussieht. Feiern wir die Männer, die da kom-men, oder ignorieren wir sie. Es tut wenig zur Sache. Aber sorgen wir vor allem dafür, daß Kinder-Haben ein Fest und keine Behinderung ist, *in uns* und *um uns.* Fordern wir all die materielle und praktische Unterstützung, die wir brauchen, stellen wir Entlastung untereinan-der her, tolerieren wir einander als Voll-/Ganz-/Teilzeit-/Nicht-erwerbstätige, als Mütter und Frauen ohne Kinder. Das gewachsene Selbstbewußtsein unter Frauen ist ein Geschenk, das wir uns selbst gegeben haben.

Vielleicht gelingt es auch endlich, unsere bisherigen Aufgaben und Kompetenzen in diese *selbstbewußte* Strategie von *Teilhabe und Ver-änderung* einzubeziehen. Wir müssen uns entscheiden, ob wir einen wichtigen Bereich, die Familienarbeit, qualitativ umgestaltet haben wollen oder ob wir eine lästige Pflicht, die irgendwie aber leider auch dazugehört, entsorgen wollen. Ob unsere Kinder, ob wir selbst ein-mal, *entsorgt oder versorgt* werden, ist noch offen. Inmitten eines brei-ten Bewußtseins für ökologische Fragen ist das Problem einer ange-messenen Sozialökologie für Kinder und besonders alte Menschen, eines Rechts auf Versorgung, auf ausgiebige individuelle Betreuung, durch sozialtechnische Diskussionen verdrängt worden. Dazu braucht es Heime, Sozialdienste, aber sicher auch persönliche, betroffene Anteilnahme. *Wenn Frauen nicht darauf bestehen, daß Versorgung hochwertig ist, dann wird sie es nicht sein.* Männer über-nehmen solche Versorgungsarbeit höchst selten, und wenn sie es tun, häufig mit barbarischer Effektivität. Jedes Krankenhaus, jede Schule ist ein Beispiel für solche Effektivitätsbarbarei, die noch dazu Frauen dafür einsetzt, die Bedürfnisse von Kindern und Kranken zu verlet-zen. (Dabei ist wahr: Wo bleibt der Frauenwiderstand!)

Also Absage an das Ziel der Abschaffung der geschlechtsspezifi-schen Arbeitsteilung? Absage an den wichtigsten Teil unseres Glau-bensbekenntnisses? Ich weiß es nicht. Ich weiß nicht, wie der Mann der Zukunft aussehen wird. Daß es aber um das Öffnen einer *breiten*, nicht reduzierten Lebenspalette für Frauen, auch mit ihren nach wie vor mehrheitlich starken Kinderwünschen, geht, ist klar – wie auch um das Sichern von Qualität. Wer hier *vor allem* auf Männer verweist, stellt sich dem Problem einfach *nicht.* Bis (falls) wir einmal ganz an-dere Urenkelsöhne haben, kann es für vieles zu spät sein und werden sich noch Millionen Frauen in eine trostlose selbstabwertende Spirale verstrickt haben.

Männer werden vielleicht einmal mehr kollektive und individuelle

Solidarität mit Frauen entwickeln. Aber wollen wir bis dahin das Leben von immer mehr Frauen in Depression und dem berechtigten Gefühl falscher Optionen belassen, statt unser aller Räume zu erweitern und das auch einzufordern? Vielleicht ist echte Partnerschaft eines Tages möglich, obwohl dieses historische Experiment gesellschaftlich noch nie versucht wurde oder gar gelungen ist, und *vielleicht ist sie auch wichtig*. Aber ohne eine aktive selbstbewußte Frauengemeinschaft, die auch versteht, wie sehr Mutterschaft noch immer Teil der weiblichen Situation ist, wird sie für Frauen zu wenig führen.

Muttersein ist heute ein Kainsmal, eine Bürde, die wir verstecken und verdrängen. Die gegenwärtige Angleichung der Geschlechter, so begrenzt sie auf bestimmte Lebensphasen und Situationen ist, beruht überall auf dem Versuch, Familie unsichtbar zu machen. Das Problem wird als Depression, schlechtes Gewissen, als Verlustgefühl in die Frauen hineinverlagert, bis es vielleicht (siehe Petra-Voraussage) ganz verdrängt wird. Das aber ist Zeichen *nicht* für eine echte neue Geschlechterbalance, sondern für eine nun völlig zur Männerseite der bisherigen Männer-Mehrheitskultur gekippten Waage. Es gibt in der Bundesrepublik sowohl «neue» Männer als auch Müttergruppen, Schritte zur Anerkennung von Erziehung in der Rente etc. Das alles ist positiv. Aber ohne eine Kulturrevolution für das Versorgen, das *Leben* miteinander, ist das eine Politik, die nur Reservate für eine sterbende Kultur schafft: Mütter, die IndianerInnen der Nation. Perlenbestickte Mokassins am Weihnachtsbasar erhältlich.

Mütterquote??

Es sind Frauen ganz allgemein, die nach wie vor unter den beschriebenen Ausgrenzungen leiden und die begonnen haben, die Geschlechterfrage zu stellen. Es sind aber vor allem Mütter, die in allen Lebenssituationen den größten Teil an sozialer Verantwortung tragen, besonders auch für jene Lebensbereiche, die sich nicht einfach auslagern, delegieren, ersetzen lassen. Sie sind nicht nur ihre beste eigene Lobby, sie sind auch überall, sofern sie ihre Stimme finden, die potentiell klarste Interessenvertretung für eine durchlässige, für Kinder und andere Abhängige zugängliche Welt. Mütterquoten und aktive Mütterförderung sind deshalb schon ein zentraler Hebel, um die Zeit- und Organisationsstruktur aller gesellschaftlichen Bereiche unter dem Aspekt: Rückkehr von Kindern und Müttern in die Gesellschaft, Schutz aktiver Väter, offensiv zu thematisieren. Es gibt keine Legitimation jenseits der Machtkonkurrenz – auch nicht für kinderlose Frauen und für Frauen mit erwachsenen Kindern –, die den heute de facto bestehenden Ausschluß von Müttern jüngerer Kinder zugunsten frei verfügbarer Kräfte rechtfertigt. Mütter sind, wie oft betont, *auch* Frauen – ebenso wie alle Frauen Menschen sind. Und wo keiner Frau sonst von Frauen unterstellt wird, sie bekomme einen Posten nur, weil sie eine Frau, aber ansonsten dumm oder ungeeignet sei, da sollte auch keiner Mutter unterstellt werden, sie erhalte eine bezahlte Arbeit «nur», weil sie schlau genug war, sich ein Kind zuzulegen. Das ist Männerargumentation pur. Für Väter, die sich in der Familie engagieren möchten, gilt dasselbe Argument. Daß Arbeitsplätze knapp und die Aufteilung schmerzhaft ist, ist unbestritten – aber das gilt auch für Männer, die etwa in der SPD jetzt zugunsten von Frauen zurückstecken müssen.

Grundgesetz

Vielleicht ist es gut, an dieser Stelle noch einmal auf den vielleicht unbekanntesten Artikel des Grundgesetzes zu verweisen (Art. 6, Abs. 4): Dort heißt es wörtlich: «Jede Mutter hat das Recht auf den Schutz und die Fürsorge der Gemeinschaft».

Selbst Menschen, die dem Partnerschaftsmythos weit erlegen sind, werden diesen Satz nur schwer umformulieren können in: Jede Mutter und *jeder Vater* hat das Recht auf den Schutz der Gemeinschaft. Was also? Abschaffen? Oder vielleicht eine zeitgemäße Interpretation finden: Jede Mutter, jeder Mensch, der Zeit, Kraft, Liebe in die Betreuung und Versorgung anderer legt und dadurch selbst ungeschützt ist (eine schrumpfende Minderheit), hat das Recht auf diesen Schutz. Auf einen Schutz, der *nicht zur Falle und nicht zum Makel wird.*

«Hier sitze ich, mittlerweile fast fünfzig, und blicke auf meine Vergangenheit zurück und fühle mich dabei, als beschäftigte ich mich mit der Biographie eines Menschen, der längst tot ist. (...) Ich bin zufrieden mit dem, was ich gehabt habe und wie ich gelebt habe, schließlich muß man hierbei meine Ausgangsposition mitbedenken. Und diese Ausgangsposition war falsch. *Weil man mich gelehrt hat, daß das Leben in zwei mögliche Wege unterteilt war, der eine für Frauen, der andere für Männer. Und daß ich, wenn ich eine außergewöhnliche Frau war, die*

Männerrolle einzunehmen hätte. Und das war ich, und das konnte ich, und das tat ich. Veni, vidi, vici.

Aber irgendwie mußte ich, obwohl ich außergewöhnlich war und die Männerrolle ausfüllen konnte, dennoch Frau sein. Und selbst wenn ich keine Kinder bekommen hätte, so hätte ich doch Frau sein müssen, denn wie viele Männer sind schon bereit, für eine Frau die Hausfrauenrolle zu übernehmen? Ich mußte Hausfrau sein, in jedem Haushalt muß jemand diesen Part ausfüllen, und obgleich ich ein paar Jahre lang einen Mann hatte, der sich diese Rolle mit mir teilte, blieb ich es doch gleichzeitig. Und wenn ich als Hausfrau fungierte, tat ich es immer mit Verdruß. Ich hatte das Gefühl, niedere Arbeiten zu verrichten, das verdammte Wäschewaschen, das langweilige Einkaufen, die öde Kocherei. Ich war viel zu intelligent und zu begabt für solchen Kram. Das war nicht die Aufgabe, die ich mir ausgesucht hatte, sie wurde mir einfach zugewiesen. (...)

Es hat Jahre gedauert, aber jetzt, da es nur noch Franny (ihre Tochter) und mich gibt, genieße ich es, mit ihr zusammen Abendessen zu kochen. Ich will zwar nicht behaupten, daß ich nähen könnte, aber ab und zu kommt es vor, daß ich ihr einen Knopf annähe oder eine Bluse bügle. *Das ist auch nicht öder, als meine sämtlichen Objektive zu putzen.* Franny und ich ziehen Kräuter in Blumenkästen. Es gefällt uns, sie wachsen zu sehen. Es hat mich fünfzig Jahre gekostet, um dahinterzukommen, daß Hausarbeit, Frauenarbeit, Spaß machen kann und ihre eigene Würde hat. Als Kind konnte ich das nicht sehen, weil meine Mutter keinen Spaß daran hatte. Und meine Mutter hatte keinen Spaß daran, weil sie es nicht aus freier Entscheidung tat.

Das ist das Geheimnis. Männer suchen sich aus, was sie tun, oder haben zumindest das Gefühl, daß sie es sich aussuchen.» (Kursivierungen G. E.)

Marylin French, Tochter ihrer Mutter, Reinbek 1988

Literatur

Belenkey, Mary F. u. a.: Women's ways of knowing. New York 1986

Brigitte-Untersuchung '88: Erler, Gisela; Jaeckel, Monika; Pettinger, Rudolf; Sass, Jürgen: Kind? Beruf? Oder beides? Hamburg 1988

Dobberthien, Marliese: Frauenerwerbsarbeit gleich Frauendiskriminierung. Beschränkung der Frauenerwerbsarbeit aus soziologischer, rechtlicher und sozialgeschichtlicher Sicht, unter besonderer Berücksichtigung des Mittelalters. Zeitschrift für Rechtssoziologie, Heft 2, 1984

Frankenhauser, Marianne: Forschungsprojekt über Stress und das psychosoziale Arbeitsmilieu. Arbetsmiljöfonden. Stockholm 1986

Frauenförderung in Unternehmen der Bundesrepublik Deutschland. Konferenzbericht. Bundesministerium für Jugend, Familie, Frauen und Gesundheit. Bonn 1988

French, Marylin: Tochter ihrer Mutter. Reinbek 1988

Hewlett, Sylvia Ann: A lesser life, The Myth of Women's Liberation in America. New York 1986

Petra-Studie: Die Zukunft der Frau. Gesellschaft für rationelle Psychologie. Teil 2, Petra 11/1988

Pfeiffer, Toni S.: Lebensstil, Mobilität und die Gestaltung von Stadträumen. In: Hauff, V. (Hg.): Stadt und Lebensstil. Weinheim, Basel 1988

Spiegel Nr. 45/1988

Strümpel, Burkhard; Prenzel, Wolfgang u. a.: Teilzeitarbeitende Männer und Hausmänner. Berlin 1988 (Edition Sigma)

TRAUTES HEIM

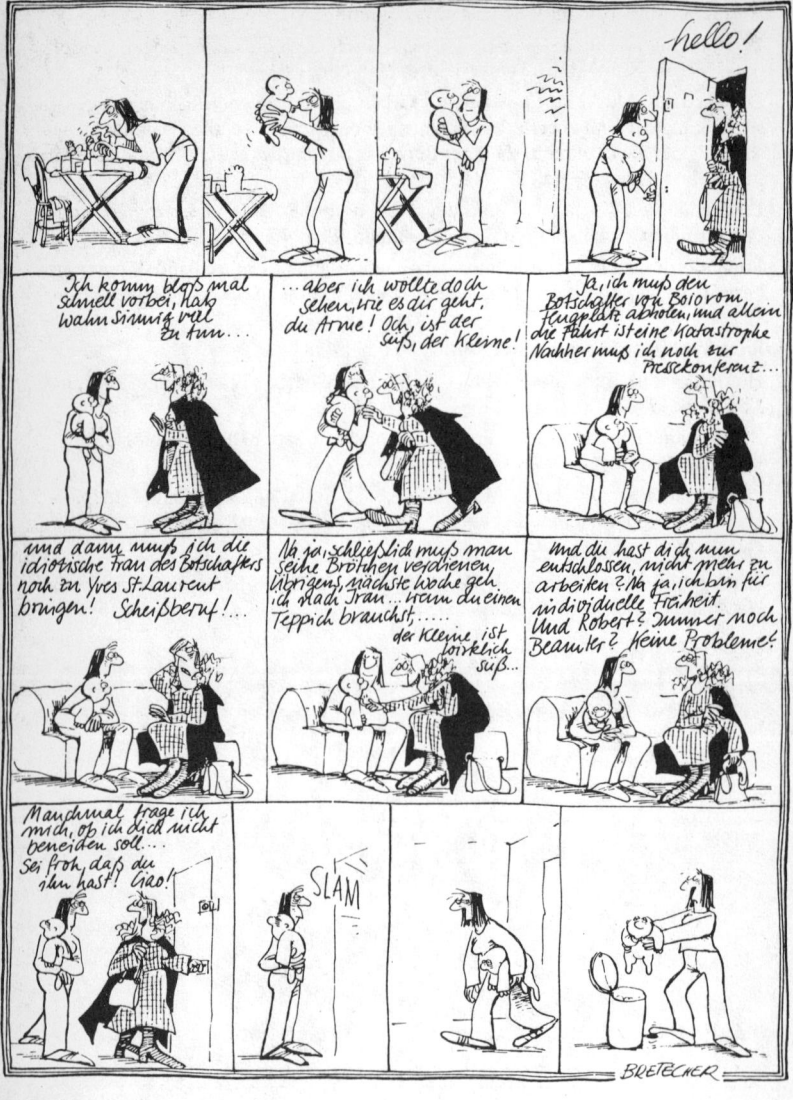

IRENE STOEHR

Mütterfeminismus – ein alter Hut?

Die Frauenbewegung und die Mütterfrage seit der Jahrhundertwende

Schon bald nachdem um 1970 die Neue Frauenbewegung in der Bundesrepublik entstanden war, redeten viele ihrer Vertreterinnen von einer «Neuen Mütterlichkeit». Abfällig, versteht sich. Seit Mitte der siebziger Jahre etwa reagierten diese Feministinnen wachsam und ungehalten auf alle Zeichen, besonders in der Frauenbewegung, sich unkritisch oder gar positiv auf Mutterschaft zu beziehen, registrierte argwöhnisch schwangere Feministinnen und deren kollektive Stillarbeit in feministischen Stillgruppen.

Kaum beachtet dagegen wurde ein radikales Dokument von 1976, das sich «Manifest der Mütter» nannte und in der ehemaligen Frauenzeitschrift COURAGE abgedruckt wurde, die mit Müttern etwas mütterlicher verfuhr als ihre feindliche Schwester EMMA. Aber immerhin machte die Berliner Frauen-Sommer-Universität 1978 die Mütterfrage zum öffentlichen Thema.

Danach schien die «Neue Mütterlichkeit» sich aufs Land zurückgezogen zu haben. Viele Frauen machten auf ihre Weise ernst mit dem feministischen Motto, daß das Persönliche politisch sei, und ließen häufig mit ihren Kindern Männer, Großstädte und politischen Aktivismus hinter sich, um Naturverbundenheit und weibliche Spiritualität zu praktizieren. In den Städten zurückbleibende Feministinnen, die um Jobs und gegen die Benachteiligung von Frauen kämpften, entlarvten diese modernen Stadtflüchtigen bald als «unpolitisch» und «biologistisch».

Der Biologismus-Vorwurf hat in den letzten Jahren große Popularität in der Frauenbewegung erreicht. Er wacht darüber, daß Frauen sich nicht grundsätzlich anders sehen als Männer. Als nicht «biologistisch» und politisch akzeptabel gilt, daß Frauen «nur» von einer gesellschaftlich bedingten und darum zu revidierenden Benachteiligung betroffen seien.

Unabhängig von dieser innerfeministischen Auseinandersetzung, und von den meisten Feministinnen fast unbemerkt, entwickelte sich seit ca. 1980 eine Mütterzentrums-Bewegung. Erst als sie im Müttermanifest Grüner Frauen im Frühjahr 1987 ihren vorläufigen Höhepunkt fand, trat diese Bewegung auch jenen schmerzlich vor Augen, die ihren Blick allzu eng auf die Sphäre des Politischen geheftet hatten. Nun, im Rahmen einer immerhin parlamentsfähigen Partei zur Sprache gebracht, wurden Mütterangelegenheiten plötzlich ernst genommen bzw. als ernste Bedrohung wahrgenommen. Selbst Bundesministerin Rita Süssmuth hielt es für notwendig, auf die Gefahr einer neuen Mutterideologie hinzuweisen.

Bedrohlich – und als «biologistisch» abzulehnen – erscheint den Kritikerinnen der neuen Mütterpolitik, daß sie Mütter nicht als jämmerliche Opfer eines gesellschaftlich vorgegebenen Gebärzwanges und einer ebensolchen «Mutterrolle» präsentiert, sondern von einem positiven Mutterbild ausgeht.

Erst vor diesem Hintergrund erhalten die Einzelforderungen des Müttermanifests ihren Stellenwert und ihre Brisanz. Einzeln gelesen sind viele seiner Programmpunkte, die eine Entlastung der Mütter bedeuten, in anderen Frauenprogrammen enthalten. Während sie dort jedoch auf die Milderung der Benachteiligung der Mütter in Richtung auf Gleichstellung zielen, sind im Grünen Müttermanifest Forderungen, wie zum Beispiel die nach finanzieller Absicherung der Betreuungsarbeit oder nach einer «lebendigen Infrastruktur für Mütter», zugleich als Voraussetzungen einer positiven Mütterlichkeit erkennbar. Sie soll nicht nur den eigenen Kindern zugute kommen, sie soll darüber hinaus «eine grundsätzliche Herausforderung an die Gesellschaft» sein. Eine solche Mütterpolitik bedeutet ausdrücklich auch eine «Neuorganisation der Arbeitswelt» und eine «Erneuerung der politischen Kultur».

Diese Offensive ist für viele Feministinnen neu und so provozierend, daß sie sie kurzerhand aus der Frauenbewegung ausgrenzen. Sie stellen sie statt dessen in die Tradition konservativer Männerpolitik, die Frauen schon immer auf ihre «Mutterrolle» festlegen und an den heimischen Herd zurückschicken wollte. Von einer anderen Tradition – der Frauengeschichte nämlich – ist nicht die Rede, und doch ist der Mütterfeminismus der 1980er Jahre kaum denkbar ohne die Vorleistungen der deutschen Frauenbewegung vor 1933, die ihre gesamte Frauenpolitik aus einem positiven Mutterbild entwickelte.

Im folgenden möchte ich die Entwicklungslinien dieser Frauenpolitik von ca. 1900 bis 1933 skizzieren, um sie anschließend mit der aktuellen feministischen Mütterpolitik zu vergleichen.

«Geistige Mütterlichkeit»

Die deutsche Frauenbewegung hatte sich 1865 zunächst unter dem Motto «Recht auf Arbeit» organisiert, doch wurde «Mütterlichkeit» bald ein Leitmotiv des Allgemeinen Deutschen Frauenvereins. Als 1867 Henriette Goldschmidt den vielgepriesenen Stadt*vätern* die Forderung nach «*Müttern* der Stadt» entgegenhielt, fand sie damit den Schlüssel für den späteren Weg dieser Frauenbewegung in die politische Öffentlichkeit: Gemeindewahlrecht und kommunale Ämter.

Unter dem Leitmotiv «geistige Mütterlichkeit» begründete die Fröbel-Schülerin Henriette Schrader-Breymann in den 80er Jahren des 19. Jahrhunderts den Beruf der Kindergärtnerin: Mütterlichkeit setze keineswegs die biologische Mutterschaft voraus, kinderlose Frauen könnten ebensogut Kinder erziehen, wenn nicht sogar besser, weil sie eine Ausbildung erhielten.

Ende des Jahrhunderts nahm dann die sogenannte bürgerliche Frauenbewegung* das Argument der «geistigen Mütterlichkeit» wieder auf und begründete damit allgemein die Bildungs- und Erwerbsforderungen gerade auch alleinstehender Frauen, die – als Nicht-Mütter – der gesellschaftlichen Diskriminierung ausgesetzt waren.

Und zunehmend gewann diese Perspektive eine offensive Qualität: Nicht weil Frauen so wie Männer waren, sollten sie gleichberechtigt am Erwerbsleben und an der politischen Öffentlichkeit teilnehmen dürfen; gerade umgekehrt: weil sie etwas anderes als Männer zu bieten hatten, nämlich Mütterlichkeit als eine Fähigkeit, die nicht nur in der Familie, sondern auch dort gebraucht wurde, wo bislang Männer unter sich waren. Diese Argumentation enthielt eine grundlegende Kritik an der einseitig von Männern geprägten Gesellschaft. «Wäre die Welt des Mannes die beste der Welten, so könnte man diesen Anspruch der Frauen bestreiten», gab Helene Lange, eine der prominentesten Exponentinnen der Frauenbewegung, zu bedenken. «Aber wenn die gewaltige wissenschaftliche und technische Kultur unserer Zeit als spezifische Leistung des Mannes anerkannt werden muß, so

---

* Der Begriff «bürgerlich» kann für Frauen und Frauenbewegung nur mit Vorsicht benutzt werden. Denn «bürgerlich» waren Frauen nur als Töchter oder Ehefrauen von Bürgern. Als solche hatten sie z. B. keine Verfügungsgewalt über Eigentum. Und den vielen Unverheirateten ging es in materieller Hinsicht oft nicht «besser» als Arbeitertöchtern, im Gegensatz zu diesen durften sie nicht einmal erwerbstätig sein. Der Begriff «bürgerliche Frauenbewegung» suggeriert außerdem, daß es eine autonome Arbeiterinnenbewegung gegeben hätte. Die sog. proletarische Frauenbewegung war jedoch in Deutschland eine sozialdemokratische Frauenorganisation.

tragen doch auch die großen sozialen Mißstände, die mit dieser Kultur emporgewachsen sind, ebenso sein Gepräge. Und vieles von dem, was diesen sozialen Mißständen zugrunde liegt, hat seinen natürlichen Gegner in der Frau.» (1)

Der Kern solcher Kritik war, daß es der von Männern beherrschten Gesellschaft an Menschlichkeit gebräche. Beim «mütterlichen Prinzip», erläuterte die Chronistin der Frauenbewegung, Agnes von Zahn-Harnack, handele es sich darum, «daß die Frau die Vermenschlichung der mechanischen und daher toten Dinge, Einrichtungen und Vorgänge erstrebt: Vermenschlichung der Arbeit, Vermenschlichung der Wissenschaft, Vermenschlichung des Verkehrs unter den Menschen. Denn sie fühlt sich als die Hüterin alles Lebendigen, das aus ihrem Schoß entsprungen ist.» (2)

Mit konkreten Müttern hatte das recht wenig zu tun. Zwar wurde immer wieder betont, der Mutterberuf sei der schönste Beruf für jede Frau – eine Auffassung, die übrigens auch von den meisten Vertreterinnen der sogenannten proletarischen (sozialdemokratischen) Frauenbewegung geteilt wurde. Frauenpolitisch interessant jedoch wurden die bürgerlichen Mütter für ihre Frauenbewegung erst nach der Jahrhundertwende. Zuvor galten sie als versorgt und gaben lediglich den Argumentationshintergrund für die Forderungen der Unversorgten ab. Die Wahl des Kampfbegriffes «Mütterlichkeit» sollte nämlich auch die Einheit der Frauen demonstrieren und einer Spaltung vorbeugen.

Tatsächlich fanden die Repräsentantinnen der Frauenbewegung für die leibhaftigen Mütter ihrer eigenen gesellschaftlichen Kreise nicht immer gute Worte. Häufig erklärten sie sie für familienegoistisch, unselbständig und nur auf äußeren Tand bedacht. Solche Mütterschelte zeigt, daß diese oft als konservativ bezeichnete Frauenbewegung keineswegs so «biologistisch» war, wie ihr Feministinnen der neuen Frauenbewegung gern nachsagen. Sie unterstellte nämlich, daß recht verstandene Mütterlichkeit durchaus nicht angeboren sei oder bei Eintreten der Mutterschaft quasi naturgesetzlich zum Durchbruch käme. «Es ist nicht einfach das Loblied der physischen Mutterschaft, das die Frauenbewegung singt», resümierte Agnes von Zahn-Harnack – übrigens die letzte Vorsitzende des «Bund Deutscher Frauenvereine» vor 1933 – in ihrem Rückblick aus dem Jahre 1928. «Erst wo sich die physische Mutterschaft zur seelischen Mütterlichkeit läutert und durchringt, kann von einer höchsten Lebenserfüllung gesprochen werden, die durchaus nicht dadurch gegeben ist, daß das neugeborene Kind in der Wiege liegt.» (2)

Nicht zufällig war die Frauenbewegung, von der hier die Rede ist, zu großen Teilen eine Bildungsbewegung. Die Anlage zur Mütterlichkeit, von der sie mehr idealistisch als biologisch ausging, mußte erst durch Bildung zur Entfaltung gebracht werden. In der allgemeinen Bildungskonzeption dieser Frauenbewegung erfüllte der Leitbegriff «Mütterlichkeit» gegen Ende des 19. Jahrhunderts noch einen besonderen Zweck. Es ging darum, die höhere Mädchenbildung, die fest in den Händen männlicher Oberlehrer lag, von ihrer ausschließlichen Orientierung auf den Mann schlechthin abzubringen. Mit einer Streitschrift gegen die höhere Töchterschule kämpfte Helene Lange deshalb vor allem für den weiblichen Einfluß auf die Mädchenbildung.

Nicht nur wegen ihres frechen Zweifels an der Kompetenz männlicher Lehrer zur Erziehung des weiblichen Geschlechts erregte diese sogenannte «Gelbe Broschüre» 1887 Aufsehen in der Öffentlichkeit. Kaum weniger anstößig war es, daß Helene Lange darin das heilige Ideal der «Mütterlichkeit» dem erklärten Bildungsziel der deutschen Mädchenschulpädagogen einfach entgegensetzte. Diese waren nämlich in einer berühmten Denkschrift von 1872 feierlich für eine Verbesserung der Mädchenbildung *um der Männer willen* eingetreten, damit sich – so wörtlich – «der deutsche Mann am häuslichen Herd nicht langweilt». Die «Gelbe Broschüre» relativierte nicht nur die Familie als ausschließlichen Bezugspunkt der Mädchenbildung, sondern unterschied darüber hinaus für diesen Bezugspunkt selbst streng zwischen dem Wohl des Ehemannes und dem der Kinder und machte keinen Hehl daraus, daß sie das letztere für wichtiger hielt.

In *diesem* Sinn wurde *Mütterlichkeit* ausdrücklich als Kritik an einer Vorstellung von «weiblicher Bestimmung, die sich auf den Mann bezieht», formuliert und zum allgemeinen Bildungsziel erhoben. Eine Empfehlung, früh in Mutterpflichten einzuüben, findet sich in der «Gelben Broschüre» allerdings nicht. Statt dessen forderte sie eine Entfaltung der weiblichen *Persönlichkeit* und setzte dies mit einer Erziehung zur Mütterlichkeit schlechthin gleich. Dabei schwebte ihr allerdings kein Abbild bestehender Familienverhältnisse vor, sondern die Utopie eines *starken* weiblichen Individuums.

So mokierte sich Helene Lange andernorts über das «Frauenideal des Durchschnittsdeutschen», das sich durch Passivität, Weichheit, Nachgiebigkeit und «Aufgehen in der Sorge um das körperliche Wohl des Mannes und der Kinder» auszeichne. Dem setzte sie ein an ihrem Mütterlichkeitskonzept orientiertes Frauenbild «von kräftiger Menschlichkeit» entgegen; «die feste, in sich geschlossene Individualität, die mit Verständnis der Welt und den Ihren gegenübersteht, die weiß, was sie will und was sie tut.» (3)

Von der Idee der Mütterlichkeit zu den konkreten Müttern

Wir haben gesehen, daß die Mütterlichkeitspolitik der Deutschen Frauenbewegung in den 1880er und 1890er Jahren sich mehr an alleinstehende Frauen und Mädchen richtete als an Mütter, und daß sie sich weniger auf die Situation der Frau in der Familie als auf die im Erwerbsleben und in der Politik bezog. Jedoch schon Ende des 19. Jahrhunderts gab es einen wichtigen Arbeitsbereich der Frauenbewegung, in dem sie es mit konkreten Müttern zu tun hatte: der Bereich der Sozialarbeit und Sozialpolitik. Es waren allerdings Mütter aus anderen gesellschaftlichen Verhältnissen, denen die Frauen mit einer Haltung der unmittelbaren Hilfeleistung bzw. der «Hilfe zur Selbsthilfe» gegenübertraten. Erst zu Beginn des 20. Jahrhunderts sollte diese Doppelstrategie – Politik der geistigen Mütterlichkeit für sich selbst einerseits und Soziale Hilfsarbeit gegenüber den armen Schwestern andererseits – in einem einheitlichen Konzept zusammengebracht werden.

Nicht zuletzt die Opposition in den eigenen Reihen veranlaßte die Mehrheit der Frauenbewegung, die sich selbst «gemäßigt» nannte und durch den Allgemeinen Deutschen Frauenverein unter dem Vorsitz von Helene Lange vertreten wurde, das Konzept der geistigen Mütterlichkeit nunmehr auf alle gesellschaftlichen Bereiche auszudehnen. Das vorläufige Ergebnis dieser Bemühungen schlug sich 1905 in einem Programm des ADF nieder, das alle Frauenforderungen und Aktivitäten grundsätzlich mit einer besonderen Aufgabe, Fähigkeit und Verantwortung des weiblichen Geschlechts begründete, also von der Ungleichheit der Geschlechter ausging.

Eben darum, und nicht, weil Frauen auch Menschen seien, setzte sich der ADF das Ziel, «den Kultureinfluß der Frau zu voller innerer Entfaltung und freier sozialer Wirksamkeit zu bringen». Er definierte – gesellschaftsumfassend – vier Bereiche solcher weiblich-mütterlichen Einflußnahme: Bildung, Berufstätigkeit, Ehe und Familie sowie öffentliches Leben, Gemeinde und Staat. Erst im Zusammenhang mit dieser Gesamtdefinition ihrer Politik aus der Idee der Mütterlichkeit wandte sich die bürgerliche Frauenbewegung ausdrücklich den konkreten Müttern zu.

Der ursprüngliche Impuls dieser Frauenbewegung für eine konkrete Mütterpolitik ging also nicht von den Interessen und Problemen der Mütter aus. Vielmehr erschien es notwendig, die politische Theorie der geistigen Mütterlichkeit bzw. des weiblichen Kultureinflusses nun erst auch in der traditionellen, nicht bestrittenen Domäne der Frau, der Mutterschaft, zur Geltung zu bringen. Die Notwendigkeit dafür ergab sich allein schon aus einer grundsätzlichen Skepsis gegenüber der «Natur». «Der Naturinstinkt ist eben nur der Keim», schrieb Marianne Weber 1905, «aus dem sich durch die stete Übung jenes herrlichste Kulturgut: die Mütterlichkeit als sittliche Qualität entwikkeln kann, d. h. die natürlich nicht an physische Mutterschaft gebundene Fähigkeit der Frau, sich in täglicher Überwindung ihres natürlichen, menschlichen Egoismus dem Einzelnen und Kleinen, dem Schwachen und Hilfsbedürftigen hinzugeben.» (4)

Wenn die «Naturmutter» zur «Kulturmutter» werden sollte, so gab es aktuelle Anlässe genug, diesen Kultureinfluß frauenbewegt in Gang zu setzen. Die Entwicklung der Industriegesellschaft im 19. Jahrhundert, oder vielmehr der kritische Blick darauf, zog ein wachsendes Interesse an der Mutterschaft nach sich. So beschäftigte sich die bürgerliche Frauenbewegung mit dem, was Soziologen später den «Funktionsverlust der Familie» nannten. Die Frauen damals sprachen von einer «Entleerung» der häuslichen Frauenarbeit in dem Sinn, daß die Industrieproduktion einen Teil ihrer Aufgaben übernahm, vor allem im Bereich der Herstellung materieller Güter zum häuslichen Verbrauch, wie Seife, Kerzen, aber auch Kleidung und Nahrungsmittel.

Doch anders als viele fortschrittliche politische Strömungen um die Jahrhundertwende feierte die bürgerlich-gemäßigte Frauenbewegung die Entlastung der Frauen von materieller Hausarbeit nicht uneingeschränkt. Sie sah in dieser Entwicklung auch eine Gefahr, weil Frauen dabei eine relative ökonomische Machtstellung verloren. Helene Lange bezeichnete in ihrem Festvortrag zum 50jährigen Bestehen des ADF (1915) deshalb die meisten frauenbewegten Aktivitäten ganz konservativ als «Rückeroberungen» früherer Einflußsphären, wenn auch unter Berücksichtigung der veränderten Bedingungen. In welchem Sinne sie dies auf die neue Hausarbeit bezog, wird weiter unten dargestellt.

Ein weiterer Grund, der diese Frauenbewegung um die Jahrhundertwende veranlaßte, ihr Konzept vom weiblichen Kultureinfluß auch auf die konkrete Mutterschaft zu beziehen, ergab sich aus der Kritik an der Industriearbeit. Im Gegensatz zu ihren Schwesterorganisationen in den angelsächsischen und skandinavischen Ländern trat die Deutsche Frauenbewegung für einen weitestmöglichen Arbeiterinnenschutz ein. Daß Frauen vor Arbeit überhaupt zu schützen seien, war um 1900 auch hierzulande ein frauenrechtlerisch ungewöhnlicher Gedanke. Denn er bedeutete eine Revision des ADF-Gründungsaufrufs von 1865, der für Frauen bedingungslos das «Recht auf Arbeit» gefordert hatte.

Alle Arbeiterinnenschutzbestrebungen (kürzere Arbeitszeit, Verbot der Nachtarbeit, Stillpausen, freie Samstagnachmittage für Hausarbeit, Halbtagsschichten oder Mutterschaftsversicherungen) waren durchaus von der Befürchtung getragen, daß die Industriearbeiterinnen ihren Mutter- und Hausarbeitspflichten nicht mehr nachkommen konnten und daß sogar ihre Fortpflanzungsfähigkeit gefährdet sei. Darum sorgten sich natürlich auch männliche Sozialreformer sowie Sozialdemokrat(inn)en. Im Unterschied zu diesen Kräften formuliert die «konservative» Frauenbewegung ihre Sorge um eine besondere Schutzbedürftigkeit nicht so, daß die Frau als Behinderung des industriellen Fortschritts erschien. Im Gegenteil: die «Behinderungen» der Frauen waren Anlaß für eine grundsätzliche Industriekritik, in der das Geschlecht zum Maßstab genommen wurde. In der Sphäre des Objektiven, erklärte Marianne Weber, eine Wortführerin der gemäßigten Frauenbewegung und Gattin des Soziologen Max Weber, sei die Industrie gewissermaßen der «männlichste Bereich», der «mütterlichen Wesenskraft» geradezu entgegengesetzt. Alice Salomon, die Vorkämpferin für den Arbeiterinnenschutz in Deutschland, kritisierte an der Industriearbeit, daß sie Gleichberechtigung vortäusche, indem sie an weibliche Arbeitskraft ein männliches Maß anlege. Mechanische, eintönige und stumpfmachende Arbeit – so Marianne Weber 1913 – «widerstrebe der innersten Natur der Frau noch stärker (...) als der des Mannes». (5)

Ebensowenig wie in diesen Äußerungen Arbeiterinnenschutz mit Mutterschutz gleichgesetzt wurde, war es umgekehrt eine Festschreibung der Mutterrolle, die einige fortschrittsorientierte Feministinnen am Arbeiterinnenschutz beanstandeten. Sie meinten, daß rechtliche Ungleichbehandlung der Geschlechter die Konkurrenzfähigkeit der Frau auf dem Arbeitsmarkt gefährde. In den 1890er Jahren verhinderten englische, französische und dänische Frauenrechtlerinnen Gesetzesinitiativen zum Arbeiterinnenschutz in ihren Ländern. Ihr Motto «Arbeitsfreiheit für die Frau» verriet deutschen Kritikerinnen einen Fortschrittsoptimismus, der sich auf der Seite des liberalen Unternehmergeistes fand, um Bevormundungen eines paternalistischen Staates abzuwehren.

Mütterfragen zu privat für radikale Politik?

In Deutschland war seit der Gründung des Bundes Deutscher Frauenvereine (1894) innerhalb der bürgerlichen Frauenbewegung eine linke Opposition entstanden, die sich ausdrücklich international orientierte. Sie setzten – wie ihre angelsächsischen und skandinavischen Schwesterorganisationen – auf den industriellen Fortschritt als Frauenbefreier und sahen in der verheirateten Fabrikarbeiterin die Frau der Zukunft. Dennoch zogen die Vertreterinnen dieser Richtung – vor allem Minna Cauer, Anita Augspurg, Lida Gustava Heymann, Maria Lischnewska – vorerst nicht bei der Kampagne für eine gleiche «Arbeitsfreiheit» von Frauen mit (Anita Augspurg legte 1903 sogar den weitgehendsten Vorschlag für eine staatliche Mutterschaftsversicherung vor). Der Grund dafür ist in ihrer Entstehungsgeschichte zu finden: Die Opposition innerhalb der bürgerlichen Frauenbewegung trat zum erstenmal als Reaktion auf die Gründung des Bundes Deutscher Frauenvereine 1894 in Erscheinung, weil in diesem Dachverband der Frauenbewegung die sozialdemokratischen Arbeiterinnenvereine nicht einbezogen waren. Der linke Flügel im BDF versuchte fortan, diese Scharte auszuwetzen, und strebte im folgenden Jahrzehnt eine Verbindung mit den Sozialdemokratinnen an. Eine Ablehnung des Arbeiterinnenschutzes hätte eine solche Bündnispolitik vereitelt, denn Arbeitsschutzmaßnahmen für Frauen gehörten zu den wichtigsten Bestandteilen der sozialdemokratischen Frauenpolitik. (Im übrigen dachten die Sozialdemokratinnen unter der Führung Clara Zetkins gar nicht daran, mit den «Bürgerlichen» gemeinsame Sache zu machen.)

Der Unterschied der «Radikalen» gegenüber den «Gemäßigten» – so lautete die geläufigste Selbstbezeichnung der beiden Flügel der alten Frauenbewegung – bestand nicht etwa darin, daß die einen sich negativ und die anderen positiv auf Mütterlichkeit oder Mutterschaft bezogen. Die Bedeutung der Mütterfrage war allerdings für die Frauenpolitik der Radikalen zwischen 1900 und 1933 eher beliebiger, mehr vom Zeitgeist abhängig als bei den Gemäßigten, die statt dessen versuchten, alle frauenpolitischen Einzelfragen in ein philosophisches und sozialgeschichtliches Konzept weiblicher Kultur einzuordnen.

In leicht demagogischer Umkehrung der Selbsteinschätzung der Radikalen als «jüngere Richtung» in der Frauenbewegung stellte 1904 die «gemäßigte» Gertrud Bäumer folgenden Vergleich an: «Das Ziel ist innerhalb der älteren Richtung die soziale Gleichberechtigung; das Ziel ist im modernen Bewußtsein eine volle Entfaltung der weiblichen Kultur, der diese Gleichberechtigung allerdings in vieler Hinsicht den Weg ebnet, die sie aber doch keineswegs allein schaffen kann.» (6)

In der Tat hatte die radikale Opposition innerhalb der «bürgerlichen» Frauenbewegung seit ihrer eigenständigen Organisation im «Verband Fortschrittlicher Frauenvereine» 1899 den Schwerpunkt ihrer Arbeit auf die Agitation für Frauenrechte, insbesondere das

Frauenstimmrecht, gelegt. Wann immer jedoch die Radikalen bei der Begründung ihrer Rechtsforderungen mit Mutterschaft oder Mütterlichkeit argumentierten, dann war dies konkreter, und das hieß auch enger an «Natur» bzw. «Biologie» orientiert. So begründete im Jahr 1904 Minna Cauer eine Petition des Verbandes Fortschrittlicher Frauenvereine an den «Hochlöblichen Magistrat der Stadt Hamburg» für die Mitarbeit der Frauen in der öffentlichen Armenpflege mit der «Naturanlage» der Frau, durch die sie «besonders berufen und befähigt» sei, «eine fürsorgende und erzieherische Tätigkeit auszuüben». (7)

Unmäßig nah an die biologische Mutterschaft begab sich auch Marie Stritt, als sie 1912 forderte, «daß die Hand, die die Wiege bewegt, die Welt regiert». Auch sie akzentuierte stärker als die meisten «Gemäßigten» das «Naturgemäße, im ureigensten mütterlichen Wesen und Empfinden der Frau Begründete», das die Mitwirkung der Mutter an der Gestaltung des öffentlichen Lebens im Interesse einer «höheren Gesittung» notwendig mache. (8)

Diese politische Aufwertung der *physischen* Mutterschaft entsprach dem Zeitgeist zu Beginn des 20. Jahrhunderts, das die schwedische Feministin Ellen Key zum «Jahrhundert des Kindes» erklärt hatte – ein Schlagwort, dem die «Gemäßigten» durchaus skeptisch gegenüberstanden.

Immerhin kamen auch die «Gemäßigten» nicht umhin, sich in den ersten Jahren des 20. Jahrhunderts ihrerseits den leibhaftigen Müttern zuzuwenden. So ist denn auch für diese Zeit von einer «Neuen Mütterlichkeit» (A. v. Zahn-Harnack) die Rede gewesen. Sie fand mit der großen Berliner Kongreß-Ausstellung «Die Frau in Haus und Beruf» ihren vorläufigen Höhepunkt. Im selben Jahr brachte die Sozialdemokratin Adele Schreiber in hoher Auflage ein aufwendiges, reich illustriertes Buch mit dem schlichten Titel «Mutterschaft» heraus, das auf über 800 Seiten Beiträge prominenter radikalfeministischer und sozialdemokratischer Frauenpolitikerinnen enthielt.

Eine wichtige Erscheinung dieses Zeitgeistes war auch Ruth Bré, die vehement für das «Recht auf Mutterschaft» nicht-verheirateter Frauen und für die Einführung des «Mutterrechtes» eintrat. Als nicht organisierte Einzelkämpferin liebte sie es, die «Halbheiten» der Frauenbewegung gegenüber Müttern und Frauen, die gerne Mütter werden wollten, öffentlich anzuprangern. Vor allem die «geistige Mütterlichkeit» verspottete sie als «Allerweltsmutterschaft».

Im Dezember 1904 gründete Ruth Bré in Leipzig einen «Bund für Mutterschutz», der allerdings schon wenige Wochen später von der prominenteren Helene Stöcker in einer zweiten Gründungsversammlung nach Berlin verlegt wurde. Die neue Organisation versuchte, in den folgenden Jahren mit wechselnden Schwerpunkten ihrer selbst gestellten Doppelaufgabe gerecht zu werden, nämlich einerseits uneheliche Mütter praktisch und moralisch zu unterstützen (vor allem durch die Einrichtung von Mütterheimen, in denen sie nicht als «gefallene Mädchen» behandelt wurden), andererseits die Gesellschaft für eine freiere Geschlechtsmoral zu agitieren. Helene Stöcker, die Zentralfigur des Bundes für Mutterschutz als seine langjährige Vorsitzende und Herausgeberin seiner Zeitschrift MUTTERSCHUTZ. ZEITSCHRIFT ZUR REFORM DER SEXUELLEN ETHIK (1908 umbenannt in: DIE NEUE GENERATION), gehörte vorher dem radikalen Flügel der Frauenbewegung an. Doch stand ihr Versuch eines radikalen Veröffentlichens der verschwiegensten Winkel des Privaten – Sexualität und uneheliche Mutterschaft – bezeichnenderweise nicht im Gesamtzusammenhang einer radikalen Frauenpolitik. Die Gründung einer eigenen Organisation war Ausdruck dieses Mangels. Denn Helene Stöcker scheiterte auf der Hamburger Generalversammlung des Verbandes Fortschrittlicher Frauenvereine 1903 mit ihrem Antrag, eine Kommission für Liebe und Ehe einzurichten, an dem Desinteresse der fortschrittlichen Verbandsprominenz – an Minna Cauer, Anita Augspurg und Lida Gustava Heymann. Jene interessierten sich für politische Fragen; das hieß für sie, vor allem für das Frauenstimmrecht. Ehe- und Familienangelegenheiten behandelten sie nur auf der Ebene der Kritik am Bürgerlichen Gesetzbuch.

Allerdings fand 1905 im Verband Fortschrittlicher Frauenvereine die vielleicht interessanteste Diskussion der Frauenbewegung über Hausarbeit statt: Käthe Schirmacher begründete ihre radikale Forderung nach Bezahlung der Hausarbeit mit deren steigender volkswirtschaftlicher Bedeutung für die Gesellschaft. K. Schirmacher, eine Außenseiterin zwischen den Flügeln, erhob massiven Einspruch gegen das Verschweigen der «Frauenarbeit im Hause» durch die Nationalökonomie. Sie erschreckte die fortschrittliche Frauenversammlung mit der rhetorischen Frage: «Oder hat man gefühlt, daß hier eine Gefahr vorlag, eine Mine, die springen und das Gebäude der Männerwelt zum Sturze bringen konnte? Hat man gefürchtet, durch eingehendes Studium der Frauenarbeit im Hause zu einer Umwertung bestehender Werte zur wissenschaftlichen Anerkennung unbequemer Forderungen gezwungen zu werden?» (9)

Auf dem Verbandstag 1905 setzte sich jedoch die Hauptreferentin Maria Lischnewska – eine der Mitbegründerinnen des Bundes für Mutterschutz – durch. Ihr galt allein das als Hausarbeit, was entweder abgeschafft oder genossenschaftlich organisiert gehörte. Als den «Typus der neuen Frau» zelebrierte sie die verheiratete Fabrikarbeiterin. In diesem Rahmen schrumpfte die Hausarbeitsdebatte zur Frage der Organisation und Weg-Rationalisierung verbliebener Hausarbeitsreste. Alles, was Liebe und zwischenmenschliche Beziehungen betraf – zu Männern oder zu Kindern –, hatte nach dem Selbstverständnis der Radikalen offenbar nichts mit (Haus-)Arbeit zu tun. Entsprechend fand in der Zeitschrift des Bundes für Mutterschutz nicht einmal ansatzweise eine Diskussion über Hausarbeit statt. Säuberlich trennten die Fortschrittlichen Mutterschaft von Hausarbeit, Liebe von häuslichen Dienstleistungen und dies alles von der Politik.

Ihre Schwierigkeit, verschiedene Aktivitäten in einen frauenpolitischen Zusammenhang zu bringen, setzte sich in einer weiteren Zersplitterung und Vereinzelung radikaler Frauenrechtlerinnen in der Weimarer Republik fort. Sie drückte sich auch darin aus, daß die wichtigste Zeitschrift der Radikalen, *Die Frauenbewegung*, mit der Verwirklichung des Frauenstimmrechts ihre Mission erfüllt sah. Sie stellte im Dezember 1919 nach 25 Jahren ihr Erscheinen ein. Der «Verband Fortschrittlicher Frauenvereine» hatte sich schon vor dem Ersten Weltkrieg aufgelöst. Die Mutterschutzbewegung von Helene Stöcker und anderen reihte sich in der Weimarer Republik in eine breite Sexualreformbewegung ein, an der sich radikale Feministinnen zwar beteiligten, die sie aber nicht mehr als Frauenbewegung verstanden.

Anita Augspurg und Lida Gustava Heymann schließlich gaben von 1919 bis 1932 die Zeitschrift *Die Frau im Staat* heraus, die aus Frauen-Friedens-Perspektive die große Politik kommentierte. Eine radikale Frauenbewegung organisierte sich in der Weimarer Republik nicht mehr.

Politisierung der Hausarbeit

So wenig radikal die «Radikalen» in der Behandlung des «Privaten» waren, so wenig konservativ waren die Vertreterinnen der gemäßigten Frauenbewegung etwa deshalb, weil sie sich einer Abschaffung der Hausarbeit – z. B. mittels «Einküchenhäuser» oder «Zentralhaushalte» – widersetzten. Im Unterschied zu ihren radikalen Schwestern rechneten sie nämlich mit einer *neuen* Art von Hausarbeit, die durch die Industrialisierung entstanden war: Es wurden weniger Verbrauchsgüter für den Haushalt produziert, dafür aber mußten in steigendem Maße die Arbeitskraft der Männer und die zukünftigen Arbeitskräfte der Kinder hervorgebracht und re-produziert werden. Hausarbeit wurde also tendenziell «Reproduktionsarbeit» – mit einem stärkeren Gewicht der organisatorischen und psychischen Anteile, die dann allerdings auch neue «materielle» Arbeiten nach sich zogen.

Die «konservative» Frauenbewegung unterstützte die zunehmende Bedeutung der Kindererziehung. Diejenigen Mütter der eigenen Kreise, die nicht über Dienstboten verfügten, wurden darauf hingewiesen, daß sie weniger kochen und putzen, dagegen mehr Zeit auf die seelische Entwicklung ihrer Kinder verwenden sollten. Diese veränderte Gewichtung der Mütterarbeit entsprach in einem unmittelbaren Sinn der angestrebten «Vergeistigung» von Mütterlichkeit. Vor allem kam verschiedenen Wortführerinnen der Gemäßigten bei ihrer skeptischen Beobachtung des industriellen Fortschritts eine neue öffentliche Wertschätzung der Hausarbeit in den Blick. Der Staat versuchte seit dem Ende des 19. Jahrhunderts im Wettstreit mit paternalistisch-wohlmeinenden Industriellen, Frauenarbeit im Arbeiterhaushalt zu fördern, zu vermehren und zu kontrollieren. Mit Sozialgesetzen und anderen sozialen Maßnahmen – als Sozialstaat also – steuerte er der Tendenz des Industriesystems entgegen, Arbeitskräfte allzu schnell zu verbrauchen. Hygienevorschriften, Stillprämien, Haushaltunterricht für arme Frauen und Mädchen sowie auch die staatliche Wohnungsinspektion sollten von oben die private Tätigkeit der Hausfrau und Mutter qualifizieren, um die Reproduktion der männlichen Arbeitskräfte und die Reproduktion der Bevölkerung – durch eine genügende Anzahl gesunder Babies – zu gewährleisten. Mit solchen Maßnahmen und mit dem Ausbau des Fürsorgesystems reagierte der Staat also auf die Durchsetzungsschwierigkeiten der «Hausarbeitisierung» im Gefolge der industriellen Entwicklung: u. a. auf Säuglingssterblichkeit, Geburtenrückgang, Prostitution und Alkoholismus.

Die gemäßigte Frauenbewegung sah in den zunehmenden Staatsinterventionen in die Sphäre der Frauen, den sogenannten Privatbereich, eine Gefahr und zugleich eine Chance. Sie befürchtete, daß die anstehende Verstaatlichung der Hausarbeit hinter dem Rücken der betroffenen Frauen durchgesetzt werden und diese in ihrer eigenen Domäne zu Objekten machen würde, wenn sich die Frauenbewegung nicht in diesen Prozeß einschaltete. Sie setzte deshalb der Verstaatlichung von Hausarbeit immer nachdrücklicher ein Konzept der Politisierung der Hausarbeit entgegen. Dabei handelte es sich um ein umfassendes Bildungsprojekt. Deutlich wurde es erstmals bei der Einrichtung der «Mädchen- und Frauengruppen für sociale Hilfsarbeit» in Berlin (1893). Die von der Frauenbewegung systematisierte und auf Ausbildung begründete soziale Hilfsarbeit – für die armen Schwestern – galt später als Musterbeispiel «organisierter Mütterlichkeit».

Aber auch andere Projekte der gemäßigten Frauenbewegung (Frauenschulen, Soziale Frauenschulen und die Pläne für ein weibliches Dienstjahr als Gegenstück zur männlichen Wehrpflicht) hatten die Aufgabe, Hausarbeit zu politisieren. Zwar sollten sie bestimmte Fertigkeiten zur Bewältigung des familiären – und gesellschaftlichen – Haushaltes vermitteln; dazu gehörten auch pädagogische und psychologische Kenntnisse. Vordringlich aber war eine damit verbundene staatsbürgerliche Schulung, die direkt auf den häuslichen Bereich bezogen war. Ziel war es, zu verhindern, daß Frauen sich die Kontrolle über ihre alltägliche Arbeit aus den Händen nehmen ließen.

Während des Ersten Weltkriegs, als die Versorgung der Bevölkerung immer offensichtlicher von der Fähigkeit der Hausfrauen abhing, aus wenig mehr zu machen, nutzten die Wortführerinnen der gemäßigten Frauenbewegung die Situation, «um den Frauen den politischen Charakter und die politischen Beziehungen ihrer einfachsten alltäglichen Angelegenheiten zu zeigen». Das hieß etwa, vom «Frauenstandpunkt» aus «Steuer- und Zollfragen, die kommende Monopol- und Syndikatsbildung, Versorgungsfragen nach dem Krieg, Sozialpolitik und Bildungsfragen» durchzuarbeiten: «Wer es fertigbringt», schrieb Helene Lange 1916, «neue Frauenmassen für das Mitdurchdenken dieser Fragen zu gewinnen, hat für das weibliche Staatsbürgertum mehr getan als durch das Durchbringen einer Stimmrechtsresolution.» (10)

Nicht zusätzlich zu ihrem häuslichen Alltag sollte sich die Frau in die politische Sphäre einmischen, sondern als Hausfrau und Mutter Staatsbürgerin sein.

Die Strategie einer Politisierung der Hausarbeit stellte nicht etwa die Notwendigkeit staatlicher Maßnahmen in Frage; entscheidend war, ob sie Frauen durchführten. So verband die gemäßigte Frauenbewegung das frühe Konzept der geistigen Mütterlichkeit – Frauen in die Öffentlichkeit – mit dem neuen Kampf um die weibliche Autonomie in einem Zivilisationsprozeß, der nicht verhindert, hingegen im Sinne der betroffenen Frauen gelenkt werden sollte.

Ein Beispiel dafür war die staatliche und kommunale Wohnungsinspektion, die vor dem Ersten Weltkrieg zur Verbesserung der hygienischen und sozialen Zustände, insbesondere in Großstädten, eingeführt wurde. Die gemäßigte Frauenbewegung begrüßte grundsätzlich diese Einrichtung, forderte aber, sie vollständig in die Hände von Frauen zu legen. Vor allem weil Männer nichts von Hausarbeit verstünden, so wurde argumentiert, könne der männliche Wohnungsinspektor eigentlich nur bürokratisch kontrollieren, während die Frau an seiner Stelle aufgrund ihrer Verständigungsmöglichkeit mit der Hausfrau wirklich helfen könne.

Die Vertreterinnen der Frauenbewegung verhielten sich gegenüber den Hausfrauen – und das hieß fast immer: Müttern gegenüber gewissermaßen maternalistisch. Sie machten eine Politik in deren – zukünftigem – Interesse. Dabei bezogen sie ihre Bedürfnisse zwar ein und unterschieden sich dadurch wohltuend von der staatlichen Mütterpolitik – sie nahmen jedoch nicht die unmittelbaren Bedürfnisse der Mütter zum Ausgangspunkt oder gar für das Ganze ihrer Politik. Das hätte ihrer Vision eines weiblichen Staatsbürgertums widersprochen, zu dem sie die Frauen und Mütter heranbilden wollten. Nach dem Verständnis der Gemäßigten aber machten Staatsbürgerinnen keine Interessenpolitik, sondern orientierten sich am Gemeinwohl, welches allerdings vom Frauen- bzw. Mütterstandpunkt aus neu zu definieren war.

Interessenvertretung statt Mütterpolitik

Nach dem Ersten Weltkrieg und der Einführung des aktiven und passiven Frauenwahlrechts wurde das Verhältnis ihrer Politik der erweiterten Mütterlichkeit zur konkreten Mutterschaft für die Gemäßigten selbst zum Problem. Eine Schwierigkeit war, daß die Hausarbeit, anstatt abzusterben, nach dem Krieg sich ausweitete und die Arbeitsanforderungen an die Hausfrauen infolge der Inflation und später der Weltwirtschaftskrise und Massenarbeitslosigkeit noch weiter stiegen. Angesichts dieser Situation erschien vielen Frauen die nunmehr formell bereitgestellte Beteiligungsmöglichkeit als eine Farce. «Und wie ein Schreckgespenst reckt sich die Sorge auf, daß die Hausfrau, die in der rastlosen Sorge um die Ihren im Kleinkram des Haushalts untergeht, wieder ein Ideal wird, weil sie eine Notwendigkeit ist», klagte eine Leserin 1919 in dem Organ der gemäßigten Frauenbewegung, *«Die Frau».*

Auf der anderen Seite versuchten die neuen frauenbewegten Parlamentarierinnen, zum Teil in überparteilicher Zusammenarbeit, auf höchster Ebene «mütterliche Politik» zu realisieren, so mit dem Wochenhilfegesetz, dem Jugendwohlfahrtsgesetz, der Familienfürsorge und anderen sozialpolitischen Reformen, an denen sie maßgeblich beteiligt waren.

Eine Kluft zwischen Müttern und Mütterpolitikerinnen zeigte sich auch in dem Verhältnis der organisierten Hausfrauen zur organisierten Frauenbewegung. Der Reichsverband Deutscher Hausfrauenvereine und der Reichsverband Deutscher Ländlicher Hausfrauenvereine waren Gründungen der Frauenbewegung im Jahre 1915 – ein direktes Ergebnis der im Ersten Weltkrieg erfolgreichen Politisierung der Hausarbeit. Die mitgliederstarken Organisationen (ca. 300 000) traten nach Jahren der Entfremdung 1932 unter Protest aus dem Bund Deutscher Frauenvereine aus. Äußerer Anlaß war ein politischer Konflikt zwischen den Verbandsspitzen. Die Führerinnen der Hausfrauenverbände, unter ihnen Abgeordnete der Deutschnationalen Volkspartei (DNVP), warfen dem BDF wegen seiner Beteiligung an einer großen internationalen Frauen-Abrüstungskampagne eine Verletzung der «politischen Neutralität» vor, obwohl diese Initiative sozusagen Ausdruck mütterlicher Politik war.

Der Austritt aus dem BDF zeigte jedoch, daß es nicht gelungen war, eine innere Verbindung zwischen Hausarbeit und Frauenbewegung – und zwischen Mütteralltag und Mütterpolitik – herzustellen. Damit ist nicht gesagt, daß die Hausfrauenverbände die Alltagsbedürfnisse von Müttern besser vertreten hätten; wenn es ihnen jedoch offenbar gelang, diesen Anschein zu erwecken, so ist dies auch Ausdruck des Phänomens, daß die Mütterpolitik der Frauenbewegung nicht von Müttern getragen war.

In den zwanziger Jahren beklagten sich Vertreterinnen der Frauenbewegung immer häufiger darüber, daß der BDF zu einem Dachverband von Berufsorganisationen degeneriere und seinen inneren weltanschaulich frauenbewegten Zusammenhalt verliere. Tragischerweise waren es gerade die Hausfrauenverbände im BDF, die sich als Berufsvertretungen besonders eng an wirtschaftlichen Interessen orientierten. Anders als eigentlich zu erwarten, traten die als Hausfrauen und Mütter organisierten Frauen nicht einer Versachlichung und «apparathaften» Entwicklung der Frauenbewegung entgegen.

Es war die weibliche Jugend, die auf eine Vermenschlichung der Organisationen drang, und die damit den von den Älteren übernommenen Auftrag, Mütterlichkeit zu erweitern, ernster nahm, als es mancher gestandenen Frauenpolitikerin lieb gewesen sein mag. In diesem Auftrag handelten auch diejenigen Frauen, die in der Weimarer Republik berufstätig geworden waren und nunmehr darum rangen, ihren Berufen eine, wie sie es nannten, «weibliche Prägung» zu geben. Innerhalb der Frauenbewegung entstanden Jugendgruppen (sogenannte «Neue Kreise»), um sich mit der Schwierigkeit auseinanderzusetzen, dem männlichen Berufsalltag etwas anderes entgegenzusetzen – in ehemals männlichen Domänen ebenso wie dort, wo Männer massenhaft in Frauenberufe eindrangen, wie zum Beispiel in der Sozialarbeit.

Gegen Ende der Weimarer Republik häuften sich die Anzeichen der Resignation gegenüber den Chancen einer Erweiterung der Mütterlichkeit in die Politik hinein. Viele Vertreterinnen der Frauenbewegung gestanden sich ein, daß es ihnen nicht gelungen war, in den Parlamenten eine «Veränderung der Art des politischen Kampfes» (so G. Bäumer) um den Menschen, das Leben und das Gemeinwohl durchzusetzen, anstatt Interessen gegeneinander auszuspielen. Sie sahen auch, daß ihr Einfluß seit 1919 abnahm: Die bürgerlichen Parteien stellten immer weniger weibliche Kandidaten auf.

Ähnlich ernüchternd waren die Erfahrungen frauenbewegter Frauen mit dem Erwerbsleben. Auf der Konferenz «Frau – Familie – Wirtschaftsordnung» des Bundes Deutscher Frauenvereine im Jahr 1931 zog Marie Baum das Fazit, daß der «Vorgang der seelischen Verarmung des Berufslebens von der Frau nicht aufgehalten» werden könne, wenn sie dies innerhalb des Berufes versuche: «Sie ist hier selbst in hohem Maße Opfer geworden und hat neue Formen nach ihrem inneren Gesetz nicht schaffen können. Die automatische Wucht der Entwicklung hat sie mit bezwungen... Das politische und soziale Leben, von Wirtschaft und Erwerb her angesehen und beherrscht, wird ebenso hart, ebenso unmenschlich und unlebendig, ebenso rechenhaft und seelischer Beziehung bar sein», wenn eine politische Erneuerung nicht von anderem Ort ausginge.

In dieser Situation rückte Marie Baum die Arbeitsstätte der Mütter in das Zentrum der Frauenemanzipation. Dr. Marie Baum, erste deutsche Chemikerin und eine der ersten Fabrikinspektorinnen, Mitbegründerin und Leiterin des Hamburger Sozialpädagogischen Instituts, Reichstagsabgeordnete und Inhaberin verschiedener Staatsämter, unverheiratet und kinderlos, war zu der Überzeugung gekommen, daß einzig die Familie die Stätte sei, «von der aus der seelischen Verarmung entgegengewirkt werden kann – ... auch in den weiteren Umkreis des gesellschaftlichen und staatsbürgerlichen Lebens hinein». Sie sprach die Hoffnung aus, «daß von hier aus der unwiderstehliche Lebensquell der Erneuerung in die Gesellschaft einströmen könnte. Nicht ein ‹Zurück ins Haus› einer Frau, hinter der die Tore des allgemeinen Volkslebens wieder zufallen, sondern ein neuer Impuls vom Hause her aus einer neuen Erschlossenheit für die Gefahr seelischer Veródung, der nur von hier aus wirksam zu begegnen ist – so wirksam, daß es nicht ausgeschlossen erscheint, von hier aus die menschenfeindliche Härte der kapitalistischen Welt aus den Angeln zu heben.» (11)

Diese Position setzte sich allerdings auf der Konferenz nicht durch. Es war vor allem Gertrud Bäumer, die an dem Zusammenhang zwischen Familie und außerhäuslichen Bereichen festhielt und die nicht zulassen wollte, daß Mutterschaft gegen erweiterte Mütterlichkeit ausgespielt wird: «Auch das ist ein Verzicht, der ins Herz der Mütterlichkeit selbst trifft, wenn etwa die Ausbildung eines Kindes nicht fortgesetzt werden kann, weil man die Mutter als ‹Doppelverdiener› vom Arbeitsplatz verjagt.» (11)

In ihren Einwänden gegen die Freundin und Kollegin Marie Baum verwies Gertrud Bäumer auf eine ihrer Meinung nach anstehende Verminderung der allgemeinen Arbeitszeit auf 6-Stunden-Rationen für alle und fügte hinzu, daß damit «auch dem Mann ein größeres Stück Häuslichkeit und Familienleben zurückgegeben werden» würde. Gertrud Bäumers vorsichtiges Resümee zum Verhältnis von mütterlicher Politik und Mutterschaft dürfte von der Mehrheit der organisierten Feministinnen geteilt worden sein: «Sowenig man heute, nach ein paar Jahrzehnten der doch immer noch quantitativ und qualitativ wenig entwickelten Mitwirkung der Frau im Berufsleben, schon urteilen könnte, daß ihr von hier aus eine Vermenschlichung ein für allemal unmöglich sein wird – mir scheint das eine vorzeitige Resignation –, sowenig kann man nach den bisherigen Erfahrungen annehmen, daß die Hebel, die vom Familienleben her von der Frau angesetzt werden könnten, stark genug sein werden für solche Welt-Erneuerung.» (11)

Rassenpolitik gegen Mütterlichkeit

Die kompromißlose Aufwertung der Familie durch Marie Baum auf der Frauenkonferenz von 1931 trug die Handschrift der Frauenbewegung, der sie angehörte. Nicht um konkrete Mütter ging es, sondern um eine gesellschaftliche Erneuerung, die von den Müttern ausgehen sollte. Dabei darf jedoch nicht vergessen werden, daß die gemäßigte Frauenbewegung sich in den zwanziger Jahren zunehmend in ihrer praktischen Politik um Mütter kümmerte. Marie Baum steht dafür. Als Schöpferin der Familienfürsorge, die zugleich eine Entbürokratisierung und Vermenschlichung des gesamten Fürsorgesystems bedeutete, hat sie «geistige Mütterlichkeit» wohl am wenigsten von konkreter Mutterschaft getrennt.

In der Weimarer Republik ist es jedoch nicht gelungen, die Mütter selbst zu Trägerinnen einer Mütterpolitik der Frauenbewegung zu machen. Dieses fiel um so schwerer ins Gewicht, als sich das Gefälle von den meist kinderlosen Repräsentantinnen der Frauenbewegung zu ihren Adressatinnen noch dadurch vergrößerte, daß viele der ersteren nunmehr als Parlamentarierinnen und in staatlichen Ämtern arbeiteten. Gleichzeitig ist das Problem durch verschiedene Faktoren verschleiert worden: Nie zuvor und vielleicht auch nicht danach wurde so viel öffentlich über die Bedeutung von Hausarbeit und Mutterschaft geredet wie in der Weimarer Republik. Dennoch mußten die Mütterpolitikerinnen um die kleinsten Zugeständnisse gegen die Männerpolitik erbittert kämpfen. Dies wiederum ließ ein Bewußtsein darüber, daß es sich womöglich um eine Stellvertreterpolitik handelte, nicht öffentlich werden.

Ein weiterer Grund war schließlich, daß sich die Frauenbewegung über die ausbleibende Politisierung der Mütter so lange hinwegtäuschen konnte, wie die Hausfrauen organisatorisch dem Bund Deutscher Frauenvereine angehörten. Dafür spricht auch, daß sofort nach dem Austritt der beiden Hausfrauenverbände aus dem BDF (1932) geradezu fieberhafte Anstrengungen einsetzten, um Mütter im Rahmen des BDF zu organisieren. Die Aufgabe wurde als so vordringlich angesehen, daß die älteste und «politischste» Frauenorganisation im BDF, der Allgemeine Deutsche Frauenverein (inzwischen zum Deutschen Staatsbürgerinnenverband umbenannt) in dieser Angelegenheit mit dem BDF konkurrierte. Dieser kritisierte die Mütterinitiative der Staatsbürgerinnen ausdrücklich als «Doppelarbeit». Die Staatsbürgerinnen wiederum begründeten bezeichnenderweise ihr Vorhaben mit ihren Schwierigkeiten bei der staatsbürgerlichen Aufklärungsarbeit unter den Frauen: diese sei «in Verbindung mit der Pflege hausmütterlicher Interessen leichter zugänglich» zu machen. (12)

Daß es also wieder nicht ein unmittelbares Interesse an den Problemen der Mütter war, welches sich ihnen hier zuwandte, ist in diesem Fall wohl auch der politischen Defensive zuzuschreiben, in der sich im Herbst 1932 die organisierte Frauenbewegung dem Nationalsozialismus gegenüber befand.

Wie immer man die Mütterlichkeitspolitik der deutschen (gemäßigten) Frauenbewegung beurteilen mag – ob als Funktionalisierung der Mütter für politische Ziele oder aber als grandiosen Versuch der Verbindung von Frauenalltag und umfassender Frauenpolitik – für eines taugte sie herzlich wenig: als Vorbild des nationalsozialistischen «Mutterkults». (13)

Die vielbeschworenen Mutterkreuze und sonstigen Gebärprämien zwischen 1933 und 1945 waren ausschließlich rassen- und bevölkerungspolitisch motiviert. Es handelte sich um eine Politik der «Aufartung», die weder Kinder noch Mütter um jeden Preis, sondern ausschließlich «erbgesunden», rassisch einwandfreien Nachwuchs wünschte. Traditionelle Werte wie «Mütterlichkeit» waren dem Nationalsozialismus nicht nur fremd; sie wurde sogar als eine «ins Ungesunde ausartende Nächstenliebe» und als «Humanitätsduselei» bekämpft. Denn gerade nicht der ungeteilte Schutz des Lebendigen war Programm. Im Gegenteil: die Ausmerzung der – nach dem Sprachgebrauch des Nationalsozialismus – «Minderwertigen».

Entgegen einem weit verbreiteten Vorurteil zeigte sich die spezifische Frauenfeindlichkeit des Nationalsozialismus durchaus nicht in einer Heim- und Herd-Ideologie und auch nicht in den Gebärprämien, die an eine Minderheit wirklich erwünschter Mütter verteilt wurden. Brutal gegen Frauen erwies sich der Nationalsozialismus vielmehr in seiner Politik der zwanghaften und gewaltsamen Verhinderung der Mutterschaft. Wer dem Bild der erbgesunden, normalen, arischen Frau nicht entsprach, sollte nicht Mutter sein dürfen. Davon waren prinzipiell alle Frauen betroffen. Denn außer Zigeunerinnen, Jüdinnen und Polinnen bestand die Gefahr der Zwangssterilisation und Zwangsabtreibung für alle Frauen mit nicht eindeutig bestimmbaren und geradezu willkürlich anwendbaren Merkmalen: «Schwachsinnige», «Geisteskranke», «Epileptiker», «Asoziale», «Kriminelle», «körperliche Schwächlinge» sowie Ehefrauen von Männern mit solchen «Defekten».

Mutterschaft und Frauenemanzipation vor 1933 und heute

Ein Vergleich verschiedener Epochen ist immer problematisch, weil dabei die unterschiedlichen Zeitumstände kaum angemessen berücksichtigt werden können. So wird schließlich Unvergleichbares gegenübergestellt und vielleicht bewertet, was häufig zu Lasten des Vergangenen geht. Wenn ich dennoch die Mütterpolitik der Frauenbewegung damals und heute vergleichen möchte, so verspreche ich mir davon vor allem Anregungen zur Erkenntnis gegenwärtiger Gefahren und Chancen.

1.

Die Neue Frauenbewegung entstand ab 1970 aus einem der alten Bewegung entgegengesetzten Grund. Mit dem Kampf gegen den Paragraphen 218 entzündete sie sich an der Gebärfähigkeit der Frau, auf die sie sich *negativ* bezog: Sie galt ihr als Ursprung der geschlechtsspezifischen Arbeitsteilung, und diese war für sie der Inbegriff der Frauendiskriminierung. Demgegenüber trat der Allgemeine Deutsche Frauenverein bei seiner Gründung 1865 mit der Forderung an die Öffentlichkeit, den Frauen «die Arena der Arbeit» freizugeben. Auf das zentrale Thema der Neuen Frauenbewegung, den § 218, kam die alte Frauenbewegung erst nach der Jahrhundertwende im Zusammenhang mit ihren Rechtskämpfen gegen das Bürgerliche Gesetzbuch. Die geschlechtsspezifische Arbeitsteilung stand dabei nicht zur Disposition – auch nicht bei den «Radikalen». Heute dagegen kreisen alle Auseinandersetzungen um die «Gretchenfrage», ob frau sich gefälligst negativ oder etwa positiv auf die «Frauenrolle», und das heißt vor allem Mutterschaft, bezieht.

Aus diesem Entstehungszusammenhang folgt der Hauptunterschied der aktuellen Mütterpolitik gegenüber der Frauenbewegung um 1900. Damals handelte es sich um ein Emanzipationskonzept für alle Frauen. Wie wenig es immer eine Politik von Müttern gewesen sein mag; das Dach der «geistigen Mütterlichkeit» vereinte auch sie – zumindest ideell – mit den Nicht-Müttern. Denn es ging nicht von einem bestimmten Lebensentwurf als allein emanzipatorischem aus.

Das Müttermanifest von 1987 ist jedoch ein Gegenkonzept zu einer bestehenden, mit alleinigem Geltungsanspruch vertretenen Emanzipationstheorie, die insbesondere die Emanzipation von der «Mutterrolle» vorschreibt. Andere Lebensmodelle zu kreieren als das der berufstätigen, möglichst kinderlosen Frau, ist heute mit der Gefahr verbunden, die Frauenbewegung zu spalten. Diese Situation könnte aber auch eine Chance sein, bestimmte Schwächen des historischen Modells der «geistigen Mütterlichkeit» zu vermeiden, etwa daß sich ein falsches Band um alle Frauen schlingt. Wenn eingestanden wird, daß es nicht nur unterschiedliche, sondern sogar gegensätzliche Interessen von Frauen gibt, sind möglicherweise auch Mütter eher für ihre Interessen zu mobilisieren.

2.
Mit den radikalen Frauenrechtlerinnen um die Jahrhundertwende verbindet die modernen Mütterfeministinnen, daß meistens konkrete Mütter gemeint sind, wenn von Mütterlichkeit die Rede ist. Auch der radikale Wunsch nach politischer Macht für «die Hand, die die Wiege bewegt» (M. Stritt 1912), findet sich, wenn auch verschlüsselt, im Müttermanifest von 1987 wieder. Allerdings widerspricht die Beliebigkeit, mit der die Mütterfrage von den damaligen Radikalen aufgegriffen und für Gleichberechtigungsforderungen instrumentalisiert wurde, den frauenpolitischen Grundsätzen der Mütterfeministinnen heute.

Ihre Fixierung auf das Frauenstimmrecht hatte die Radikalfeministinnen von 1900 in bestimmter Weise begrenzt. Sie ließen als Politik nur das gelten, was sich im Hohen Haus, dem Parlament, abspielte, und ihr politisches Streben war einzig darauf gerichtet, die Teilnahme an der Hohen Politik auch den Frauen zu ermöglichen. Die Frauenpolitik der gemäßigten Frauenbewegung spielte sich dagegen eher in den Niederungen der sozialen Hilfsarbeit bzw. ihrer selbst geschaffenen Bildungseinrichtungen ab. Sie war weniger Kampf als Leistung.

Der Mütterfeminismus von heute verfügt über gute Voraussetzungen, die Reichweite von Frauenpolitik zu vergrößern: einen radikalen Machtanspruch, der positiv vom Frauenalltag ausgeht und der Sorge um formale Gleichstellung weitgehend enthoben ist. Dabei käme es weniger darauf an, das feministische Motto der 70er Jahre – «das Private ist politisch» – einzulösen, als darauf, eine Frauenpolitik zu entwickeln, die zugleich Kampf und Gestaltung wäre.

3.

Ihre Abgrenzung gegen Gleichheitspolitik und gegen ungebrochenen Fortschrittsoptimismus führt die aktuelle Mütterpolitik in die Tradition der gemäßigten Frauenbewegung zurück. Die kritische Haltung der «konservativen» Frauen von gestern scheint durch die atomare und ökologische Bedrohung auch nachträglich gerechtfertigt.

Solange der Kampf um bessere Arbeits- und Lebensbedingungen unterprivilegierter Gruppen die Opposition in der Bundesrepublik beherrschte, wurden Mütterarbeit und Mütteralltag nicht als politisch wahrgenommen. In dem Maße aber, in dem das Überleben aller Menschen bedroht ist, erhält die lebensbezogene Arbeit von Müttern einen politischen Stellenwert. Nach der Katastrophe von Tschernobyl sind die Mütter selbst politisch aktiv geworden. Dabei nehmen sie eine grundsätzliche Voraussetzung der alten Frauenbewegung wieder auf; auch damals hatte man Männern eine Politik für das Leben aus grundsätzlichen Erwägungen nicht zugetraut.

Doch zeichnet sich hier die Gefahr einer Spaltung zwischen zwei verschiedenen Mütterfraktionen ab. Die einen formulieren die «weibliche Wut... gegen den männlichen Übergriff auf das Leben (14), der kein Preis zu hoch und keine Arbeit zu mühsam ist, um das Leben gegen diese Übergriffe zu schützen», während die anderen vor allem ein Bedürfnis nach Entlastung von Arbeit und Pflicht artikulieren.

4.

Als die Idee der «erweiterten Mütterlichkeit» von der alten Frauenbewegung ausgearbeitet wurde, war die moderne Kleinfamilie, in der Hausarbeit ausschließlich von Frauen unbezahlt und «privat» geleistet wurde, noch nicht vollständig durchgesetzt. Der Versuch der gemäßigten Frauenbewegung, diesen Prozeß im Interesse der Frauen zu beeinflussen, stellte vorsichtig die Notwendigkeit in Frage, daß der Bereich von Familie, Mutterschaft und Hausarbeit den ökonomischen und staatlichen Erfordernissen vollständig anzupassen sei.

Das Müttermanifest und die Tschernobyl-Mütterbewegung sind Proteste gegen eine solche Unterordnung des von Frauen dominierten «Privatbereiches» unter die Prinzipien der kapitalistischen Tauschgesellschaft. Dies ist in der Neuen Frauenbewegung ein absolutes Novum. Selbst die «Lohn für Hausarbeit»-Kampagne der 70er Jahre, die in verschiedener Hinsicht als Vorläuferin der aktuellen Mütterbewegung gelten kann, ging von der entgegengesetzten These aus. Wer Lohn für Hausarbeit wollte, war sich mit ihren Kontrahentinnen einig, daß der «Reproduktionsbereich» eine eindeutige Funktion für die industrielle Produktion besitze. Nur einige Ewig-Gestrige warfen die Unbezahlbarkeit der Liebe in die Debatte.

Zur gleichen Zeit machten sich andere Leute Sorgen um die ihrer Meinung nach unzureichende Anpassung des «Reproduktionsbereiches». Der 2. Familienbericht der SPD-Regierung (1975) sprach von den «Leistungsgrenzen» der Familie und befand ganz fortschrittlich, daß daran auch die Väter schuld seien. Die Verfasser hatten in dieses staatliche Dokument bereits feministisches Gedankengut eingearbeitet.

Die Mütterzentrum-Bewegung, die im Müttermanifest von 1987 gipfelte, ist nun u. a. ein Ergebnis der Versuche von Frauen, die «Leistungsgrenzen der Familie» auf ihre Weise zu überwinden und dabei – ähnlich wie die gemäßigte Frauenbewegung um 1900 – die Richtung der geforderten Anpassung zu verändern. Die Initiative dazu ging von feministischen Wissenschaftlerinnen im Deutschen Jugendinstitut aus, die den Auftrag hatten, die primären «Sozialisationsinstanzen» ordentlich zum fortschrittlichen Funktionieren zu bringen. Der Auftrag, entsprechende Konzepte für Elternbildungsmaßnahmen zu entwickeln, wurde in einen Mütteransatz umgewandelt, der von «den Bedingungen des Mutterseins in dieser Gesellschaft» ausging. (15)

Zweifellos wurde damit die sozialdemokratische Anpassungsforderung nicht eindeutig erfüllt, die da lautete: Eltern beiderlei Geschlechts für die gesellschaftlichen Aufgaben der Familie – vor allem ihre «Sozialisationsaufgaben» – zu qualifizieren und sie dabei mit familienergänzenden Institutionen zu flankieren, wie es der 2. Familienbericht gefordert hatte. Der Mütteransatz durchbrach den an Leistung und Erfolg orientierten Erziehungsoptimismus der 70er Jahre oder lockerte ihn doch feministisch auf. Nicht irgendwelche «richtigen» Erziehungsmaßnahmen könnten das gut entwickelte Kind als Resultat erbringen. Statt dessen käme es auf das «emotionale Klima» an, welches wiederum unbedingt die Zufriedenheit der Mutter voraussetze.

Als Fazit aus diesen Überlegungen können wir festhalten: Es ist kein Romantizismus, die Außenlenkung des Frauenalltags und der Mutter-Kind-Beziehung (durch den Kapitalismus) in Frage zu stellen. Eine selbstbewußte Frauenpolitik, die nicht nur anklagen, sondern wenigstens Spielräume ausschöpfen will, kann gar nicht von einer restlosen Funktionsbestimmung ausgehen.

5.

Bei der Argumentation der Gemäßigten gegen den radikalen «Bund für Mutterschutz» kam heraus, daß sie sich in ihrem Emanzipationsanspruch bedroht fanden. Die Vorkämpferinnen der «geistigen Mütterlichkeit» (als Legitimation für die berufliche und öffentliche Aktivität alleinstehender Frauen) mußten einer Bewegung mißtrauisch gegenüberstehen, die dazu neigte, Mütterlichkeit ganz radikal an physische Mutterschaft zu binden. Wenn heute am Müttermanifest kritisiert wird, es gehe gar nicht um Mütter oder Nicht-Mütter, sondern um verschiedene Emanzipationskonzepte, so wird gerade dies als Provokation empfunden, daß ausschließlich «biologische» Mütter ein eigenes Emanzipationskonzept beanspruchen.

Vor dem Hintergrund des Auseinanderfallens von Mütterlichkeit und Mutterschaft in der Frauenbewegung vor 1933 erscheint es nun gerade als sinnvoll, daß Mütter als Mütter eine eigene Politik formulieren. Allerdings ist damit die Gefahr einer Stellvertreterinnenpolitik nicht gebannt. Schon jetzt gibt es zwei verschiedene Richtungen unter den Vertreterinnen des Müttermanifests: Den einen geht es um den konkreten Forderungskatalog, um die Verbesserung ihrer Situation als Mütter, den anderen mehr um eine grundsätzliche Neudefinition von Frauenpolitik, in welche die Einzelforderungen eingebunden sind. Naheliegend ist, daß die letzteren für «die Mütter» in der Öffentlichkeit sprechen.

Ein weiteres Problem, das aus der Bindung einer alternativen Frauenpolitik an biologische Mütter erwächst, ist die frauenpolitische Heimatlosigkeit derjenigen Feministinnen, die – ohne Mütter zu sein – den Gleichberechtigungsfeminismus ablehnen. Deren Einbindung in eine andere Frauenpolitik wäre auch deshalb wünschenswert, um die Merkmale des neuen Emanzipationskonzepts nicht ausschließlich an Attributen der Mutterschaft festzumachen.

Schlußbemerkung

Als 1931 Marie Baum die Familie ins Zentrum der Aufmerksamkeit rückte, wollte sie die Frauenbewegung damit auch an ihr grundsätzliches Anliegen erinnern. Der Wunsch, durch Entfaltung des weiblichen Kultureinflusses eine Vermenschlichung der Gesellschaft zu bewirken, war im Zuge der Versachlichung und Interessensorientierung der Frauenbewegung in den Hintergrund gedrängt worden.

Auch das Müttermanifest von 1987 erinnert die Feministinnen schmerzlich an einen fast vergessenen, ursprünglich zentralen Anspruch der Frauenbewegung zu Beginn der 70er Jahre. Das Engagement, Zusammenhänge zwischen Frauen herzustellen, Öffentlichkeiten für Frauen zu schaffen, eine «Frauenkultur» um ihrer selbst willen als eine andere Politik zu erkennen – dieses Engagement ist seit Anfang der 80er Jahre fast verschwunden oder ins politische Abseits gedrängt worden (so als «Magie-Fraktion»). Das Aussterben der Frauenzentren und das antwortlose Verstummen der Fragen nach feministischer Wissenschaft an den Hochschulen sind weitere Indizien.

Diese Entwicklung wurde durch den Regierungswechsel von 1982 ausgelöst. Seit der konservativen Wende zählt für eine öffentlichkeitswirksame feministische Moral die direkte Opposition gegen «konservative» Frauenpolitik mehr als die Entfaltung einer eigenen Kultur. Und diese gerät ihrerseits unter Konservativismusverdacht.

Die Mütterbewegung macht sich jetzt zum politischen Subjekt der auch in der restlichen Frauenbewegung noch lebendigen Bedürfnisse. Sie erhebt Anspruch darauf, mit der Utopie einer feministischen politischen Kultur nicht warten zu wollen, bis der «Griff zur Männlichkeit» (Alice Schwarzer 1982) das Patriarchat zu Fall gebracht hat – zum Beispiel in der Form der 50prozentigen Quotierung von Haus- und Betreuungsarbeit –, sondern utopische Versatzstücke schon heute, mitten im Patriarchat, zu leben.

Hier wiederholt sich ein Konflikt, der in der Entstehungsphase der Neuen Frauenbewegung zwischen sozialistischen Feministinnen und autonom-radikalen Feministinnen ausgetragen wurde. Damals waren es die Sozialistinnen, die auf der Durchsetzung von Gleichberechtigung bestanden, *bevor* eine Emanzipation ins Auge zu fassen sei. Ganz ähnlich argumentieren heute radikal-feministische Gegnerinnen des Müttermanifests, wenn sie die Eigenschaften von Frauen und

Männern als gleichermaßen repressiv kennzeichnen und darauf bestehen, daß die wahrhaft menschlichen Eigenschaften erst noch gefunden werden müßten. Damit wenden sie sich gegen eine allzu positive Einschätzung der bestehenden Mütterlichkeiten, und in der Tat hat das Müttermanifest im Gegensatz zu allen bisherigen Feminismen auf jegliche Mütterschelte verzichtet.

Doch wenn Radikalfeministinnen demgegenüber wieder die Angleichung an die günstigen männlichen Bedingungen als Voraussetzung für die Suche nach menschlichen Eigenschaften, nach Emanzipation, fordern wie vorher die Sozialistinnen, so geraten sie in ein Dilemma. Weil es nämlich gar nicht einfach ist, zwischen den gesellschaftlichen Bedingungen männlicher Entfaltung und der gesellschaftlichen Erscheinung des Mannes säuberlich zu unterscheiden, stellt sich ungewollt so etwas wie eine feministische Bewunderung der Männlichkeit ein (nach der ja auch «gegriffen» werden soll). Nicht zufällig brüsten sich häufig Feministinnen damit, als Mädchen statt mit Puppen gespielt sich mit Jungen geprügelt zu haben. Und nicht zufällig ähnelt das feministische Leitbild des androgynen (zweigeschlechtlichen) Menschen vielmehr dem Erscheinungsbild des Mannes als dem der Frau.

Das bezeichnete Dilemma ist jedoch nur ein Signal dafür, daß kein noch so radikaler Entwurf, keine Utopie, sich aus der Geschichte herausstehlen kann. Im Gegenteil, jeder allzu krampfhafte Versuch, das Gewünschte von allen Traditionen zu reinigen, wird um so eher fehlschlagen, als er sich weigert, Kontinuitäten zu erkennen und sie schöpferisch zu verändern. Unter dieser Voraussetzung könnte es nun durchaus sein, daß wir uns bei dem Entwurf einer feministischen Utopie entscheiden müssen: Wollen wir die gegenwärtigen Lebenssituationen, Bedürfnisse und Eigenschaften von Frauen oder die von Männern zum Ausgangspunkt wählen, um die Gesellschaft zu verändern?

Mir scheint, daß die Mütterbewegungen (Müttermanifest und Tschernobyl-Mütter) sich dafür entschieden haben, Frauen zum Ausgangspunkt ihrer Politik zu machen, ohne danach zu fragen, ob diese Frauen so «feministisch» sind, daß ihre Bedürfnisse dazu dienen, die geschlechtsspezifische Arbeitsteilung aufzuheben. Die Aufdeckung einer Kluft zwischen feministischen Grundsätzen und konkreten Lebensbedürfnissen von Frauen durch die Mütterbewegungen ist eine politische Herausforderung, welche die Frauenbewegung annehmen muß, wenn sie glaubwürdig bleiben will.

Literatur

1) Helene Lange, Das Endziel der Frauenbewegung, in: Dies., Kampfzeiten, Bd. II, Berlin 1928

2) Agnes v. Zahn-Harnack, Die Frauenbewegung. Geschichte, Probleme, Ziele, Berlin 1928, S. 76–78

3) Helene Lange, Die ethische Bedeutung der Frauenbewegung, siehe Literaturang. (1), Bd. I, S. 19

4) Marianne Weber, Beruf und Ehe, in: Dies., Frauenfragen und Frauengedanken, Gesammelte Aufsätze, Tübingen 1919, S. 25/26

5) Marianne Weber, Die Frau und die objektive Kultur, siehe Literaturang. (4), S. 121/122

6) Gertrud Bäumer, Was bedeutet in der deutschen Frauenbewegung «jüngere» und «ältere» Richtung? in: Die Frau, März 1905, S. 324

7) Zitiert nach Ilka Riemann, Soziale Arbeit als Hausarbeit, Frankfurt/M. 1985, S. 83

8) Marie Stritt, Die Mutter als Staatsbürgerin, in: Adele Schreiber (Hrsg.), Mutterschaft, München 1912, S. 694

9) Käthe Schirmacher, Die Frauenarbeit im Hause, ihre ökonomische, rechtliche und soziale Wertung, in: Gisela Brinker-Gabler (Hrsg.), Frauenarbeit und Beruf, Frankfurt 1979, S. 256

10) Helene Lange, «Neuorientierung» in der Frauenbewegung, in: Die Frau, 1916

11) Konferenzbericht von Gertrud Bäumer, in: Die Frau, Juni 1931, S. 518–521

12) Korrespondenzen des BDF-Vorstands 1932, in: Helene-Lange-Archiv, Berlin

13) Die Argumentation der folgenden beiden Absätze stützt sich auf die Untersuchung von Gisela Bock, Zwangssterilisation im Nationalsozialismus, Opladen 1986

14) Claudia v. Werlhof, Wir werden das Leben unserer Kinder nicht dem Fortschritt opfern, in: Marina Gambaroff u. a. (Hrsg.), Tschernobyl hat unser Leben verändert, Vom Ausstieg der Frauen, Reinbek bei Hamburg 1986

15) Gisela Erler, Monika Jaeckel, Greta Tüllmann, Der Mütteransatz in der Elternarbeit, München (DJI) 1976

ANNEGRET STOPZCYK

Von der «autonomen emanzipierten» zur «mütterbewegten» Frau

Eine Geschichte vor und nach Tschernobyl

Für Christel Neusüß, meine «zweite Mutter»

Vieles änderte sich bei mir seit Tschernobyl.

Vor Tschernobyl habe ich das Wort «Mutter» nicht verwendet, höchstens «Frau mit Kind».

Mutter – das erinnerte mich an die «primitive Biologie», an unsere Stofflichkeit, die, wie auch die Philosophin Simone de Beauvoir (1) befand, uns den Männern so unterlegen mache; wegen unserer dicken Bäuche eben, die dem Entwurf in die höheren «geistigen Welten» im Wege standen. Das ganze Thema um «Weiblichkeit» oder gar «Mutterschaft» war «unter meinem Niveau».

Niveauvoll wollte ich es schließlich auch mit dem «Geistigen» zu tun haben und entlarvte jedes «biologistische Argument». Ich hielt es mit dem «androgynen Geist», der in Frau und Mann gleichermaßen vorhanden sei. «Menschsein» war mir alles und genug, und einen Unterschied zwischen Mann und Frau sah ich als nicht erwiesen an. Jedes Gerede davon enttarnte ich als «Ideologie», ähnlich wie Carol Hagemann-White in ihrem Buch «Männlich-Weiblich». (2)

Das neuerliche Gerede von «Mutterschaft» habe ich zwar nicht sogleich mit «Faschismus» gleichgesetzt, aber doch zumindest mit Verrat an uns als «autonomen» befreiten Frauen. Daß Geschlechtlichkeit überhaupt als Kriterium für irgend etwas gelten könnte, fand ich im höchsten Grade schwachsinnig, und hauptsächlich aus diesem Grunde kritisierte ich die phallusfixierte Philosophie der Männer. Ich fühlte mich frei von allen biologischen Gegebenheiten, die mich abhängig gemacht hätten, und trat in diesem Irrwitz der Welt und den Männern forsch entgegen.

Ich gehörte mir selber, und außer mir gab es nur Abmachungen, Verträge, Sozialisation und Natur. Ich war das stolze «autonome Individuum», ungebunden, selbstbestimmt und allzeit dazu bereit, frei nach abendländisch geprägtem Vernunftbegriff, Begründungen für mein Handeln anzugeben. Im Gleichschritt marschierte ich in der jahrhundertelang sich verändernden Kolonne der Befreiungsbewegungen gegen jede Art von Herrschaft. Ich war jenes «autonome Individuum», das für Platon über Kant bis Sartre nichts anderes zum Ziel gehabt hat als Selbstbefreiung und Selbstbestimmung. Damit verwirklichte ich, ohne es zu bemerken, maskuline Ideale, die historisch aus der Zerstörung der Sippengesellschaft mütterlicher Dominanz vor etwa 4000 Jahren entstanden waren, und zwar mit all der Leibfeindlichkeit, die dazu notwendig ist, um vergessen zu machen, daß wir muttergeborene Lebewesen sind. Der Emanzipationsbegriff der Väter als Freiheit von Geburt und Tod bestimmte mein halbes bisheriges Leben.

Ich gab mich frei von allen Bindungen, nichts erinnerte mich an Mutter, an Vater; ich wähnte mich durch meine vielen Kämpfe als «eigene Schöpfung» und befand mich mit meinem Lebensgang heraus aus allen familiären Bezügen im Strom einer langen Geschichte. «Familie» war sowieso nur bürgerlich, und das Wort «Mutter» hörte sich wirklich archaisch an, so als ob es darum ginge, ohne die ganzen Errungenschaften von Wissenschaft und Fortschritt leben zu wollen. Außerdem war seit dem Buch von Elisabeth Badinter sowieso klar, daß es kein «Zurück in die Steinzeit» mehr geben könne, hatte sie doch klar nachgewiesen, daß «Mutterliebe» nur ein historisch gesellschaftliches Produkt war (3) und mit meiner Art, als freier Mensch zu sein, nichts zu tun hatte. Philosophinnen, die das Muttersein irgendwie konzeptionell aufwerteten, wie Cornelia Klinger (4), akzeptierte ich nur aus der Distanz.

Mit Kindern war ich gern zusammen, und ich war fest davon überzeugt, daß ich ein «fremdes Kind» *genauso* lieben könnte wie ein selbstgeborenes. Ich fühlte mich so frei, nach eigener selbstbestimmter Entscheidung symbiotisch zu sein wie und wann immer ich wollte. Ich war sogar so frei, die Entwicklung der Reproduktionstechnologien abwartend zu unterstützen, ähnlich wie Shulamith Firestone (5), und belustigte mich bei der Vorstellung, auch der Mann würde eines Tages statt des Bierbauches mit einem kindgefüllten dicken Bauch herumlaufen. (6)

«Muttersein» faßte ich als pure Reduktion auf Gebärmutterfunktion auf und sah «das Weibliche» nur als ein Instrument in den Händen der Männer an. Auch die Warnungen von Anne-Luise Bergmann, die an der männlichen «Gebärpolitik» der Jahrhundertwende die Kriminalität von Ärzten und Psychiatern aufgezeigt hatte (7), hielt mich nicht davon ab, mich selbst als pures androgynes Wesen zu begreifen.

Ich ging in meiner Hybris so weit, jede Frau zu bemitleiden, die sich mit ihrem jammernden Kind abmühte und hilflos nach Beistand von außen japste. Sie war die Schwache, ich die Starke; und großzügig, wie ich war, nahm ich ihr das Kind ab und demonstrierte, wie gut ich mit Kindern umgehen konnte, weil ich so frei war, auf ihre Wünsche einzugehen für ein paar Stunden des Jahres. Die «Überidentifikation der Mütter mit ihren Kindern» sah ich kopfschüttelnd als Problem an. Es war ja auch kaum möglich, mit einer Frau, die Kinder an sich herumbammeln hatte, ein vernünftiges Wort zu reden.

Ja, ich hatte Mitleid mit ihnen und war dadurch gnadenlos in meiner Auffassung, daß sie selbst schuld an ihrem Elend seien, wenn sie sich nun mal im Zeitalter der Verhütungsmöglichkeiten Kinder anschafften, ohne den entsprechenden Mann dazu zu haben, der zumindest die Hälfte der «Kinderaufzucht» übernimmt.

Bei mir ging das natürlich alles selbstbestimmt vonstatten. Ich traf so einen Mann, einigte mich mit ihm vertragsgerecht, gebar völlig getimed ein Kind und übergab es unabhängig und autonom dem «neuen Vater» (8), machte meine Arbeit und sagte immer noch «Frau mit Kind».

Androgyn, wie ich mich verstand, fühlte ich mich gleich mit den Männern ohne wesentlichen Unterschied zu ihnen und fragte mich süffisant, was denn nun das «Frausein» sei, von dem nun auch in der Frauenbewegung wieder neu die Rede war. Oh, ich war wahrhaft «objektiv», wenn nicht gar «geschlechtsneutral», und kritisierte an den Männern, daß sie unfähig seien, genauso objektiv und neutral zu sein, obwohl es doch ihr eigenes Kultur- und Wissenschaftsideal war. Ich fand sie beschränkt wegen ihrer «Parteilichkeit» und war schlimmer als Luther in seiner Sehnsucht nach Reinheit von allen fleischlichen Müßigkeiten.

Heute weiß ich, wie wunderbar ich damit ins herrschende Patriarchat paßte, das noch längst nicht abgeschafft ist, wie Renate Gent und andere Theoretikerinnen vermeinten. (9) Und ich paßte nicht nur in unsere patriarchalen Strukturen. Ich paßte auch noch wunderbar in unsere kapitalen Strukturen. Denn nichts kann dem Unternehmer angenehmer sein, als daß sich alle Menschen gleichstellen, ohne Unterschied, um wie Millionen Rädchen gleich zu surren in seinem Getriebe. Bar aller Schutzbeziehungen stand ich als Individuum gleich mit Milliarden anderen Individuen, zwischen mir und der Staatsmacht gab es nichts. Ich war so neutralisiert und anonym, wie es unsere technisierte Gesellschaft erforderte. Ich war so autonom wie ein Automat und so frei wie ein Computerprogramm. Ich war ein perfektes Individuum und für jede Person mit ein bißchen Herz eine Zumutung.

Es war das Ideal des «androgynen Geistes», das mich völlig in die herrschenden Verhältnisse einpaßte, auch wenn ich «alternativ» war und obwohl ich nicht nur wie ein Mann sein wollte, gerne Kleider trug und schöne Stoffe; und es gab sogar einsame Spiegelmomente, wo ich glücklich war, als Frau geboren worden zu sein.

Ich störte keinen Mann in seiner Mannesidentität, und vermeinte nur zu stören, weil ich etwas besser wußte als er, oder einfach intelligenter war als er, oder weil ich mehr Lebenserfahrung besaß als er, oder weil ich schneller als er «den Kern einer Sache» begriff, und eher als er zu handeln imstande war: Ich kam nicht darauf, daß meine Fähigkeiten vielleicht etwas damit zu tun haben könnten, weil ich als «Weib» geboren bin, nein, so eine dümmliche moralisierende Art beherrschte mich nie, zu glauben, ich sei etwas Besseres, nur weil ich eine Frau sei. Es gab tausend Beispiele, wie schlecht Frauen sein konnten, und die Intrigen und Streitereien in der aktiven Frauenbewegung bestätigten diese Selbsttäuschung nur. Ich habe «Weiblichsein», seit ich theoretische Bücher zu lesen anfing, nicht als Stärke oder Fähigkeit einschätzen können, nur als Schwäche, als «Anderssein» im mickrigen beauvoirschen Sinne. Daß Männer eigene Stärken und Vorzüge für mich haben könnten, weil sie Männer sind, kam mir genausowenig in den Sinn, wie ich Frauen, weil sie Frauen sind, keine eigenen Stärken und Vorzüge für mich zubilligte. Für mich waren «alle Menschen gleich» mit kleinen individuellen Eigenarten, die ich sympathisch fand oder unsympathisch. Das «Muttersein» zählte für mich nicht, und nicht einmal meine eigene leibliche Mutter zählte für mich. Ähnlichkeiten waren nur zufällig und abzubauen, des weiteren reihte ich mich ein in den Chor derjenigen, die kein gutes Verhältnis zu ihren Müttern hatten. Befreit aus ihrem engen «Haus» ging ich in die weite Welt der Väter und Männer hinein und achtete auch nicht die Einsichten von Dorothy Dinnerstein, die genau in diesem ersten «Befreiungsphänomen» unsere große Gefahr sah. (10) Ich war einfach nicht belehrbar und ließ mich stolz als radikale Feministin titulieren.

Meine Ignoranz war grenzenlos, meine Arroganz gnadenlos, meine Unwissenheit unendlich, meine Weltsicht erbarmungslos, mein «Feminismus» lächerlich.

Das wurde mir mit Tschernobyl in wenigen Tagen klar. Das Kind, das ich liebte, das ich mit heroischen Todesschmerzen geboren hatte, das frei aufwuchs und ziemlich selbstbestimmt alles durfte, hörte nun von mir ein Verbot nach dem anderen. Ich verbot die geliebte Milch, den geschätzten Salat, die Straßenschuhe im Haus, die Luft vor dem Haus, die Wiese hinter dem Haus, den Sand im Sandkasten, das Essen im Kinderladen. Ich vertrat den zerstörerischen Staat diesem Kind gegenüber, ich vertrat die ganze perverse maskuline Risikogesellschaft diesem von mir selbstbestimmt geborenen Kind gegenüber. Ich saß wie paralysiert vor dem Fernseher und verfolgte alle «wissenschaftlichen Diskussionen», um mich und mein Kind, ja: *mein* Kind, schützen zu können. Wie Wesen einer vergangenen Welt redeten die Politiker im Fernsehen davon, daß wir «Vernunft» annehmen sollten, eine todesbereite Vernunft. Meine ganze Vernunftbegeisterung sank in sich zusammen wie ein Kartenhaus. Auf einmal begriff ich die Todesseite der Zukunft, jenes Gespinst, dem ich als Philosophin lang genug hinterhergerannt war. Ich war geheilt.

Nirgends traten Mütter auf, während schon die Bauernlobby «Ersatz» schrie. Hätte nicht die SPD-Frau Renate Schmidt für die Mütter eine Rede im Bundestag gehalten (11), dann hätte ich geglaubt, wir existierten nicht. Aber wir waren da! Millionen von Salatköpfen und Milchpaketen wurden nicht gekauft, und von wem wurden sie trotz der Ermahnungen der Atomlobbyisten und Atomlobbyistinnen nicht gekauft? Von den Hausfrauen, Müttern und gesundheitsbewußten Frauen. An den Tomatenständen kauften nur vereinzelt Männer ein. Millionenfach verweigerten wir uns den «vernünftigen Ermahnungen» der Politiker von Ost bis West, aber in den öffentlichen Medien kamen wir nicht vor, und das, obwohl nicht nur ich selber, sondern auch viele, viele andere Mütter bereits Sturm liefen. Was uns fehlte, war eine «Mütterlobby», eine von Müttern selbstbestimmte Mütterlobby. Es fehlte eine Lobby meiner Lebensinteressen. Wir Mütter hatten keine Verbände, keine Foren, keine Macht, keine Mitsprache, wir waren einfach tabu. Jetzt verstand ich, was Patriarchat ist, und zwar am eigenen Leibe unerbittlich und hart. Zum erstenmal sagte ich laut: Wir Mütter!, und da schwang mehr mit, als nur «Frau mit Kind». Das war meine Mitte, da war meine Stärke, da wurde ich hemmungslos zärtlich für alle geborenen Lebewesen.

Wie dankbar war ich, als ich den Aufsatz von Claudia von Werlhof las (12), über den Durchbruch ihres «Mutterbewußtseins». Sogleich wollte ich ihr einen riesigen Strauß roter Rosen schenken, aber auch die waren verseucht. Und wie befremdet war ich, als ich kurze Zeit danach in verschiedenen Frauenzeitschriften las, wie sie Claudia steinigten als «Muttertier». Daß wir aufhören sollten, uns «als Mütter» zu Wort zu melden und daß die Frauenbewegung doch immer auch für die Mütter dagewesen sei, zum Beispiel mit ihrer Forderung nach Lohn für Hausarbeit und Mitarbeit der Väter. Aber ich wußte es besser. Für selbstbewußte Mütter war noch nie Platz gewesen in der Frauenbewegung. Welche Leiden hatte die Schriftstellerin

Karin Struck in den siebziger Jahren wegen ihres Buches (13) durchstehen müssen, geschunden von Frauen und den sogenannten fortschrittlichen Männern. Und die Altfeministin Hannelore Mabry, isoliert und verstoßen von den androgynen Frauen, wegen ihrer Forderungen nach «Lohn für Hausarbeit» und Mutter/Kind-Berücksichtigungen (14). Die Frauenbewegung spaltete sich an dieser Frage, in der sich das ganze Patriarchat im urtümlichsten Sinne widerspiegelt.

Und ich begriff einmal neu den Philosophen Hegel, wie recht er hatte, daß die verbündeten Mütter die schlimmste Gefahr eines jeden Staatswesens seien, weil sie nicht bereit sind, ihre Leibesgeschöpfe für Staatszwecke zu erziehen und aufzuopfern, weil sie keine «Staatsbürger» erziehen würden, wenn der Staat die Kinder allein den Müttern überließe. (15)

Endgültig war aus der Saula eine Paula in mir geworden, so wie aus dem Christenverfolger Saulus der Apostel Paulus. Und nun begab ich mich auf den «Weg zu den Müttern». Dazu stieg ich aus der Universität aus, dem Ort der maskulinen Gehirnwäsche, und verstand mich seitdem als Freischaffende und Freiforschende, bar jeder Angestelltensicherheiten und Staatsbedienstetenrollen. Mein Muttersein hat mich freier und radikaler gemacht als alles vorher, und geholfen hat mir Christel Neusüß, die Ostern 1988 an jenem Krebs gestorben ist, der mit Tschernobyl bei ihr in aggressivster Weise ausgebrochen ist. Sie war meine «zweite Mutter».

Mit Tschernobyl begriff ich, daß wir, seit es Vaterrecht und Staatswesen gibt, schon immer nur als «Leihmütter» angesehen wurden, wir haben es nur nicht verstanden.

Spätestens mit sechs Jahren werden uns die Kinder in die Staatsschulen entzogen und wehe der Mutter, die nicht die Schulforderungen gegenüber dem Kind vertritt. Die Polizei wird das Kind holen, denn das Kind gehört nicht zur Mutter, alles gegenteilige Gerede darüber ist Augenwischerei. Die Mutter hat überhaupt nichts zu sagen, und die Kinder gehören als «Restrisikofutter», als «Kanonenfutter», als Soldatenheer und Staats-bürger den Staatsmächten. Die Mutter hat nur zu gehorchen, und tut sie es nicht, wagt sie es, «als Mutter» aufzustehen, dann bekommt sie von links und rechts, von oben und unten Schläge, daß es nur so hagelt.

Aus anderen Zusammenhängen aber wissen wir: je stärker eine Macht ist, desto mehr muß sie tabuisiert werden. Je absoluter ein Tabu ist, desto gefürchteter die Kräfte, die klein gehalten werden.

Es ist der Einfluß der Mütter in ihre Kinder, der mit Stumpf und mit Stiel ausgerottet werden soll. Denn die Mütter wollen das Leben, das sie geboren haben, erhöhen und erhalten. Aber sie – oder wir – wollen das nicht, weil wir «überidentifiziert» sind mit unseren Kindern, wie üblicherweise Psychologen und Psychoanalytiker daherschwätzen, sondern wir wollen unser Leben und das unserer Geborenen aus lauter *Selbstachtung* schützen. Aus Selbstachtung für das, was *durch uns* in die Welt gekommen ist, wollen wir das, was sich durch uns eröffnet, erhalten und blühen und leben sehen.

Was wir mit unserem Leibe ausgetragen und geboren haben, soll ein schönes Leben haben, und zwar aus keinem anderen Grunde als dem, weil *wir* es getan haben, und weil *wir* uns selber mehr achten als Vaterland, Fortschritt, androgyne Emanzipation und weltvernichtendes Wissen mitsamt ihrer Politik und Zivilisation.

Wir sind als Frauen, die geboren haben, nicht «weniger», nein, wir sind «mehr» geworden, wir haben sogar einen «Erkenntnissinn» mehr dadurch gewonnen.

So, wie die meisten von uns während der Geburt mit dem Tod für das Leben gerungen haben, so können wir auch im Leben die Todeskräfte erkennen und überwinden.

Was könnten wir wollen? Wir wollen Einfluß auf alle öffentlichen Belange, wir wollen Vetorechte bei allen lebensgefährlichen Unternehmungen, (und wir bestimmen selbst, was als «lebensgefährlich» zu definieren ist). So, wie es noch in römischen Zeiten einen «Rat der Matronen» gab, der allerdings keine Macht im Staate hatte, so könnten wir ein eigener «Bundesrat» sein, oder ein «Europarat», oder ein «Weltweiberrat», allerdings mit Vetorechten bei allen staatlichen Handlungen. Und nicht von Männern gewählte Frauen sollten hier das Sagen bekommen, sondern solche, die sich Verdienste für menschliche und auch andere Lebewesen erworben haben, im Sinne einer «Mütterlichkeit», die vollkommen selbstbestimmt sein kann, und in der die Selbstachtung der Mütter oberste Rücksicht ist. Das nun ist sicherlich eine «Utopie», aber daran gemessen können konkrete Forderungen eine Orientierung haben. Durch die globalen Vernichtungsbedrohungen, in denen wir heutzutage existieren müssen, dürfen unsere Forderungen nicht zu klein sein, aber auch nicht so groß, daß wir nur daran versagen können. *Das* wäre ein tausendmal wirkungsvollerer Weg, die patriarchale Qual langsam aber stetig verschwinden zu lassen. Wie seicht kommt mir dagegen der bisherige «Feminismus» vor. Denn wir wollen nicht nur Mitbestimmung, wir wollen Vetorechte über alle «staatsmännischen» Entscheidungen, wir wollen das letzte Wort haben, denn es sind unsere Kinder, es sind wir selber als Kinder unserer Mütter, die von den herrschenden Herren verschachert werden. Wir wollen unsere Lebensinteressen wahren,

wir wollen uns selber achten können. Es soll Schluß sein mit der
«Leihmutterschaft».

Es gibt eine Geschichte der Mütterkämpfe, aber sie ist noch nicht
geschrieben. Ihre Kämpfe um Stimmrecht während der Französischen Revolution (16), die sie damit begründeten, daß sie ihre Kinder
nur zu «Staats-bürgern» erziehen würden, wenn sie selber im Staate
mitbestimmen würden. Aber die Männer schafften nur ihre Väter ab
und schlossen sich brüderlich zusammen. «Brüderlichkeit», das war
ein Programm gegen alle Rechte der Frauen, und ganz besonders gegen die Rechte von Müttern. Es wurden Staatsschulen eingerichtet
und der Schulzwang durchgesetzt; die französischen Mütter, die gerade eine Generation lang ihre Kinder selbst gestillt (17) und ohne
Beinwickel hatten aufwachsen lassen, wurden von denen, die die
Freiheit hatten, eine Revolution tatsächlich durchzuführen, verraten
und verstoßen. Keine Frau, die sich selber achtet, sollte 1989, wenn
überall die Jubelfeiern zur 200jährigen Jährung der Französischen
Revolution stattfinden, mitfeiern, denn sie bejubelt dann auch ihren
Sieg und unsere Ohnmacht. Die damals bestehenden Mütterver-
bände wurden verboten und verschwiegen.

Mütter waren es, die die Russische Revolution anführten. Es gibt
dafür sogar noch Augenzeugen als Beweise, nämlich die Dokumen-
tarfilme des Sergej Eisenstein über die Russische Revolution auf dem
Petersplatz.

Die Armee steht in Reih und Glied, mit ihren Gewehren auf «die
Massen» gerichtet. Frauen, gewaltige große Mutterfrauen, formieren
sich in der vordersten Front, groß, breit und stolz, ihre Bäuche den
Gewehrkolben entgegenhaltend, eine Kette von Muttermacht in un-
glaublichem Sinne. Dabei rufen sie ihre Söhne an, bieten ihnen Brot
an, und plötzlich werfen alle Soldaten ihre Gewehre zur Seite und
rennen den Müttern in die Arme. Ein großes Jubelfest der Umarmun-
gen beginnt, und später heißt es nur: «Die Armee ist zum Volk über-
gelaufen.»

Die Soldaten nahmen das Brot der Mütter und aßen das Brot des
Lebens, das Brot aus den Händen der Mütter. Was für eine Geste im
Unterschied zum katholischen oder protestantischen Brot aus den
Händen der Priester, aus den Händen der Atomlobbyisten und Gen-
technologen. Und um Nahrung ging es nach Tschernobyl.

Nach dem ersten Schrecken und nachhaltiger Erfahrung, daß niemand von den Verantwortlichen die Probleme der Mütter und Kinder
als wichtig respektierte, gründeten sich in vielen Städten «Tschernobyl-Initiativen», hauptsächlich von Müttern und anderen Frauen ins
Leben gerufen. Die meisten von ihnen besaßen keine «politische Er-

107

fahrung» und vertrauten sich deshalb den «Altpolitischen» an. Wenn die «alten Anti-AKWler» zunächst nur die Tschernobylinitiativen mit «Bequerellis» und «Tscherno-Mütter» abtaten, bemühten sie sich später darum, die Initiativen zu führen, wodurch die Dominanz der Mütter zurückging. Viele Initiativen schämen sich inzwischen ihres Namens, in dem «Mütter nach Tschernobyl» ganz groß geschrieben wurde. Ein Vater im Verein reicht aus, um den Vereinsnamen zu ändern, so daß nun viele Initiativen neutral «Elterninitiative...» heißen und die Chancen der ersten Stunden, völlig neue politische Formen zu finden, vertan wurden. Von den anfangs etwa 300 reinen Tschernobyl-Initiativen, die zu 95 Prozent aus Frauen bestanden, sind nicht mal mehr die Hälfte in der anfangs gegründeten Bundesvernetzung aktiv, die zunehmend von «erfahrenen alten Politischen» in alte vortschernobyler Netze eingefangen wurden. Dieser «neuen Bewegung» gegenüber verhielten sich nicht nur die Medien ignorant, sondern generell wurde ihr der Vorwurf gemacht, das sei keine Politik, Bequerels zu zählen, Nahrungsmittel zu kontrollieren und Mütterstimmen zu hören. (18) Was in Deutschland zu einer einmalig starken Mütterlobby hätte werden können, versank aus mangelndem Selbstvertrauen in die Alltagspolitik, wie sie seit eh und je gewesen war. Das «mangelnde politische Selbstvertrauen» hatte bei vielen Initiativen dazu geführt, daß sie sich nur wieder einmal mehr die «Alten» in die Gruppe geholt und sich nach alten Mustern orientiert haben. Daß Ernährung und das Wohl des eigenen Leibes zum Politikum wurde, widerspricht ja auch völlig dem abendländischen Politikverständnis, das hat sich nach Tschernobyl deutlich gezeigt. Aber noch ist nicht aller Abend Finsternis. Was sich im Hintergrund tut, braucht nur mehr Zeit. Inzwischen gibt es immerhin die «Mütterpolitik» bei den Grünen, zwar nicht innerparteilich unterstützt, aber dennoch durchgesetzt. In Frankreich (Paris) gründeten Mütter nach den Studentenstreiks 1986 eine Initiative «Zornige Mütter», nachdem ein junger Student von einem Polizisten erschossen worden war. Seine Mutter gründete «als Mutter» gegen Staatswillkür und Staatsgewalt mit anderen diese «Lobby». Die argentinischen Mütter vom Plaza de Mayo sind inzwischen eine akzeptierte «moralische Instanz» gegen den Staatsterror an ihren Kindern. In den USA gibt es inzwischen auch eine mütterpolitische Bewegung, die sich um die Feministin Phyllis Chesler herum gesammelt hat, und die ein «natürliches Mutterrecht» als Gesetz fordert. Das heißt, die Mütter sollen das erste und letzte Wort über ihre Kinder haben, wobei sie auch ein Selbstbestimmungsrecht für Kinder unterstützen, sogar als Wahlrecht. (19)

Auch ich suchte für mich eine Möglichkeit, in dieser Richtung nicht nur schreibend und forschend tätig zu sein. Meine ersten Versuche auf den Bundestreffen der Tschernobylinitiativen schlugen fehl; für Mütterpolitik in der Partei der Grünen wollte ich mich nicht verschleißen lassen, denn die Kämpfe dort zermürben. Mir reichte es auch, zunächst innerhalb von Berlin eine Form zu finden, und nicht mehr nur ein Individuum zu sein, dazwischen gar nichts und dann der Staat. Ich traf auf Mütter, die nach ihren Kindern suchten, die von den Vätern wegen einer Scheidung entführt worden waren. Ich arbeitete mich in diese ganze Problematik ein und stand mitten im Krieg zwischen Müttern auf der einen Seite und der Kumpanei von Staat und Vätern auf der anderen Seite. (20) Trotz einiger Ermahnungen, daß ich mit diesen «betroffenen Frauen» keine Politik machen könne, nur Sozialarbeit (wieder der alte Politikbegriff), gründete ich mit anderen Müttern und mütterfreundlichen Frauen den «Arbeitskreis gegen Kindesentführung und Mütterdiskriminierung e. V.» und fand ähnliche Mütterinitiativen in Paris und Brüssel. Es soll auch in den USA, im Norden, größere derartige Müttergruppen geben, weil in den Staaten die väterliche Kindesentführung zur Wiedereinführung des väterlichen Sorgerechts inzwischen gang und gäbe ist.

Deutsche Frauen, die mit Ausländern verheiratet sind, die aus ungebrochen patriarchalen Kulturen stammen, haben nicht die geringste Chance, ihre entführten Kinder ohne Regierungshilfen aus den entsprechenden Staaten zurückzubekommen, zumal die Väter meist das Recht haben, die Mütter in ihren Ländern einsperren zu lassen.

Die internationale Lage der Mütter ist katastrophal. Wir Mütter in Deutschland können erst seit 1957 das «Sorgerecht» über unsere Kinder bekommen, auch gegen den Einwand der Väter. Bis dahin galt der Vaterwille. Und noch immer gehört das uneheliche Kind dem Staate und nicht der Mutter, der vom Jugendamt ein «Beistand» zugeordnet wird, als müßte sie wie eine Terroristin unter Staatskontrolle stehen, nur weil sie unverheiratet geboren hat und kein Mann an ihr Staatswillen vertritt. Die jugoslawische Mutter hat es inzwischen besser; sie ist der ehelichen Frau gleichgestellt und mit ihrem Gebären auch Vormund ihres Kindes, und zwar uneingeschränkt.

Wenn wir heute um mehr «Mutterrechte» kämpfen, dann sind wir keineswegs «reaktionär». Wenn wir um «Sorgerecht» kämpfen, dann tun wir etwas, was den Müttern der Französischen Revolution verboten wurde und was die Mütter der russischen Revolution nur teilweise erreicht haben. Was wir erst seit dreißig Jahren dürfen, nämlich für unser Kind Rechte einfordern, droht uns heute wieder genommen zu werden, und das alles klammheimlich unter dem Etikett der «neuen Väter» und «Maskulistenbewegung». Die wenigen tatsächlichen «neuen Väter», die zumindest genausoviel Zeit mit ihrem Kind verbringen wie die Mütter, sind es meist nicht, um die es hier geht. Es sind viel häufiger die alten karrierebewußten Männer aus der Großverdienerschicht unserer Gesellschaft, die sich in Scheidungsverfahren als die «neuen Väter» ausgeben. Sie verlangen das Sorgerecht über ihre Kinder, haben meist schon eine andere Frau im Schlepptau, die als «Mutter» fungieren soll. Richter, Anwälte und Gutachter schwelgen in Sympathie für diesen engagierten Vater, der womöglich auch noch sein Kind entführt, um nackte Tatsachen zu schaffen. Sie, die selber wenig Zeit für ihre Kinder aufbringen, sehen nun einen Vater kämpfen, einen Politiker, einen Rechtsanwalt, einen Manager, einen Chefarzt, der auf einmal während der Scheidungszeit seine Liebe zum Kind entdeckt hat. Verweigert die Mutter das neue «gemeinsame Sorgerecht», gilt sie als hysterisch und uneinsichtig und verliert gerade bei fortschrittlich-liberalen Richtern. Häufig lassen sich solche Männer bewußt von feministischen Anwältinnen vertreten, die begeistert die «neuen Väter» den Müttern vorziehen. Organisiert wird das Ganze in internationalem Maßstab, besonders in den USA und Frankreich. Der Spiegel berichtete über ein internationales Treffen der «Maskulistenbewegung» (21), die das alte Vaterrecht wieder einführen wollen. Aktivisten sind durchweg Akademiker der höchsten Verdienstklassen, Männer aus Politik, Wirtschaft und «Intelligenz». Mit mafiaähnlichen Methoden werden Kindesentführungen organisiert, Schlupfwinkel in den harten patriarchalen Ländern stehen bereit. Die entführenden Väter erhoffen sich von ihren einflußreichen Freunden nach zwei Jahren Amnestie und kehren dann von ihren Abenteuern in Besitz ihres Kindes in die deutsche Heimat zurück.

Nun wird auch die deutsche Bundesregierung demnächst ein internationales und ein europäisches Abkommen unterzeichnen, in dem Sorgerechtsfragen und Entführungsfälle geregelt werden, wobei nach unserer Durchsicht wieder die Mütter benachteiligt werden sollen. Eine Mutter unseres Arbeitskreises, die ihr Kind aus den USA hat zurückholen können, hätte nach den neuen Bestimmungen keine Möglichkeiten mehr dazu gehabt. (22) Während die Frauen sich zerstreiten, organisieren sich die Väter gegen die «nichtemanzipierten Mütter».

So habe ich nach Tschernobyl eine tiefgreifende Wandlung durchgemacht, die mich zur «mütterbewegten Frau» machte und zur Entdeckung von Wirklichkeiten führte, die für mich vorher nicht existierten. Ich bin zu einer Weltsicht gelangt, die von mir «Selbstverantwortung» für die Erhaltung unserer eigenen selbstgeborenen Geschöpfe verlangt; und – was für mich wesentlich war –: Ich habe mich selbst als «Geschöpf» sehen gelernt, als Geschöpf meiner Mutter, die mich unter Schmerzen geboren hat. Indem ich für meine Selbsterhaltung und die meines Kindes kämpfe, achte ich ihre Schmerzen und ihre Mühen, um mich zum Leben zu bringen, und bewahre mir so ihre Kraft, die durch mich strömt, selbst wenn sie später nicht alles tat, was ich wollte, wofür ich ihr lange böse war.

Seit ich «Muttersein» als eine Stärke verstehen kann, bin ich auch fähig geworden, «Frauen als Frauen» zu achten, auch wenn sie sich selbst dabei oft «geringer» achten. Ich achte uns Frauen auch «als der Leib», der die Welt eröffnet, als Anfang allen menschlichen Seins, der durch den Schmerz der Frau hindurchgeht und von ihr bewältigt wird. Die Geburt selber ist für mich zu einem Mysterium geworden, dessen Geheimnis in tiefe philosophische Dimensionen reicht. (23)

Der Mann kann die Welt niemals aus der Perspektive des Schöpfenden erblicken; er kann sich nur durch seine Machenschaften die Perspektive nachkonstruieren und damit verleugnen, daß er selber unser Geschöpf ist.

Seit ich das «Muttersein» nicht mehr tabuisiere, begreife ich auch die Streitereien in der Frauenbewegung anders. Denn in den letzten 3000 Jahren «Patriarchat im Abendland» haben alle Frauenbewegungen am Generationsproblem gekrankt, was durch die Tabuisierung des Mutterseins als gesellschaftlicher Identität verursacht ist.

Väter bauen sich Schulen und finden Jünger und Jüngerinnen, denen sie als «zweite Väter» gelten. Ob das ein Doktorvater, ein Guru, ein Meister, ein Patriarch ist, ihre «zweiten Kinder» buhlen um ihre Gunst, um ihren gesellschaftlichen Einfluß. Große kämpferische Frauen treten immer wieder nur als einzelne auf, ohne «Nachfolgerinnen», und «Töchter», die sie als ihre «zweite Mutter» empfinden könnten, sind sie doch meist heilfroh, gerade die eingesperrten «ersten Mütter» verlassen zu haben. Ein «Marx» kann öffentlich als «intellektueller Ziehvater» anerkannt werden, aber keine Aspasia, eine antike berühmte Philosophin. Junge «befreite Frauen» glauben immer wieder, «neu» anzufangen, die «erste» zu sein, weil sie glauben, sie würden sich an Minderwertiges anhängen, wenn sie einer «Mutter» folgten. Hier hat die patriarchale Geschichte ganze Arbeit geleistet. Die Selbständigkeit der Töchter ist die Verlassenheit der Mütter.

Ältere Feministinnen finden keine «Erbinnen», weil ihnen die kleinsten Fehler nicht verziehen werden, und einfach als Kehrseite ihrer positiven Fähigkeiten in Kauf genommen werden, wie das bei «großen Männern» gang und gäbe ist.

Kleinlich wird mit den verdienstreichen Frauen «abgerechnet», die am Ende ihres Lebens oft allein dastehen. Die väterlichen Arme des Patriarchats verlocken andauernd, solange ein Mann gesellschaftlich mehr gilt als eine Frau.

Es ist nicht nur «Schuld der Männer», daß wir keine Traditionen haben und halten können, es ist auch ein Unvermögen der Töchter und Söhne, ihre Mütter zu suchen und finden zu wollen, was die maskulinen Verhältnisse in Kultur und Zivilisation unermeßlich stabilisiert. Verantwortlich aber sind auch die «großen Mütter», die im Kampf um ihre Stellung die Großzügigkeit verlieren, sich mit den Unwissenheiten der Töchter zu versöhnen, indem sie ihre blühende «Begabung» mehr achten als nur die Worte. So jedenfalls werden oft die «begabten Jünglinge» von ihren «zweiten Vätern» gesehen, wodurch sie sich ihre Arbeit fortpflanzend erhalten, und ihre eigenen «Schulen» aufbauen, auch wenn sie isoliert sind von den anderen Gurus.

Gentechnologie und Reproduktionstechniken zielen ohnehin darauf ab, den altgeträumten Traum der Patriarchen wahrzumachen: die Abschaffung der natürlichen Mutterschaft und damit um die Abschaffung der Frau, die ihren Leib noch nicht als bloßes Warenobjekt versteht. Wie verheerend hier gerade Feministinnen argumentieren können, die Gebärfähigkeit genauso losgelöst vom «individuellen Sein» verstehen, wie es die gut erzogene androgyne autonome emanzipierte Frau zu verstehen hat, ist eindringlich bei Maria Mies nachzulesen. (24) Indem wir uns aber das Muttersein bewußtseinsmäßig nicht entreißen und «verobjektivieren» lassen, gewinnen wir unsere spezielle «Einheit von Leib und Seele» wieder, die überall durch den tötenden Vernunftbegriff tabuisiert wird.

So nehme ich denn mein Kind an der Hand und zeige ihm unsere schöne bedrohte Welt, so, wie ich sie sehe, seine Mutter, die zärtliche starke Frau.

Mitgedachte Bücher und Aufsätze:

1) Simone de Beauvoir, Das andere Geschlecht, Reinbek bei Hamburg 1968
2) Carol Hagemann-White, Männlich – Weiblich, Sozialisation, Opladen 1985
3) Elisabeth Badinter, Mutterliebe, Geschichte eines Gefühls vom 17. Jahrh. bis heute, München/Zürich 1980

4) Cornelia Klinger, Modernisierungsorientiertes oder traditionsorientiertes Emanzipationskonzept, Zwei Befreiungsbewegungen – ein Dilemma, in: Was Philosophinnen denken, Hrsg. Manon Anreas-Grisebach, Brigitte Weisshaupt, Zürich 1986, S. 71–96

5) Shulamith Firestone, Frauenbefreiung und sexuelle Revolution, Frankfurt/M. 1970

6) Annegret Stopczyk, Was Philosophen über Frauen denken, (Nachwort), München 1980

7) Anna Louise Bergmann, Die «Rationalisierung der Fortpflanzung: Der Rückgang der Geburten und der Aufstieg der Rassenhygiene/Eugenik im Deutschen Kaiserreich 1871–1914, Dissertation am Fachbereich Politische Wissenschaften, FU Berlin, 1988

8) Herrmann Bullinger, Wenn Männer Väter werden, Reinbek bei Hamburg 1983, S. 147–159

9) Renate Gent, Patriarchale Naturbeherrschung, Weiblichkeit und phallokratische Naturzerstörung, in: Rationalität und sinnliche Vernunft, Hrsg. Christine Kulke, Berlin 1985, S. 129–144

10) Dorothy Dinnerstein, Das Arrangement der Geschlechter, Stuttgart 1979

11) Renate Schmidt, Wo bleibt die Aufklärung?, in: Tschernobyl hat unser Leben verändert, Reinbek bei Hamburg 1986, S. 64–81

12) Claudia von Werlhof, Wir werden das Leben unserer Kinder nicht dem Fortschritt opfern, in: Tschernobyl hat unser Leben verändert, Reinbek bei Hamburg 1986, S. 8–24

13) Karin Struck, Die Mutter, (Roman), Frankfurt/M. 1975

14) Hannelore Mabry, Frauen gegen Frauen, zur Geschichte der neuen Frauenbewegung, in: Der Feminist, Hrsg. Hannelore Mabry, Nr. 13, I, 1983

15) G. W. F. Hegel, Phänomenologie des Geistes, Sittlichkeitskapitel, versch. Ausgaben

16) Yvonne Knibielher, Katherine Fouquet, Histoire des mères, Paris 1977

17) Jules Michelet, Die Frauen der Revolution, Frankfurt/M. 1984

18) Annegret Stopczyk, Daß wir so sehr am Leben hängen, ist für die Herrschenden das Problem... in: Tarantel, Bielefelder Frauenzeitschrift, März April 1987, Düppelstr. 19, 4800 Bielefeld

19) Phyllis Chesler, Mothers on Trial, The Battle for Children and Custoday, New York 1986

Giesela Anna Erler, Rückkehr des väterlichen Sorgerechts? in: Freibeuter, Thema Vaterschaften, Nr. 29, Berlin 1986

20) Mythos «Neue Väter» und Maskulistenbewegung, (Aufsätze von Verschiedenen, auch von mir, zum Thema.) In: Frauen und Schule, Heft 20, 1988 1 Berlin, Dieffenbachstr. 2

21) Männerbewegung, Abendländische Tradition, in: Der Spiegel, Nr. 16, 1984

Gabriele Jenk, Faustrecht statt Sorgerecht, in: Die Zeit, Nr. 35, August 1985, S. 41

22) Wolfram Müller-Freienfels, Deutscher Partikularismus im Internationalen Kindesentführungsrecht – Dezentralisation der zentralen Behörden? in: Justiz, 3/1988, S. 120–132

23) Annegret Stopczyk, Zum Begriff Mensch (und zur «Geburtlichkeit der Menschen»), in: Was Philosophinnen denken, wie angegeben, S. 60–70

24) Maria Mies, Vom Individuum zum Dividuum, oder: My Body is my Property, in: Tarantel, Bielefelder Frauenzeitung, Nr. 22/23, August, Dezember, 1987, und in der TAZ, 1. 8. 1987

Die verleugnete Mutter

Hindernisse auf dem Weg zu einem neuen Mutterbild

Die wahr-genommene Situation

Es gibt für Frauen gute Gründe, die eigene Mutterschaft, das Geschäft des Kinder-in-die-Welt-Setzens abzulehnen. Denn – letztendlich – ist es *diese* Gesellschaft noch wert, daß ihr Fortbestand gesichert werde? Die Erde ist sowieso schon überbevölkert und droht zu ersticken und zu verhungern. Und welche Wirkungen die schon freigesetzte tödliche Strahlung haben wird, weiß niemand so recht zu sagen. Die Mächtigen dieser Erde sinnen weiterhin auf Profit und territorialen Machtzuwachs. Sie scheuen dabei vor andauernder Verführung zum Konsum bei gleichzeitiger Vernichtung menschlicher Lebensmöglichkeiten nicht zurück. Die Welt scheint in eine Richtung zu laufen, für die niemand mehr Verantwortung übernehmen kann. In dieser Situation scheint es unverantwortlich zu sein, in das allgemeine Elend auch noch Kinder zu setzen. So nehmen viele von uns diese Welt wahr, und es erscheint begründet, das Mutterwerden abzulehnen.

Ein anderer Grund hängt mit einer anderen Wahr-nehmung der Situation zusammen. Kinderkriegen hieß bislang auch, sich einer als natürlich angenommenen Unterlegenheit der Frau zu beugen, sich der Autorität des Männlichen zu fügen und existentiell von einem Ehepartner abhängig zu sein. Das bedeutet den Verzicht auf die Verwirklichung der eigenen Möglichkeiten, auf eine Selbstverwirklichung zum Beispiel durch berufliche Arbeit. Nicht, daß diese Frauen dann nicht genug Arbeit gehabt hätten, sie hatten mehr als genug zu arbeiten. Doch es handelte sich nicht um die Berufstätigkeit, und sie konnten sich selten auswählen, was sie unter welchen Umständen zu tun bereit waren und was nicht. Aus diesem Grunde erscheint für Frauen das Gebären von Kindern antiemanzipatorisch, ein Hindernis auf dem Weg der Selbstwerdung. Mütter erscheinen diesen Frauen als Vertreterinnen einer Tradition, die Unfreiheit übermittelt; und die Männer, die sich mit dieser Tradition im Rücken fordernd verhalten, erscheinen als die Gegner im Kampf um Freiheit.

Das sind nur zwei der vielen Gründe, die das Mutterwerden und Muttersein heute unendlich schwer machen. Meine Absicht ist es in den folgenden Auführungen nicht, diese Gründe in Zweifel zu ziehen. Ich möchte auch nicht dahingehend mißverstanden werden, als wolle ich nun im Namen der Frauenbewegung oder der Mütterbewegung oder irgendeiner anderen Bewegung für das Mutterwerden plädieren. Mir erscheint es verständlich, warum sich nach neuesten Daten 60 Prozent der Frauen im gebärfähigen Alter (zwischen 18 und 35 Jahren) gegen Kinder entschieden haben. Die Frage, die mich jedoch interessiert, ist, was mit den Abweichlerinnen geschieht, den Frauen also, die trotz allem Kinder haben und mit ihnen leben. Was geschieht mit den verbleibenden Produzentinnen der menschlichen Zukunft – unter all den anderen? Welche Möglichkeiten haben sie, ein ihrer übernommenen Aufgabe förderliches Selbstbild zu entwickeln? In welche Problematik geraten sie und worin besteht ein Ausweg? Kann hier wie andernorts eine Rückbesinnung auf etwas Grundlegendes, Ursprüngliches und Wesentliches, das mit dem Gebären von Kindern verknüpft ist, hilfreich sein, und wie kann eine solche Rückbesinnung aussehen? Oder muß Muttersein ein sprachloser Zustand sein, da jedes Wort darüber auch unter Frauen auf Mißtrauen stößt? Und warum fordert eine Gesellschaft gerade in diesem Bereich den Verzicht auf das Sprechen, wo sie doch in anderen Teilen über alles ständig informiert und räsoniert, das ehemals Intimste und Heiligste entblößt und aufklärt, durchschaut und öffentlich darstellt? Warum legen sich neue und starke Tabus über das Muttersein?

Ich habe diese Fragen aufgeworfen, obwohl ich sie nicht alle beantworten kann. Doch bestimmen sie den Gang meiner Überlegungen, die auch so etwas wie eine Suche nach neuen Fragen darstellt. Sie sind also eher der Auslöser eines Nachdenkens darüber, wie die Situation von Müttern wahr-genommen wird und wie sie auch wahrnehmbar sein könnte. So beschäftigt mich auch die Frage, ob das, was Frauen gegenwärtig «(für)wahr-nehmen» mit dem übereinstimmt, was ihre «ganz privaten» Sehnsüchte bestimmt. Ich vermute, daß es hier einen großen Zwiespalt gibt. Und so folge ich implizit auch der Frage: Wann sind Frauen die immer wieder von der Gesellschaft Verführten, wann deren Opfer und wann Mittäterinnen? Und das wiederum führt zu der Frage, welches Maß an Freiheit Frauen auch zur Verfügung steht, um sich von erkannten Irrwegen wieder abzuwenden?

Zwangs-Vorstellungen

(1) Ich erlebte vor kurzem eine Diskussion unter Frauen, die alle schon eine Phase der Berufstätigkeit hinter sich haben und nun in der Universität noch einmal studieren wollen – mit mehr oder weniger deutlichen Abschlußwünschen. Sie waren sich alle in der Beurteilung einer bedauerlichen Entwicklung einig, in der viele Frauen angesichts der Situation auf dem Arbeitsmarkt nichts anderes mehr übrig bleibe, als wieder in den Schoß der Familie zurückzukehren, zu heiraten und Kinder zu kriegen und damit ins eigene Verderben zu rennen. Diese Frauen – so meinten meine Gesprächspartnerinnen – seien sich aber dessen gar nicht bewußt, daß sie die gerade errungene Freiheit wieder aufgäben. Das sei eine höchst bedauerliche Entwicklung für die noch junge Frauenbewegung. Jetzt habe für die meisten Frauen gerade erst eine Entwicklung begonnen, in der sie sich ganz in die berufliche Arbeit integrieren könnten, und schon werde dem wieder entgegengewirkt. So ähnlich resümierten meine Gesprächspartnerinnen. Was dabei unausgesprochen blieb, war die Tatsache, daß sie alle aus mehr oder weniger starker Unzufriedenheit mit ihrer eigenen Berufstätigkeit ins Studium gekommen waren – und ihre Aussichten auf eine feste berufliche Tätigkeit waren damit gerade freiwillig von ihnen aufgegeben worden. – Da meldete sich eine Frau, die sich sichtlich unter Druck fühlte, und sie sagte, sie sei auch so eine, die geheiratet habe, um sich finanziell abzusichern, und außerdem noch ein Kind in die Welt gesetzt habe. Eine andere Frau, offenbar neugierig geworden durch eine offensichtliche Diskrepanz zwischen dem Ausdruck «cooler» Distanziertheit in der Wortwahl und einer nicht zu überhörenden und übersehenden Aufregung in Stimme und Gesten der Sprecherinnen, fragte nach, ob sie wirklich nur aus finanziellen Gründen geheiratet habe. Bei der Beantwortung dieser Frage ergab sich ein längeres Gespräch. Die Frau sagte dazu, daß sie sich ständig unter Legitimationsdruck gesetzt fühle. Sie dürfe ja nie äußern, daß es für sie auch andere Gründe gegeben habe oder jedenfalls beteiligte Gefühle und Wünsche. Dann nämlich würden ihr andere keine Ruhe lassen, und sie fühle sich gezwungen, sich ständig zu rechtfertigen, so als habe sie etwas Verbotenes getan. Deshalb würde sie jetzt so reden, weil man es von ihr offensichtlich hören wolle: daß ihrem Kinderkriegen ein ganz egoistisches Selbsterhaltungsinteresse zugrunde läge. Das würden dann alle anderen verstehen, und die Welt sei wieder in Ordnung. – Während sie sprach, legte sich allmählich die Aufregung, und es schien, als müsse sie nunmehr ihre Tränen zurückhalten.

Waren es Tränen darüber, was diese Frau sich und anderen ständig antun muß, um in den Augen anderer Frauen nicht als Verräterin am Emanzipationsideal zu gelten? Ein Einzelfall? Wenn es doch so wäre! Meine Gespräche mit vielen Müttern belegen, daß dies eher typisch für die Spuren der Diskriminierung von Müttern auch unter Frauen ist. Heißt das, daß die Frauenbewegung selbst auch Produzentin einer Ideologie geworden ist, die – wie alle Ideologien – Bewußtseinsgewalt ausübt und tyrannisch die Freiheit der individuellen Wahr-nehmung einschränkt? Das aber bedeutet nichts anderes, als daß auch in der Frauenbewegung ein Herrschaftsinstrument zur Geltung kommt, das sie doch gerade bekämpfen wollte.

(2) Auf einer Tagung, die weitgehend von Müttern besucht wurde, weil Mütterthemen im Zentrum standen, bildete sich nach einigem Hin und-Her eine eigene kleine Arbeitsgruppe heraus, die sich über die Veränderungen ihres Verhaltens zu den Partnern nach der Geburt eines Kindes aussprechen wollte. Es war mühsam, Schüchternheit und Beklommenheit zu überwinden, um sich wirklich auf dieses Thema einzulassen. Wie sich später herausstellte, waren offensichtlich Schuldgefühle und der Verdacht einer eigenen neurotischen Fehlentwicklung der Grund dafür. Erst als die Scheu überwunden war, konnten die Frauen sich gegenseitig eingestehen, welche Versagensängste sie nach der Geburt ihrer Kinder geplagt hätten. Sie wußten zu berichten, daß ihre Kinder weitaus stärker mit ihren Bedürfnissen nach Zärtlichkeit und Zuneigung besetzt wurden als ihre Männer. Manche hätten am liebsten ihre Ehepartner aus dem gemeinsamen Schlafzimmer verbannt, um sich ganz und gar in diesen ersten Monaten ihrem Kind widmen zu können. Sie selber hätten sich das allerdings als ein Versagen angerechnet, als eine offensichtliche Fehlentwicklung ihrer Sexualität. Sie konnten plötzlich die Normen einer gepriesenen Sex-Religion nicht mehr erfüllen. – Das Kind erwies sich als starker erotischer Rivale des Partners. Durfte das denn so sein? Das war die bange Frage.

Vor ca. 2½ Jahren erschien das Buch «Die heimliche Kastration» von Germaine Greer. Mit seinem Erscheinen wurden potentielle Leserinnen vorgewarnt, indem Feministinnen vorweg schon erklärten, daß es sich um ein äußerst fragwürdiges und nicht lesenswertes Buch handele. Die ehemals so radikale Feministin wurde verurteilt als Heulsuse, die nunmehr einen Katzenjammer empfinde. Ich selber versuchte eine Zeitlang vergeblich, das Buch im Frauenbuchladen zu bekommen. «Solch ein Buch» wollte mein hiesiger Buchladen sich nicht ins Sortiment stellen. Was war das schreckliche Vergehen der Autorin, daß eine so scharfe Zensur ausgeübt wurde?

In der Tat gehorchte Germaine Greer an vielen Stellen ihres Buches nicht den geltenden feministischen Vorstellungen: So sprach sie von «heimlicher Kastration», wo es doch erst einmal darum ging, den Gebärzwang abzuschaffen. Ihre Sichtweise legte es nahe, den Ruf nach Befreiung von allen Zwängen zu überprüfen und eher von einer prinzipiellen Beschränktheit der menschlichen Freiheit auszugehen. In diesem Zusammenhang konnte sie zu Passagen kommen wie:

«Gegenwärtig ist es reinste Häresie zu verkünden, daß die sexuelle Unterdrückung eigentlich dem Sex grundlegend förderlich ist, d. h. eine im wesentlichen banale Erfahrung scheint reizvoller, wenn sie von einem Schleier des Geheimnisvollen und Gefährlichen umhüllt ist» (Greer, S. 280).

Dieser Gedanke mag vielen unakzeptabel erscheinen. Gegenwärtig wird jedoch etwas Ähnliches von ratlosen Therapeuten und Therapeutinnen entdeckt und dem staunenden Publikum einer großen Illustrierten vorgestellt. Wenn kein äußerliches Bedürfnis mehr unterdrückt werden muß, meldet sich von innen offenbar ein neues Bedürfnis, nämlich ein Bedürfnis nach Ruhe und Zurückgezogenheit (vgl. der Stern Nr. 15, 1988). Mit der Offenlegung aller Geheimnisse scheint das Geheimnis selbst sich verflüchtigt zu haben. Es scheint auf die Stufe der geheimnislosen Banalität abzusinken. Was bleibt und äußerst gravierende Wirkungen ausübt, sind Schuldgefühle und Versagensängste, die neue Leistungsnorm nicht erfüllen zu können.

«Hinter der Sex-Religion steht ihre eigene Form der Repression, nämlich eine ungeheuerliche sexuelle Konventionalität. Alle Kulturen, die den Sex nicht verherrlichen, sind böse, und die Mitglieder solcher Gruppen müssen irgendwie in einem neurotischen Symptom gefangen sein» (Greer, S. 280).

Und Menschen aus der eigenen Kultur, die die Normen dieser Konvention nicht erfüllen – so wäre zu ergänzen –, sind offenbar krank, brauchen Therapie, müssen auf die geltenden Konventionen wieder eingeschworen werden. Noch gravierender aber ist die Tatsache, daß das Recht der Frauen auf das Glück, das das Privileg ihres Geschlechts ihnen zu bieten vermag, als neurotisches Versagen disqualifiziert wird. Es ist der Verlust des weiblichen Rechts, die Erotik des kleinen Kindes zu genießen, für seine Annäherungsversuche offen zu sein, die eigene kindheitbezogene Erotik auszuleben und so dieses Kind zu schützen und zu lieben und die Grundlage für die mütterliche Zuneigung zu entwickeln.

«Zu dem, was die Welt an Erotik zu bieten hat, gehört gewiß der kostbare Schatz dessen, was Kinder an Sinnesfreuden bescheren können» (Greer, S. 298, vgl. auch S. 290 f).

Ich möchte hinzufügen, daß es dabei nicht um den Gedanken einer generellen Unterdrückung von Sexualität gehen kann, sondern um deren Formgebung. Die besonderen Phasen und Umstände des Frauenlebens – wie auch in der Adoleszenz, dem Klimakterium, dem Alter – verlangen nach spezifischen Formen der Würdigung weiblicher Sexualität. Das ist eine Herausforderung an deren kulturelle und ästhetische Gestaltung. In unserer Kultur wird darin zur Zeit jedoch lediglich ein Hindernis erblickt, von dem die Formen durch eine nivellierende Leistungsideologie «befreit» werden sollen. Doch trägt diese Befreiung patriarchale Vorzeichen und spannt die Frauen auch in das Joch männlicher Körperentfremdung. Was not tut, ist eine Erlösung aus diesen gewalttätigen Konventionen, die sich zu Unrecht als Befreiung deklarieren zugunsten einer heil(ig)enden Form weiblicher Sexualität. Anleitungen dazu finden sich in vielen Kulten und Mysterien alter und zeitgenössischer Kulturen, die eine besondere Vertretung für die in der weiblichen Sexualität liegende Energie entwickelt haben (wie zum Beispiel der indische und tibetische Tantrismus, der chinesische Taoismus und viele andere, vgl. u. a. Naslednikov).

(3) In einem Gespräch mit Müttern kreiste das Gespräch um die Themen Macht und Liebe. Eine Frau intervenierte und sagte mit großer Erregung, daß sie die Fortsetzung des Gesprächs über Liebe nicht wünsche, weil sie mit dem Wort Liebe nichts anzufangen wisse. Die anderen sollten aufhören, darüber zu reden, denn sie fühle sich so unbehaglich. Sie habe jetzt auch Angst, daß ihr die Tränen kommen könnten. Nach einer Pause, in der sie bemüht war, ihre Tränen zurückzuhalten und ihre Fassung wiederzugewinnen, sagte sie sichtlich berührt, daß dieses Wort für sie etwas sehr Kostbares sei. Es sei etwas, von dem sie genau wisse, daß es etwas Wesentliches und Unberührbares ausdrücke, von dem man aber normalerweise weder reden dürfe noch etwas zu hören bekomme. Es sei etwas, das sie eher wie ein Geheimnis zu hüten sich vorgenommen hätte. – Andere Frauen in der Runde hatten ebenfalls Tränen in den Augen. Die Frau, die geredet hatte, sagte später, daß es sie große Mühe gekostet habe, die Spannung in ihrem eigenen Innern zu ertragen. Sie sei zu sehr berührt gewesen, und gleichzeitig habe sie eine ungeheure Angst vor der Preisgabe von etwas sehr Intimem gehabt. In dieser Hinsicht sei sie schon gerade von Frauen viel zu oft verletzt worden. Sie wisse, daß man in der Frauenbewegung ganz anders darüber denke, daß das alles bloße Einbildung sei, ansozialisiert, neurotisch und klammernd, und deswegen wolle sie auch nicht mehr darüber reden.

An dieser Geschichte läßt sich ersehen, wie gravierend die Konflikte von Müttern sind. Sie selber haben eine eigene Wahr-nehmung, daß es so etwas gibt wie Liebe zu ihrem Kind. Doch reden dürfen sie als emanzipierte Frauen nicht mehr darüber. Auch entsteht in ihnen selber der Verdacht, einer Einbildung zum Opfer zu fallen. Das alles wird zu einem ungeheuren Druck, der sich nirgendwo entladen kann.

Eine andere Frau hatte eine Veranstaltungsreihe über Geburt und Schwangerschaft in fremden Kulturen besucht. Dort wurde viel Bildmaterial gezeigt, und sie hatte auch gesehen, wie ehrfurchtsvoll mit den werdenden Müttern umgegangen wurde. Das alles führte bei ihr zu einem dermaßen großen Druck, daß sie mit Kopfschmerzen und Schlaflosigkeit zu kämpfen hatte. Erst als sich eine Chance ergab, in einer Gruppe über die eigenen Geburtserfahrungen, über die Tiefe der erfahrenen Demütigung, zu reden, löste sich der Druck in Form von Tränen. Die Frau sagte mir, daß das eine ganz eigenartige Erfahrung sei. «Wir tun vorerst nichts anderes, als uns unsere Gebär- und Schwangerschaftserfahrungen gegenseitig zu erzählen, und das geht nicht ohne Tränen ab. Alle sind so betroffen, sowohl von der Erfahrung selbst, als auch von dem Darüber-nicht-reden-dürfen.» Sie fragen sich nun, in welch einer Kultur wir eigentlich lebten, die die eine Form der Sexualität erzwinge und über die Maßen steigere, die andere Form aber zu Sprachlosigkeit verurteile.

Schon zu Beginn der achtziger Jahre veröffentlichte Elisabeth Badinter ein Buch mit dem Titel «*Die Mutterliebe*». Dieses Buch schien tauglich zu sein, das öffentliche Gewissen zu beruhigen, indem es versuchte, die Willkürlichkeit der Mutterliebe zu erweisen. Es stellte heraus, daß auch Mutterliebe «nur» ein menschliches Gefühl sei und als solches «ungewiß, vergänglich und unvollkommen» (Badinter, S. 12). Die Autorin selber hatte ihr Buch verstanden als einen Beitrag zur Befreiung von unmenschlichem Druck, der in der gesellschaftlichen Erwartung besteht, daß jede Frau als Mutter einen Mutterinstinkt in höchst vollkommener Weise entwickle. Doch wurde diese Botschaft bald anders interpretiert. Es hieß eher, wenn es keine biologische Verankerung der Mutterliebe gäbe, dann sei das ganze Gerede um Mutterliebe sowieso reine Erfindung, erdichtet, um den Frauen ein lästiges und behinderndes Geschäft schmackhaft zu machen. Daran war die Autorin keineswegs unbeteiligt. Sie ließ in ihrer historischen Analyse nichts gelten, was jemals über Mütter und Mütterlichkeit gesagt wurde. Immer war es schon dazu angetan gewesen, den Frauen zu schaden, sie zu «bloßen Müttern» abzuwerten und ihnen unerfüllbare Pflichten aufzuerlegen. Das Buch führte statt zu einer

Klärung zu einer immer stärkeren Abwertung des Mutterseins. Das bekamen die realen Mütter sehr zu spüren. Ihnen wurde auch noch das letzte aus der Hand geschlagen: Mütter und Mütterlichkeit gab es ja gar nicht. Wenn sie etwas Entsprechendes an sich selber wahrzunehmen glaubten, galten sie als solche, die eine «Mystifikation der Mutterschaft» betrieben. Denn – so lautete die Schlußfolgerung – was die Natur nicht mitgab, existierte überhaupt nicht.

Die Spuren weiblicher Autonomie wurden so getilgt. Denn Autonomie wurde nur maskulin gedacht. Daß das Bestreben nach Autonomie in einem Spannungsverhältnis zu einer polar entgegengesetzten Bestrebung steht, nämlich dem Wunsch nach Bindung und Gegenseitigkeit, wurde einfach nicht mehr gesehen. Das war ein folgenschwerer gedanklicher Irrtum. Insofern wurde auch der Satz der Autorin nicht ernst genommen.

«Je nachdem, ob die Gesellschaft die Mutterschaft aufwertet oder abwertet, wird die Frau eine mehr oder weniger gute Mutter sein» (Badinter, S. 13).

Was als Befreiung von gesellschaftlicher Bevormundung gedacht war, geriet so zu einer Verwirrung großen Ausmaßes. Das traf insbesondere diejenigen, die trotz allem den «Opfergang» des Kinderkriegens und -aufziehens auf sich nahmen, aus welchen Gründen auch immer.

«Das Opfer, das sie zu bringen haben, ist sehr groß; und sie haben dafür keine Belohnung und Entschädigung zu erwarten. Falls es der Zweck der Bedingungen der Schwangerschaft in unserer Gesellschaft sein sollte, den Stress bis zum äußersten zu steigern, so wird dieses Ziel unter den gegebenen Bedingungen optimal erreicht. Die, die gebären, fechten ihren Kampf alleine aus. Alle anderen wollen an ihnen nicht schuldig geworden sein» (Greer, S. 19).

Ich will mit solchen Ausführungen die Verdienste und Notwendigkeiten der Frauenbewegung keineswegs schmälern. Und doch ist es Zeit, die geltende Emanzipationslosigkeit noch einmal neu zu befragen. Wird heute nicht gerade in der Mütterdebatte mehr als deutlich, daß der Freiheitsbegriff, verstanden als Freiheit von der lästigen und begrenzenden Bio-logie des Weiblichen in neue Verstrickungen führt? Der Begriff der Bio-logie (von griechisch logos = Wort und griechisch bios = Leben) bedeutet ja Sprache des Lebens. Gilt es nach wie vor, sich von der Sprache des Lebens, des Lebendigen im eigenen Sein zu befreien? In der Abwendung von den Mühen und Lasten weiblichen Lebens erfolgt auch die Abwendung von den spezifischen Möglichkeiten, die das Leben in der weiblichen Körperlichkeit enthält. Gemeint war zwar der Erweis der Ebenbürtigkeit des Weiblichen, unter der Hand ergab sich jedoch, daß es eher ein Beweis der Anpassungsfähigkeit an maskuline Vorgaben wurde. So führte die geltende Emanzipationslogik dazu, daß die zentralen Orientierungen der patriarchalen Gesellschaftsstrukturen weiterlebten und nun auch für Frauen gelten: als Abwendung von der eigenen Natur, verbunden mit einer Abwertung eines Teils der weiblichen Sexualität, der Fruchtbarkeit nämlich, und der aus ihr stammenden sozialen und psychischen Kulturleistungen, wie sie im Konzept von Mütterlichkeit auch immer mitgedacht wurden. So konnten auch Frauen der phallisch-instrumentellen Rationalität der Männer nichts entgegensetzen, ließen sich in den eigenen Köpfen davon lähmen.

Die andere Seite, die Seite der männlichen Autonomie, geriet dabei zu einem Fetisch, der nicht mehr bezweifelt werden durfte. Beruf und berufliche Arbeit erfuhren eine so ungeheure Aufwertung, daß die Frage nach dem Sinn des (gesellschaftlichen) Tuns nicht mehr möglich wurde. Für Frauen hatte es einfach klar zu sein, daß sie sich ganz und gar in beruflicher Arbeit engagieren wollten. Dabei stellten sie jedoch nicht mehr in Frage, inwieweit eine immer weiter ausdifferenzierte und expandierende Dienstleistungs- und Informationsgesellschaft sinnvoll sei. Auch wurde nicht gefragt, ob das in alle Bereiche vordringende «Berufsmenschentum» (Weber) eine individuell befriedigende Lösung ist. Es war gesetzt: diese Lösung hatte die richtige zu sein. Schließlich hatten die Männer ihren Machtvorsprung erwirkt. Und so galt als Hauptsache, daß die Frauen auch partizipieren konnten. Das stimmte überein mit der alten Sehnsucht nach der Teilhabe an der männlichen Macht, auch wenn diese erkauft werden mußte mit der Preisgabe der eigenen Mächtigkeit. Nur selten und erst spät fragten Frauen, was denn an vielen dieser menschenverachtenden «Jobs» so ungeheuer Gutes sein solle, denn die erworbenen Privilegien waren oft beträchtlich (vgl. dazu Christa Wolf: Selbstversuch).

Jetzt, da die Arbeitsgesellschaft insgesamt immer mehr zu kriseln beginnt, kann es vielleicht eine Diskussion darum geben, welche Idee von Gesellschaftlichkeit Frauen verfolgen. Sind wir immer wieder nur Mittäterinnen, die erst hinterher ihr Beteiligtsein erkennen? Umweltkrise und Tschernobyl sind Produkt einer allgemeineren Bewußtseinskrise, in die wir Frauen längst hineingezogen wurden. *Unsere Mütter* und Großmütter haben in mißverstandener «Vaterlandsliebe» ihre Söhne für den Krieg geopfert und ihn dadurch unterstützt. Wir können befürchten, daß unsere Verknüpfung von Emanzipation und beruflich-hierarchischem Aufstieg auch einer mißverstandenen «Selbstliebe» entspringt und einen totalitären Fortschrittsglauben unterstützt.

Frauen haben immer wieder mit Erschrecken festgestellt, wie die Mütter, Großmütter und Urgroßmütter daran gehindert wurden, über sich selber und ihre Erfahrungen zu reden. Es gab ja keine Frauenöffentlichkeit, keine Möglichkeit, die Stimme von Frauen zu erheben. Bis auf wenige Ausnahmen natürlich. So gilt es als eine der größten historischen Grausamkeiten gegenüber Frauen, ihnen ihre Sprache genommen, ihre öffentliche Aussage nicht erlaubt zu haben. Und doch setzen Frauen auch heute diese Tradition fort, und zwar, indem sie darauf drängen, daß die eigenen Mütter sprachlos bleiben. Es gibt Themen, zu denen die eigenen Mütter sich nicht äußern dürfen. Sonst könnte ja herauskommen, daß sie etwas Positives auch an ihrem Leben aufzuzeigen hätten, obwohl es doch so eindeutig unter dem Zeichen des Faschismus und einer nicht zugebilligten Sexualität stand. Das scheint Grund genug zu sein, um die Mütter- und Großmüttergeneration zum Schweigen zu bringen.

Ich mußte erst nach Österreich fahren, um von den Frauen aus Österreich zu erfahren, wie schlimm dieses Schweigen ist. In einem Workshop fand zum erstenmal im Leben zweier Menschen ein Gespräch zwischen einer schon erwachsenen Tochter und deren Mutter statt. Es war bewegend für uns, daß sich dort so lange schon getrennt lebende und so nahe Frauen zum erstenmal fanden. Als sie erst einmal die sich gegenseitig auferlegten Tabus beseitigt hatten, setzte ein Verständigungsprozeß ein, der alle in der Gruppe sehr berührte. Es wurde deutlich, wie sehr die Jungen den Älteren nicht zugestehen, über ihre Erfahrungen wirklich zu reden. Was den Faschismus betrifft, so könnte ja herauskommen, daß sie trotz allem auch in BDM und Reichsfrauenschaft beglückende Erfahrungen gemacht haben, daß sie trotz aller sexuellen Eingeschränktheit auch einen Sinn in ihrem Leben und in ihrer Liebe entdeckt hätten usw. Das würde jedoch an den eigenen ideologischen Überzeugungen rütteln. So haben unsere Mütter in der Tat immer geschwiegen, aus Angst, daß es doch immer nur das Falsche würde, etwas, das Mißtrauen und Vorwürfe bei den Töchtern weckt. Auch sie machen sich Gedanken, ja. Doch wozu darüber reden? Ihre eigene Bewußtlosigkeit und Mittäterschaft ist ja schon längst entlarvt. Warum sich auch noch der Demütigung durch die Jüngeren aussetzen?

So wendet sich die Kinderfeindlichkeit nicht nur gegen die zukünftige Generation, sondern auch gegen die, die doch uns als Kinder hervorgebracht hat, die Generation der Mütter und Großmütter. Es ist jedoch keineswegs so, daß sich hier nur ein tragisches Geschehen abzeichnet, das historisch eher zufällig ist. Vielmehr gehört es zum Prozeß der Individualisierung, die unabdingbar im Projekt der modernen Industriegesellschaft vollzogen werden muß. Innerhalb dieses Projekts wird Selbstverwirklichung als Selbstbehauptung mißverstanden, solange es sich am einseitig maskulinen Autonomiebegriff orientiert. In der Selbstbehauptung wird der wirkliche oder vermeintliche Gegner abgewertet. Das gilt auch für die Gegnerschaft zwischen den Generationen. Denn in der Selbstbehauptung geht es um die Erprobung der Macht, um den Kampf gegen die eigene Ohnmacht. Doch ist die Frage: Macht wozu? Und was geschieht mit den tiefen Gefühlen von Ohnmacht und Unzulänglichkeit, die doch auch da sind? Werden sie nun durch Hinzugewinn von Macht aufgelöst, oder werden sie nur unsichtbar?

Für uns Frauen mag es eine äußerst schmerzhafte Erkenntnis sein, daß auch die Frauenbewegung sich einem historischen Prozeß verdankt, der die Befreiung aus allen traditionellen Rollen, insbesondere auch aus den Geschlechtsrollen, verlangt. Es sind also nicht «autonome» Ziele, die wir verfolgen. Wir sehen nun, daß wir notwendigerweise eine Entwicklung nachholen, die Männern schon vor Jahrhunderten auferlegt war. Es ist die Entwicklung der totalen Individualisierung, marxistisch ausgedrückt: die Entwicklung zur freien Lohnarbeiterin, die die alten Fassungen des Standes und des Geschlechts abgeworfen hat. Auch wenn Frauen persönlich andere Motive dabei verfolgen, geraten sie doch stets in das allgemeine Projekt dieser modernen Gesellschaften. Die Männer hatten ja als erste im Kampf gegen die «Große Mutter», die Natur mit all ihren schützenden, nährenden und auch bedrohlichen Aspekten, gewonnen, als sie die moderne Wissenschaft – insbesondere die Naturwissenschaft – entwickelten. Doch mit dem Kampf gegen die Mutter vollzogen sie auch die Abwendung von dem dazugehörigen Göttlichen und von ihrem eigenen Herzaspekt. Sie waren von nun an lediglich «eindimensional» interessiert, die eigene Macht und Vollkommenheit zu entdecken, zu entwickeln und zu festigen. Das war die Geburt des maskulinen, selbstbehauptenden Ich, des machtausübenden Ego. Eifersüchtig wachten die Männer viele Jahrhunderte darüber, daß die Frauen – die ehemals Mächtigen – nach außen hin auf einer Stufe verharrten, die sie selber schon überwunden hatten. In ihrer Vorstellung blieb die Frau Natur, «bloße Natur», den Gesetzen natürlicher Fruchtbarkeit unterworfen, gebannt immer noch von der Großen Mutter. Gegenüber den Errungenschaften der Männer galten die Frauen als geistlos und unberechenbar, in Befangenheit gehaltene kastrierte Wesen, die an ihrer Macht nicht teilhaben konnten.

So wurde die Zeit, in der in den vergangenen Jahrhunderten die Männer ihre Herrschaft begründeten, für Frauen eine Zeit der Beschämungen, der Unfreiheit und der Verpflichtung zum Dienen. Eine Generation von Frauen gab das Bewußtsein des Festgehaltenseins an die andere weiter. So sehen sich Frauen heute vor ein fatales Erbe gestellt. Die eigenen Mütter erscheinen als diejenigen, die das ihnen auferlegte Unglück weitergaben. Sie gelten als Repräsentantinnen und Überträgerinnen weiblicher Knechtschaft. Sie – die Mütter – zu überwinden, erscheint als Weg in die vorenthaltene Freiheit. Deshalb muß die Mutter abgeschafft und deren Spuren aus der eigenen Identität getilgt werden. Die so befreite Frau *hat* keine Mutter und *ist* auch keine mehr.

Und so erweist es sich heute immer noch als empirische Wahrheit, daß jede Frau, die den Prozeß der Selbstfindung auf sich nimmt, zunächst unweigerlich auf das Versagen ihrer eigenen Mutter stößt. Die Mutter erscheint als die Ursache all der Probleme, mit denen Frauen sich heute plagen müssen. Sie ist die Ursache für das weibliche Minderwertigkeitsgefühl. Welchen Respekt sollen Töchter den Müttern da zollen?

Das alles geschieht jedoch nur solange, wie Frauen nur aus der Perspektive des männlichen Fortschrittsglaubens auf die eigene Mutter schauen. Es gibt nämlich auch eine andere Perspektive, aus der heraus das eigene Bewußtsein von der weiblichen Minderwertigkeit, das noch auf die biographische Mutter projiziert ist, wahrnehmbar wird. Das kann ein erster Schritt zu einem Bewußtseinswandel sein, der von der Erkenntnis der verborgen gebliebenen weiblich/mütterlichen Macht ausgeht. Was aber sollen Frauen mit der Erkenntnis dieser Macht, die in ihnen selber auch existiert, anfangen? Müssen sie diese Macht nicht voller Selbsthaß zur Kenntnis nehmen, sie unterdrücken, auf ihrer eigenen Ohnmacht beharren, weil es keine Lebensform für diese Macht gibt? Denn es gilt ja, den Schritt nachzuvollziehen, den das männliche Bewußtsein schon längst gemacht hat, seine Ablehnung von Leben und Tod in gleicher Weise nachzuvollziehen. Und dazu müssen sich Frauen nicht nur aller Attribute entledigen, die bislang als weiblich galten, sie müssen insbesondere auch das Objekt, das Träger ihrer Projektionen war, selber vernichten. Die Mütter müssen so von den Töchtern beseitigt werden. Der Weg in die mutterlose Gesellschaft ist geebnet. Mit den Müttern wird auch alles Mütterliche beseitigt, alles, was die andere Seite eines polaren Lebenszusammenhangs von Autonomie und Bezogenheit ausmacht: das Bindende, Dienende, Beschützende, Nährende, Pflegende, Gegenseitige. Und es wird den Männern angeboten: «Macht ihr das doch einmal, wenn ihr das so gut findet.»

Anders als im Rassismus werden hier die Unterlegenen, die Frauen, genötigt, sich aller Eigenschaften zu entledigen, die ursprünglich zu ihrer sexuellen Identität gehörten. Und doch gibt es Gemeinsamkeiten zwischen Sexismus und Rassismus. So ist es auch nicht erstaunlich, daß in den USA diese Parallelen von schwarzen Frauen insbesondere erkannt und diskutiert wurden. Ihre doppelte Diskriminierung öffnete ihnen die Augen dafür, daß die Vorstellungen der weißen Frauen von Emanzipation doch eher auf eine Anpassung an die männliche Kultur hinausliefen. Um ihre eigene ethnische Identität zu wahren, müssen sie auch den Blick zurück und den Blick nach unten wagen. Und dort finden sie nicht nur Mütter und Großmütter, die ihnen alles schuldig geblieben sind. Im Gegenteil, sie entdecken die weibliche Würde dieser Gestalten gerade dort, wo sie anscheinend nicht zu finden ist: in den hart auf den Feldern und zugleich im Hause arbeitenden Müttern, die so viele Kinder und nie Zeit hatten, sich auf sich selber zu besinnen, auf ihre eigene Anliegen und auf ihre eigene Kreativität. «Und doch ist es meiner Mutter – und all unseren Müttern, die nicht berühmt waren – zuzuschreiben, daß ich mich auf die Suche nach dem Geheimnis begab, das diesen geknebelten und oft verstümmelten, doch lebenssprühenden, schöpferischen Geist nährte, den die schwarze Frau geerbt hat und der bis auf den heutigen Tag plötzlich an ungezähmten und unwahrscheinlichen Orten aufblitzt» (Alice Walker, S. 64). Diese nicht-weißen Frauen konnten einen Fehler erkennen, den die weißen Feministinnen so lange gemacht hatten und dem sie fast selber erlegen waren. Der Fehler lag darin, die eigenen Mütter zu verkennen und damit zu entwerten: «Die Antwort ist so einfach, daß viele von uns Jahre gebraucht haben, um darauf zu kommen. Wir haben immer nur nach oben geschaut, wo wir doch nach oben hätten schauen sollen und nach unten» (Walker, S. 64). Wenn wir es wagen, auch nach unten zu schauen, ist die Mutter nicht mehr nur die zu Überwindende, die, von der sich die Töchter emanzipieren müssen, weil das Leben der Mütter ihnen nur als Warnung vor dem Scheitern erscheint. Dann ist die Mütter auch nicht mehr nur diejenige, die das meiste schuldig blieb, die Töchter einengte und in die Unfreiheit zog.

Der ausschließliche Blick nach oben ist nämlich notwendigerweise der Blick in eine Männerwelt, die das Oben besetzt hält und die zu Auf-stieg und Fort-schritt verlockt und die damit das Verlassen der Gärten der Mütter erzwingt. Doch gerade der Blick nach unten in die Gärten zeigt auch, daß die Mütter Künstlerinnen waren, voller Liebe für eine sich in der Natur entfaltende Ästhetik, die aus töchterlicher Arroganz lange nicht beachtet wurde: «Mir fällt auf, daß meine Mutter, nur wenn sie in ihren Blumen arbeitet, etwas Strahlendes hat;

beinahe so stark ist das Strahlen, daß sie selbst dahinter verschwindet – nur noch als Schöpferin, als Hand und Auge, da ist. Sie ist in die Arbeit vertieft, die ihre Seele besitzen muß. Sie ordnet das Universum nach dem Bild ihrer persönlichen Vorstellung von Schönheit» (Walker, S. 67). Und so bemühen sich die nicht-weißen Frauen, wieder in Übereinstimmung mit ihren Müttern zu kommen, indem sie sich von der Dominanz der anti-mütterlichen Normen weißer Mittelschichtfrauen nicht verwirren lassen. «Geleitet von einem Erbe der Liebe für das Schöne und dem Respekt vor Stärke – auf der Suche nach dem Garten meiner Mutter – habe ich zu meinem eigenen gefunden» (Walker, S. 68). Was die weißen Frauen als Biologismus abzuwehren und zu entwerten gelernt haben, ist den schwarzen Frauen die Möglichkeit der Rückkehr zu ihren Müttern und damit der Rückkehr zur eigenen Identität, die immer auch eine biologisch verankerte ist. Das zu vergessen, bedeutet ja gerade Rassismus. Und es ist auch wahrscheinlich, daß dieses zu vergessen auch Sexismus bedeutet. Es ist die Übernahme sexistischer Normen auch von Frauen.

Und es ist auch sexistisch, eine solche Selbstkritik innerhalb der Frauenbewegung gleich diffamierend zu verurteilen, Frauen als Faschistinnen zu bezeichnen, ohne hinzuhören. Die Verhaftung an einen Traditionalismus, insbesondere an einen Traditionalismus der Denkformen, ist eher auf der Seite derjenigen zu suchen, die ihrem Bedürfnis nach Selbstbehauptung Ausdruck geben, indem sie andere abwerten und an der eigenen Selbstfindung vorbeigehen.

So können die nicht-weißen Frauen aus Amerika und anderen Kontinenten heute den euro-amerikanischen Mittelschichtfrauen zeigen, wo die Grenzen der Befreiung von Bindung (der Tradition, der ethnischen Zugehörigkeit, der menschlichen Gegenseitigkeit) liegen und wo eine Rückbesinnung auf den Ursprung des Weiblichen notwendig wird. Diese Frauen zeigen auch, daß Abwendung und Leugnung der Differenz von Geschlecht und Rasse keineswegs mit deren Überwindung gleichgesetzt werden kann. Das Eingeständnis aber der eigenen Verführbarkeit zu einer immer im neuen Gewande auftretenden Opferrolle führt zu jener Stärke, von der die Frauen auch berichten: «Es ist zu einfach, dem weißen Mann oder den weißen Feministinnen oder der Gesellschaft oder unseren Eltern an allem die Schuld zu geben. Was wir sagen und was wir tun, kommt letztendlich auf uns zurück, also wollen wir uns dazu bekennen, daß wir selbstverantwortlich sind, unsere Verantwortung in die eigenen Hände nehmen und sie mit Würde und Stärke tragen. Niemand wird die unangenehmen Arbeiten für mich erledigen, ich räume selbst hinter mir auf» (Gloria Anzaldúa, S. 89).

Frauen, die sich engagiert dem Projekt Individualisierung und Entwicklung einer Ego-Kultur angeschlossen haben – und das sind mehr
oder weniger alle weißen Frauen in den fortgeschrittenen Industrie-
nationen – machen eine merkwürdige Erfahrung. Wie intellektuell
Frauen auch geworden sind, wie groß ihre politischen und anderen
Machtbefugnisse geworden sein mögen und wie sehr sie sich selber zu
einem hochqualifizierten Berufsmenschen entwickelt haben mögen:
ihre ganze Orientierung wird nachhaltig erschüttert, wenn sie sich auf
die Vorgänge Schwangerschaft, Geburt und Begleitung und Pflege
eines Kindes bis ins Erwachsenenalter («Erziehung») einlassen.
Nichts von all dem Erarbeiteten erweist sich jetzt als stützend und
tragend, alles wird in seiner Bedeutung relativiert. Das ist in der Regel der Moment, wo eine Frau in unserer Gesellschaft zusammenbricht oder aber die Kraft findet, alles noch einmal und ganz neu zu
durchdenken. Fragen stellen sich möglicherweise ein wie: Was will ich
im Leben? Was gibt mir Beständigkeit? Für was lohnt sich meine
Plackerei? Ist es jetzt der vorausgeahnte Rückfall in die Barbarei der
drei K's oder der Begriff eines qualitativ neuen Abschnitts in meinem
Leben?

Wenn die Umstände glücklich sind, kann es der Frau geschehen,
daß sie auf diese Fragen Antworten findet oder besser: zu neuen
Fragen kommt, die wieder zu neuen Fragen führen wie zum Beispiel:
Wieso habe ich so lange in dieser Welt von Macht und Politik funktioniert? Wieso habe ich das Lebensfeindliche dieser Kopfmenschen
nicht bemerkt? Womit verdiene ich nun dieses Glück? Wenn die Umstände nur ein wenig glücklich sind, wird sie vielleicht eine neue Kraft
entwickeln, eine dauernde Beziehung zu einem Wesen aufzubauen,
das jetzt zu ihr gehört. Oder auch sie wird sich hin- und hergerissen
fühlen zwischen Angst und Sorge, Glück und Entzücken, Zorn und
Empörung. Auf jeden Fall gerät die Welt der Ego-Kultur, der voran-
getriebenen Individualisierung, des Single-Daseins als Norm und
Glücksversprechen, die Welt der Selbstbehauptung und der Flucht
aus der Gegenwart gehörig ins Wanken. In der Tat ist die Frau ein
gewaltiges Risiko eingegangen. Aber es ist ein anderes Risiko, als die
Repräsentanten und Repräsentantinnen der Ego-Kultur uns weisma-
chen wollen: es ist das Risiko zu einem Bewußtsein, zum Sinn des
eigenen Lebens vorzustoßen und die daraus resultierenden Konsequenzen auf sich zu nehmen. Es ist dann auch wahrscheinlich, daß ein
gewaltiger Zorn erwacht. Ein Zorn über das, was Frauen sich gegenseitig antun. Ein Zorn darüber, daß Frauen nicht entschieden genug

dem Konsumismus und der Zerstörung der Welt entgegentreten, daß sie sich die pornographische Entwertung ihres Körpers, die Demütigungen der Natur dieser Erde gefallenlassen. Vielleicht auch entwickeln sie Ideen eines Feminismus, der auch die Würde des weiblichen Körpers und die Wertschätzung der weiblichen Fruchtbarkeit lehrt. Dieser Feminismus würde dann vielleicht auch noch anders auf die Versuche von Wissenschaftlern reagieren, die nach künstlichen Zeugungsmöglichkeiten und Gen-Manipulationen suchen. Diese Frauen könnten deutlich machen, wie sehr das Recht auf die Weitergabe von menschlichem Leben unter menschlichen Umständen verknüpft ist mit dem Wesen des Menschen selbst. Vielleicht auch würden sie Utopien ersinnen, wie die Menschen friedfertiger miteinander leben könnten. Sie erfahren ja selber, wie die Selbstachtung mit der Achtung des Kindes und die Achtung des Kindes mit seiner Friedfertigkeit zusammenhängt. Daß es auch für Kinder ein großes Geschenk bedeutet, sich als Kinder geachteter und sich selbst achtender Menschen zu wissen. Sie könnten auch erfahren, wie ihre Söhne ihre unterschwellige Angst vor der Macht der Mütter offen leben und in immer neue Fragen ummünzen können, wie sie nicht «naturwüchsig» zu einer Verachtung und Entwertung des Weiblichen kommen müssen, um sich der Bindung an die Mutter zu entledigen. Sie könnten etwas darüber herausfinden, daß technologisches Denken und intellektuelle Systeme eine Form sind, den Schmerz über den mangelnden Kontakt zum Lebendigen auf der Erde zu überwinden. Sie selber könnten sich an ihrem Auftrag freuen, Menschen zu begleiten, ihrer Entwicklung zu dienen und auf diese Weise zu einer Spiritualität finden, die nicht mehr von autoritären Vaterfiguren dominiert und von Pflichten diktiert ist. Dann wären auch die Erfahrungen von Leid und Schmerz in ihrem Leben nicht mehr nur ein zu vermeidendes Übel, sondern ein förderliches Hindernis, wie es die alten Kulturen immer wieder gesehen haben. Denn das Glück des Menschen erscheint ihnen dann nicht mehr im Wohlleben auf Kosten anderer Länder und anderer Menschen, sondern im Überwinden von Hindernissen und in der Freude an den menschlichen Möglichkeiten. Sie könnten den Weg zum Selbstbewußtsein erkennen und auf Selbstbehauptung immer mehr verzichten...

Doch die Umstände sind bislang wenig günstig. Es ist, als wären Mütter nicht nur unfertige und ungebildete Wesen, sondern als wären sie in ständiger Bedrohung, nun auch noch die ganze Bewegung der Frauen zu verraten. Deshalb werden sie bewacht und belauert. Auch Teile der Frauenforschung und der Publizistik haben bisher diesem Ziel gedient. Frauen, die sich als Marxistinnen verstehen, haben die

These von Marx, daß die ökonomischen Verhältnisse das tragende Fundament einer Gesellschaft sind, in der Weise ausformuliert, daß sie sich gegen ein mögliches Selbstbewußtsein von Frauen wendet. Im Gegensatz zu Marx, der lediglich vom Primat der ökonomischen Verhältnisse sprach, lassen sie nichts anderes mehr gelten. Eine Frau, die in keinem öffentlichen Lohnverhältnis steht, die sich gar um häusliche Belange und die Aufzucht ihrer Kinder kümmert, ist eine verhaustierte Frau. Kann man von ihr etwas erwarten, was auf Änderung der Gesellschaft drängt?

Immer wieder erlebe ich, wie auch Frauen in eine Theoriewelt flüchten, die zum Beispiel sich als marxistische ausgibt. Sie setzen die Sphäre der Ökonomie als absolut und beschreiben von ihr her den ganzen Gehalt des menschlichen, insbesondere des weiblichen Lebens. Daß sie dabei an den Aussagen des Mannes, auf den diese Theoretikerinnen sich berufen, vorbeigehen, scheinen sie gar nicht zu sehen. Karl Marx selbst hat nämlich keineswegs gesagt, daß es allein auf eine Betrachtung der Ökonomie ankäme und daß es darüber hinaus im menschlichen Leben nichts anderes zu begreifen gäbe. Im Gegenteil: Er sieht in der Denkweise der Ökonomie vielmehr die Hindernisse, die dem Menschlichwerden des Menschen entgegenstehen. Eines der Hindernisse ist es, nur innerhalb der Strukturen der Nationalökonomie zu denken. Dann gibt es nichts anderes als das, «dem Menschen ein neues Bedürfnis zu schaffen und ihn zu seinem neuen Opfer zu zwingen, um ihn in eine neue Abhängigkeit zu versetzen und ihn zu einer neuen Weise des Genusses und damit des ökonomischen Ruins zu verleiten. Jeder sucht, eine fremde Wesenskraft über den anderen zu schaffen, um darin die Befriedigung seines eigennützigen Bedürfnisses zu finden» (Marx: Nationalökonomie, S. 254). Marx selbst weist in seinen frühen Schriften immer wieder darauf hin, daß die Nationalökonomie ein falsches und fremdes Denken ist, die dazu führt, alle subjektiven Lebensregungen zu verkaufen, und das heißt, feil, nützlich zu machen. Nach Marx ist es das Geld, das als verkehrende Kraft alle menschlichen Dinge vertauscht und verwechselt. Denn es gilt: Du kannst «Liebe nur gegen Liebe austauschen, Vertrauen nur gegen Vertrauen etc.» (Karl Marx, S. 301). Theoretikerinnen, die die Lebensäußerungen des Menschen außerhalb der ökonomischen Verrechnungen als nicht existent erklären, mißhandeln die Wahrheit, die ein Mann mit Namen Karl Marx zu erfassen versucht hat: «Wenn du liebst, ohne Gegenliebe hervorzurufen, das heißt, wenn dein Lieben als Liebe nicht Gegenliebe produziert, wenn du durch eine Lebensäußerung als liebender Mensch dich nicht zum geliebten Menschen machst, so ist deine Liebe ohnmächtig, ein Unglück» (ebenda).

Das Absehen von diesen Lebensäußerungen ist auch Verrat an dem, was von den eigenen Müttern an Lebensäußerungen auf uns überkommen ist. Wenn sie geleugnet und nur noch Bedürfnisse als real anerkannt werden, die durch Waren befriedigt werden können, sieht die Diagnose der gesellschaftlichen Lage von Frauen ungefähr folgendermaßen aus:

Frauen, die heute Mütter werden, sind rückfällig geworden und haben ihre Chance zur Emanzipation verspielt. Sie haben sich in die trughafte Sicherheit der Familie geflüchtet. Es ist zu erwarten, daß es ihnen dort schlecht geht, weil sie ja eigentlich auch an ganz anderen Dingen interessiert sein müssen. Den Kindern geht es auch schlecht, wenn sie zu Hause bleiben. Und deshalb muß für Abhilfe gesorgt werden. Dann können auch die Frauen etwas von dem Verpaßten wieder nachholen. Deshalb muß die Gesellschaft Institutionen schaffen, in denen die familiären Lasten insbesondere der Kinderaufzucht auf viele Frauen verteilt werden können. Diese widmen sich in Institutionen gegen Lohn der Pflege und Aufzucht von Kindern. Sie sind Expertinnen und können deswegen als solche den Kindern das geben, was den Müttern ohnehin mangels professioneller Zugriffsmöglichkeiten versagt ist. Insofern geschieht das alles natürlich zum Wohl des Kindes, denn es wird nun mit wirklich ausgebildeten professionellen Erzieherinnen, Lehrerinnen, Beraterinnen, Sozialpädagoginnen, Weiterbildnerinnen, Therapeutinnen, Psychologinnen usw. konfrontiert. Mütterlichkeit ist dann längst in einzelne Bestandteile zerlegt worden und hat sich verflüchtigt. Dabei ist das Motiv der Anstrengung wenigstens ein ehrliches geworden: es ist nicht mehr die sowieso nicht existierende Mutterliebe, die hier wirksam wird, sondern es ist die Lohnarbeit der qualifizierten Expertin. Auch für die professionell arbeitenden Frauen ist eine solche Entwicklung von großem Vorteil. Die wenigsten müssen jetzt noch direkt Mutter sein und Windeln wechseln, Breichen kochen, Kinderkrankheiten durchstehen, Verzicht üben, streicheln und schmusen, schimpfen und versagen, anleiten und lehren, unentwegt dasein und die Fähigkeit zum Mitempfinden, Mitfreuen und Mitteilen entwickeln.

Es liegt mir fern, in diesem Zusammenhang mich polemisch gegen die Angehörigen dieser Berufe zu wenden oder den Wert von ausdifferenzierten pädagogischen Fähigkeiten zu leugnen. Was ich deutlich zu machen versuche, ist, in welcher Entwicklung wir Frauen zur Zeit stecken. Und daß diese Entwicklung schon jetzt als eine sichtbar werden kann, die sich nicht nur als dem Leben dienlich erweist. Das Leben in seiner Ganzheit geht verloren und gerät in der Tat gänzlich unter die Logik des Kapitals, so wie Marx es analysiert hat. Es ist zu einer merkwürdigen Verschiebung der Werte gekommen, auch für uns Frauen. So gilt zum Beispiel eine Therapeutin, die den ganzen Tag mit kleinen Kindern arbeitet, als eine angesehene und fortschrittliche Frau. Eine Mutter, die den ganzen Tag mit ihren Kindern (eigenen und fremden) lebt, ist eine mißachtete Frau, weil sie weder Lohnarbeit verrichtet noch Expertenstatus hat. Die Achtung gehört der entlohnten Expertin und die Mißachtung derjenigen, die Liebe nur gegen Liebe tauscht. So hat in der öffentlichen Meinung, die ja der Verbreitung von Wertorientierungen dient, auch eine Näherin am Fließband noch eine respektable berufliche Tätigkeit. Eine Frau aber, die Kinderkleidung zu Hause fabriziert, weil sie Mutter von Kindern ist, vergeudet ihre Zeit. Eine Sekretärin, die geduldig die Launen des Chefs oder auch ihrer Chefin erträgt, mindert dadurch ihr Ansehen nicht; schließlich kassiert sie dafür ja ein regelmäßiges Einkommen. Eine Frau, die um der Kinder willen die Launen ihres Ehemannes erträgt und versucht, immer wieder auch geglückte familiäre Beziehungen herzustellen, scheint dagegen in unverantwortlicher Weise gegen ihre eigenen Interessen zu handeln. Entgegen dem, was noch Marx analysiert hat, scheint heute und insbesondere auch unter Frauen zu gelten: Für Geld ja, aus Liebe nein! Marx noch sah in dieser allgemeinen Prostitution und Verkäuflichkeit aller menschlichen Eigenschaften ein ungeheures Unglück. Warum erscheint es uns Frauen nicht als ein solches? Müßten wir nicht eher mit Macht über die Strukturen einer anderen Ökonomie nachdenken, in der die menschlichen Belange bei den Menschen selbst bleiben können? Und wie die Verteilung des gesellschaftlichen Reichtums nicht in einer totalen Auflösung von allem in Leistung und Lohnarbeit mündet?

Die Beseitigung der Mutter beseitigt ein Liebesverhältnis, das doch Matrix (ein Wort, das in seiner Wurzel mit Mutter zusammenhängt) jeder anderen Beziehung war.

Eine Frau in einer leitenden Funktion in einem Kinderdorf sagte mir, sie könne sich nicht mehr vorstellen, für ihre Arbeit diplomierte und emanzipierte Frauen einzustellen. Da habe sich etwas ganz offensichtlich in eine falsche Richtung entwickelt, und häufig seien ihr zivildienstleistende junge Männer weitaus lieber, weil diese noch bereit seien, sich einzulassen. Auf mein erstauntes Nachfragen erfuhr ich eine Reihe von Geschichten, die mich ihre Ablehnung verstehen ließen: Eine Sprachpädagogin zum Beispiel fühlte sich für nichts anderes als für die Sprache der Kinder zuständig. Sie weigerte sich, auch die ganz kleinen Kinder körperlich zu berühren. Eine Kinderpsychologin fragte als erstes, wer denn während ihrer Arbeit mit den kleinen Kindern für den Win-

delwechsel zuständig sei. Eine junge Ärztin brauchte bei ihren Untersuchungen immer eine Person, die die nervöseren Kinder beruhigte. «Und in all diesen Fällen war dann ich diejenige, die für all das zuständig war, was über die professionellen Grenzen der anderen hinausging», sagte meine Gesprächspartnerin.

Ich frage mich nach solchen Gesprächen, ist es das, wohin die Frauenbewegung wollte? Ist sie damit noch auf dem Weg der Emanzipation? Meine Tochter fragte mich neulich ganz erschrocken, wieso ich denn Lehrerinnen für Erzieherfachschulen ausbilde, die selber keine Kinder haben und die mir auch erklärt haben, daß sie sich theoretisch nicht mit Kindern auscinandersetzen mögen. «Wie sollen sie denn überhaupt wissen, was Kinder sind und wie man mit ihnen lebt?» fragte sie mit großer Nachdringlichkeit. Und ich dachte, daß in dieser noch kindlichen Naivität genau das zum Ausdruck kommt, was ich von meiner eigenen Mutter nicht hören mochte.

Es liegt hier vielleicht zum Schluß die Frage nahe, wie autonom denn Frauenbewegung sich vollzieht? Ist sie Organ einer ohnehin ablaufenden gesellschaftlichen Entwicklung, sorgt sie für deren Beschleunigung? Oder setzt sie gesellschaftlichen Entwicklungen eine Kraft entgegen, die zur Umkehr zwingt oder doch zur Kursänderung? Vieles spricht dafür, daß auch die Frauenbewegung eingebunden bleibt in einen größeren gesellschaftlichen Prozeß, der uns in eine neue Fassungs-losigkeit treibt. Die traditionellen Fassungen der sozialen Herkunft und des Geschlechts entfallen immer mehr, entlassen die Menschen in eine Individualität = Vereinzelung ohne Bindung an tradierte Formen. Das erscheint auf der subjektiven Ebene als Freiheit. Gleichzeitig ist es jedoch auch die unbewußte Mithilfe an dem großen Projekt einer ziellos werdenden Entwicklung in den westlichen Industriegesellschaften. Wir wissen noch nicht, zu welchem Ende sie kommen wird. Doch zeigt sich schon, daß wir Frauen uns nicht über das mögliche Ausmaß von Freiheit täuschen dürfen. Vielleicht nämlich suchen wir diese Freiheit am falschen Ort. Wir verurteilen die Mütter und Großmütter, die sich im Dienst von Faschismus und Krieg zur Kinderproduktion haben verleiten lassen. Wir verurteilen ihre Bewußtlosigkeit, mit der sie etwas mitgemacht haben. Doch wir? Nennen wir nicht auch Emanzipation etwas, dessen Richtung immer fragwürdiger wird? Werden unsere Enkelinnen uns nicht doch wieder nur als Mitläuferinnen entlarven? Oder sind wir nicht doch ungleich freier, von außen und auch von innen her? Dann aber ist auch unsere Verantwortung ungleich größer.

Literatur

Anzaldúa, Gloria: In Zungen reden: Ein Brief an die Schriftstellerinnen der Dritten Welt, in: Sara Lennox, a. a. O., S. 80–93

Badinter, Elisabeth: Die Mutterliebe. Geschichte eines Gefühls vom 17. Jahrhundert bis heute. München 1984

Greer, Germaine: Die heimliche Kastration, Frankfurt/M.–Berlin–Wien 1985

Lennox, Sara (Hrsg.): Auf der Suche nach den Gärten unserer Mütter, Darmstadt und Neuwied 1982

Marx, Karl: Nationalökonomie und Philosophie, in: ders., Die Frühschriften, herausgegeben von S. Landshut, Stuttgart 1968, S. 225–316

Naslednikov, Margo: Tantra – Weg der Ekstase, Herzschlag Verlag 1983

Walker, Alice: Auf der Suche nach den Gärten unserer Mütter, in: Sara Lennox, a. a. O., S. 57–79

Wolf, Christa: Selbstversuch, in: dies. Gesammelte Erzählungen, Darmstadt und Neuwied 1974, S. 192–226

Elefantencocktail

15. April

Ich habe wieder angefangen, Tagebuch zu schreiben. Vielleicht fehlt mir doch ein Mensch? Dein Vater jedenfalls kann es nicht sein. Und die meisten der Freunde auch nicht. Was soll ich mit Menschen, die bei dem Gedanken an ein Kind stöhnen, von Stress reden und von der verlorenen Freiheit. Sicher haben sie Angst, sie müßten mal babysitten. Mir scheint, mein Baby, wir isolieren uns. Doch ich spüre keine Angst. Durch dich bin ich stark. Noch nie war ich mit mir so zufrieden wie seit deiner Geburt.

Ich arbeite Tag und Nacht und bin glücklich, atemlos glücklich, zwischen Windeln und Stillen und Einkaufen, dich tragen und liebkosen. Wir sind ein eingespieltes Team, du und ich. Wenn sich morgens um 6.00 dein hellwach suchender Blick mit meinem schlaftrunkenen trifft, scheinen deine Augen das Glück nicht auszuhalten. Sie drehen sich weg. Es fährt dir zuckend in die Glieder, und du gurrst begeistert. Wann je habe ich so viel Liebe empfangen?

Ich glaube, es ist ganz gut, daß dein Vater weg ist. Er würde nur stören.

Was von ihm zu erwarten ist, wissen wir. Nur ein einziges Mal war ich abends weg, und was war, als ich nach Hause kam? Du lagst in der Küche, aus vollem Hals schreiend, krebsrot und verschwitzt. Dein Vater lag auf dem Bett, die Kopfhörer auf den Ohren, ganz der Musik hingegeben. Wäre ich stärker, ich hätte ihn beim Kragen gepackt und vor die Tür gesetzt. So konnte ich ihn nur schieben. Hysterisch hat er mich genannt, und gedroht, ich würde noch von ihm hören. Er hätte nicht vor, meine Freizeitbeschäftigung zu finanzieren. Mit Freizeitbeschäftigung meinte er dich.

3. Mai

An den Bäumen zeigen sich die ersten Blätter. Ich habe dich nackend in die Sonne gehalten. Wie gut die Wärme tut. Ich holte den Ungaretti aus dem Regal. Kretischer Sand rieselte aus den Seiten «Soviel Sperlingsschreie, soviel Tänze in den Zweigen, die Hände wie Blätter, verzaubern die Luft.» Gefällt dir das?

Oder «Die Rötung des Himmels weckt Oasen für den Nomaden der Liebe? Schmeckst du den Sommer?»

Die Türklingel scheuchte uns aus dem Sommertraum. Die Bücher fielen zu Boden. Der Briefträger brachte ein Einschreiben. Ich wunderte mich.

Es war ein Einschreiben von Udo, einem Studienfreund deines Vaters. Auf dem Umschlag prangte ein Stempel «Rechtsanwaltskollektiv». Neugierig zerriß ich den Briefumschlag.

«In Sachen Schmitz gegen Schmitz»

«Aha, Scheidung», dachte ich, «nun denn, mir ist es gleich.»

Das ahnte er wohl, darum will er dich. Er fordert sofortige Besuchsregelung. Er wird das Sorgerecht beantragen, damit ich mein Studium beenden kann usw. usw. Der Sommerhimmel verdunkelte sich. Ungaretti stellte ich ins Regal zurück. Dann hängte ich mich ans Telefon. Gewißheit brachte das nicht.

«Sorgerecht für Väter», meinte ein Freund, «das gehört zur Gleichberechtigung, oder?»

Panik! Wenn er jetzt zur Tür reinkommt, dich einfach nimmt? Er hat einen Schlüssel. Es ist immer noch unsere Wohnung. Ich muß hier weg.

1. Juni

Wir haben wieder ein Dach über dem Kopf. Ich bin so froh. 14 Tage sind wir von Wohnungsangebot zu Angebot gehetzt. Sogar ein Ausländer hat mehr Chancen als wir. Nachts haben wir im Auto geschlafen, immer in Angst vor der Polizei und finsteren Gestalten. In Stuttgart wären wir sicher aufgefallen, aber in Berlin... Ich mag Berlin nicht, aber ich brauche es. Meine Freundin Anne, bei der ich unterschlüpfen wollte, ist spurlos verschwunden. Die neuen Mieter kennen keine Anne. So wohne ich jetzt in einem besetzten Haus. Ich fühle mich sehr fremd. Du nicht, du krabbelst durch die chaotische Küche, als wäre es schon immer so gewesen.

19. Juni

Es gibt viel zu tun. Bad und Toiletten müssen gebaut werden, das Treppengeländer ist zerbrochen. Zum Dach regnet es rein. Für mich ist es schwierig, mich an den Arbeiten zu beteiligen. Mit Kind geht vieles nicht. Ich habe das Gefühl, nicht alle verstehen das.

20. Juni

Ich war gestern auf der Bank, um meinen monatlichen Tausender abzuholen. Das ist das, was ich unbedingt zum Leben brauche. Ich dachte, es ist nicht fair, mehr zu nehmen. Ich mit meinen Skrupeln bin mir selbst der größte Feind. Er hat das Konto gesperrt. Was nun? Der Katastrophengroschen auf dem Sparbuch. Der reicht fünf Monate, und dann?

Im Haus gab es lange Gesichter.

«Durchziehen können wir dich nicht», entschied einer, «davon haben wir schon zu viele. Unsere Knackis können schlecht zum Sozialamt gehen. Aber für dich ist es doch kein Problem.»

Sie haben sich geirrt. Für mich ist alles ein Problem. Nach stundenlangem Warten auf zugigem Flur mit quengeligem Kind stellte sich heraus, daß ich ohne polizeiliche Anmeldung keine Sozialhilfe erhalte.

Wo ich denn wohne, wollte der Sachbearbeiter wissen. Ich geriet ins Stottern.

«Also», unterbrach er mich, noch eine Spur unfreundlicher, «wenn Sie keine Wohnung haben, ist für Sie die Obdachlosenstelle zuständig.»

Ich trug dich schreiend aus dem Zimmer. Du hattest Hunger. Auf dem Schreibtisch lag ein Stück Kuchen. Mißbilligend begutachtete er deine Gier und meine Schwierigkeiten, dich davon zu entfernen. Zum erstenmal war ich wütend auf dich. Unsolidarisch fand ich dein Verhalten. Was für ein Unsinn. So macht sich die Härte des Alltags zwischen uns breit.

22. Juni

Nachdem ich zwei Tage vergeblich versucht habe, Leute zu finden, bei denen ich mich polizeilich melden kann, bin ich doch zur Obdachlosenstelle. Alle haben mir von der Anmeldung im Haus abgeraten, für den Fall, daß ich Lehrerin oder ähnliches werden wolle.

Obdachlosenhilfe, das ist ganz unten. Wir leben ohne doppelten Boden, mein Kind, dafür mit doppelter Fallgeschwindigkeit.

Natürlich ist so ein Amt im Keller eines kasernenartigen Gebäudes. Sie fürchten sich nicht vor Symbolik. In dem langen, beige gekachelten Flur fühlte ich mich wie Ungeziefer, dem gleich mit einem kräftigen Wasserstrahl der Garaus gemacht wird. Vor jeder Tür stand ein Stuhl wie ein Poller vor einer Garage. Zigarettenrauch verdunkelte die spärliche Beleuchtung. Alle Augen der langen, grauen Menschenschlange waren auf uns gerichtet. Ich wäre gerne geflohen vor den Zahnlücken unter faltigen Lippen, den schmierigen ungekämmten Haaren, den Tätowierungen, den verbrauchten Kleidern. Ich blieb, trug dich, bis du ärgerlich wurdest, deine Neugier kannte keine Scheu. Du rutschtest von einem zum anderen, bohrtest in den Löchern der Strümpfe, kratztest an Tätowierungen, räumtest Plastiktüten aus. Alle beobachteten dich, froh über ein bißchen Ablenkung. Schließlich gab dir einer eine leere Bierdose, du rolltest sie laut scheppernd über die Kacheln. Mit Getöse kam sie zurück. Stimmung kam auf. Jeder wollte mal. Da ging eine Tür auf. Eine Männerstimme brüllte: «Wenn nicht sofort Ruhe ist, dann könnt ihr da stehen bis ihr schwarz werdet.» Krachend flog die Tür ins Schloß. Erschrocken hattest du dich an mich geklammert und geweint. Während ich dich tröstete, flüsterte der Mann neben mir: «Ja, dat können die Herren nicht haben, wenn wir mal lustig sind.»

Leise summte ich dir ein Lied ins Ohr, doch mitten hinein fuhr ein greller Pfiff, eine Tür flog auf. «Willste oder kannste nicht? Trantüten sind das alles hier.» Jemand huschte hinein, die Tür schloß sich.

«Kein guter Tag heute», murmelte der Mann vor mir besorgt. Es ging nur langsam von Pfiff zu Pfiff voran. Gegen Mittag waren wir dran. Entgegen meiner Überzeugung hatte ich dich mit Süßigkeiten vollgestopft. Ich brauchte ein ruhiges Kind. Der Sachbearbeiter musterte uns kurz und fragte, was ich hier wolle. Ich versuchte, meine Lage zu erklären, doch er unterbrach mich gelangweilt.

«Berlin, das große Abenteuer, aber bitte auf Staatsknete. Nee, is nich.»

139

Er griff sich gequält an den Kopf, und ich war froh, daß du noch zu klein warst zu verstehen, und sagte zu seinem Gegenüber: «Kann ich nicht verstehen, kommt hier her, keine Wohnung, kein Geld, aber ein Kind. So handelt doch kein erwachsener Mensch. Also weißte, Mädchen», seine Stimme wurde väterlich, «ich gebe dir eine Fahrkarte, und dann fährst du heim, ihr feiert Versöhnung...»

Ich spürte, wie mir das Blut in die Wangen stieg. Dieser Schnösel, wenn der überhaupt so alt war wie ich. «Entweder», hörte ich mich sagen, «geben Sie mir Geld oder ich geh zu Ihrem Chef.»

«Wie Sie wollen», fauchte er und rief nach hinten. «Wirf mal einen Gelben rüber.»

In der Mitte des Raumes regnete es gelbe Zettel. Sofort sprangen zwei, die vor mir in der Schlange gestanden hatten, auf, rafften die Zettel zusammen und brachten sie katzbuckelnd dem grinsenden Sachbearbeiter.

«Sie kriegen das Geld für eine Fahrkarte, und wenn Ihnen das nicht paßt, müssen Sie sich beschweren.»

200 DM stand auf dem Zettel. Dafür hatte ich fünf Stunden gewartet. Ich suchte den Chef. Er war nicht auffindbar. Schließlich schickte man uns zu einer Sozialarbeiterin. Aber die fand alles rechtens und meinte vorwurfsvoll: «Ihr Kind muß aber dringend ins Bett, es reibt sich ja die Augen.»

«Ist ja prima», antwortete ich. «Schlafen kostet nichts. Aber was mache ich, wenn es essen will?»

«Wenn Sie jetzt bitte gehen würden.»

Wirklich gehen konnten wir immer noch nicht. Die Kasse, die aus gelben Scheinen Geld macht, hatte Mittagspause. Es formierte sich bereits wieder eine Warteschlange. Die meisten kannten sich vom Keller. Man begrüßte sich. Die Stimmung war locker wie nach einem Arztbesuch. Du bekamst von einer Frau im viel zu kleinen Mantel aus der Minimodenzeit ein Plätzchen geschenkt. Sie lächelte mich zahnlos an.

«Ich hab auch so ein armes Wurm. Es tut nich gut so. Ich geb's ab. Es soll es mal besser haben.»

Ihre Augen wurden feucht. Sie wandte sich ab und zerrieb mit dem zu kurzen Ärmel die Tränen.

Ich glaube, ich ahne zum erstenmal in meinem Leben, welche alles entscheidende Rolle das Geld spielt. Ich war nie reich. Es war immer nur genug zum Leben. Ohne Hilfe des Staates hätte ich weder Abitur machen können noch studieren. Er hat mich immer unterstützt, nur jetzt, wo ich Hilfe nötiger habe als je in meinem Leben, läßt er mich fallen. Ich fühle mich, als wären wir unerwünscht in diesem Land.

Mit einem Peng öffnete sich ein kleines Fensterchen in der getäfelten Holzwand. Die Schlange setzte sich in Bewegung. Endlich gab es Geld.

Mein Rückweg führte über den Ku'damm. Mir wurde schlecht.

21. Juli
Ich habe heute im Haus angekündigt, daß ich aus der gemeinsamen Küche aussteige, da ich nicht mehr zahlen kann. Sie haben ein bißchen protestiert, aber ich mag nicht von dem Geld der anderen leben, die ja auch nicht genug haben.

Mark hat mir eine Adresse besorgt, eine Wohngemeinschaft, wo ich mich polizeilich anmelden kann. Morgen soll ich vorbeikommen und mir mein Zimmer aussuchen, und etwas Spielzeug mitbringen, damit es nach Kind aussieht, falls einer kontrollieren kommt.

23. Juni
Ich habe heute versucht, mich polizeilich anzumelden. Es ging nicht, weil ich mich in Stuttgart nicht abgemeldet habe. Hoffentlich ist die Post schneller da als die Ebbe in meinem Portemonaie.

30. Juni
Du bist krank, du hast hohes Fieber. Dummerweise habe ich keine Krankenscheine mitgenommen. Beim ersten Kinderarzt komme ich schon gar nicht an der Vorzimmerdame vorbei. Das kranke Kind übersieht sie locker.

«Es gibt zu viele wie Sie.»

Ich bin zu entnervt, um zu fragen, was sie damit meint. Behandlung: entweder privat oder gar nicht. Ich entscheide «gar nicht» und murmele türenknallend etwas von unterlassener Hilfeleistung. Warum habe ich nicht Jura studiert, dann wüßte ich jetzt, was ich mir gefallen lassen muß und was nicht.

Dann versuche ich es bei einer Ärztin. Sie hat keine Abfangdame und ist wohltuend freundlich. Aber die Medikamente muß ich selbst bezahlen, sie schreibt sie auf ein Privatrezept. Ich kann es von der Krankenkasse zurückfordern. Vielleicht hätte ich ihr sagen sollen, daß ich seit Tagen von Brot und Quark lebe.

30. Juni
Wir sind vom Pech verfolgt. Aus deiner Grippe sind die Masern geschlüpft. Du wirst sehr, sehr krank. Ich mache dir Wadenwickel und darf dir nicht von der Seite weichen. Die Bauarbeiten im Haus stören dich. Es knallt und kracht und staubt. Ich traue mich nicht, um Ruhe

zu bitten. Schließlich bin ich für die im Haus schon Klotz genug am Bein. Mein Geld ist alle, ich lebe auf Kosten des Hauses.

15. Juli

Heute haben wir uns zum erstenmal getrennt. Dorle, die neue Frau im Haus, paßt auf dich auf. Ich bin froh, allein auf dem düsteren Flur des Sozialamtes sitzen zu können. Immerhin Hochparterre. Der Sachbearbeiter studiert die polizeiliche Anmeldung akribisch.

«So, so, da wohnen Sie?» Ich fühle mich durchschaut.

«Wieviel Zimmer? Welches Geschoß? Welche Himmelsrichtung?» Ich stottere.

«Ja, Sie müssen doch wissen, um welche Uhrzeit die Sonne reinscheint?»

Ich entscheide mich für nachmittags.

«Sie wissen, daß wir kontrollieren. Sie machen sich strafbar, wenn Sie hier falsche Angaben machen. Ihre Unterschrift bitte.»

Und so unterschrieb ich Bogen für Bogen. Daß ich kein eigenes Guthaben über 2000 DM habe, und daß sie jederzeit Einblick auf mein Konto nehmen können. Ich verschwieg die 5000 DM. Ich habe keine Wahl. Geschickt, wie sie das machen. Kontrolle macht Angst, Angst macht klein, klein macht still. Natürlich muß ich auch unterschreiben, daß ich alles zurückzahle, sobald mein Mann zahlt. Ich dachte nun, ich hätte alle Unterwerfungsrituale erfüllt, ich unterschätzte sie immer noch.

«Leider», verkündete er, mich zur Tür schiebend, «kann ich Ihnen diesmal guten Gewissens noch kein Geld geben. Sie müssen erst Ihren Mann verklagen, solange muß ich glauben, Sie stecken mit ihm unter einer Decke. Ich habe da meine Erfahrungen.»

Ich hatte schon die Türklinke in der Hand, als ich begriff: Kein Geld. Alles aus.

«So nicht!» hörte ich mich schreien und stand weit weg von mir. «Was glauben Sie eigentlich, wie ich mein Kind ernähren soll?» Zu meinem Ärger schossen mir die Tränen in die Augen. Da lächelte dieser Kerl, der aussah, als ginge er abends in die Disco und sonntags auf den Trimmpfad, und sagte butterweich: «Na gut, 300 DM für diesen Monat. Mehr kann ich beim besten Willen nicht verantworten.»

Heulend ging ich zur Kasse. Ich habe so einen Haß im Bauch.

20. Juli

Mein Leben ist bürokratisiert. Termine, Termine. Nachdem ich zum x-tenmal probiert habe, deinen Vater anzurufen, er aber spurlos verschwunden ist, vielleicht nach Amerika, vermutete ein Freund, bin ich heute zum Rechtsanwalt.

Der Typ war ganz nett. Er fand mich toll und mutig, daß wir beide in einem besetzten Haus wohnen. In solchen Zeiten gefällt auch das albernste Lob. Aus Solidarität mit uns wird er die Post verklagen, weil sie sich weigert, uns ein Telefon anzuschließen. Er wirkte ganz optimistisch. Mit etwas Glück wäre auch die Scheidungsproblematik bald übern Berg.

Es wird auch Zeit. Mein Nervenkostüm ist dünn geworden. Ich bin oft ungeduldig, wenn du nicht willst, wie ich will. Und dann wieder nicht stark genug, mich durchzusetzen. Um des lieben Friedens willen futterst du nach den Gummibärchen auch noch Schokolade. Ich gucke böse, und alle finden toll, wie durchsetzungsfähig du bist. Ich merke, wie du mir entgleitest.

Gestern abend hatten wir Plenum: Räumungsgefahr. Verhandeln oder nicht verhandeln? Für die anderen eine politische Entscheidung, für mich eine pragmatische. Ich brauche das Haus. Nichts in meinem Leben ist mehr sicher, nichts von mir bestimmbar. Selbst im Knast könnte ich landen, oder sehe ich nur schwarz?

Heute nacht habe ich geträumt, daß vermummte Männer das Haus stürmen. Mit langen weißen Holzstangen haben sie auf alles eingeschlagen. Ich hörte dich entsetzlich weinen, aber ich konnte dich nicht finden.

1. August

Wieder ein Ämtertag, vertrödeltes Leben.

Punkt 8.00 war ich auf dem Sozialamt. Das fiel mir nicht schwer, ich konnte die Nacht nicht schlafen. Trotzdem waren schon zwei Frauen vor mir. Das war vielleicht mein Glück. Beide kamen weinend aus dem Zimmer. Die eine war hochschwanger und wollte das Geld für die Babyerstausstattung. Er hat es ihr verweigert. Erst wenn das Kind geboren ist. Die Geburt stelle schließlich ein Risiko dar, vielleicht würde das Kind tot sein.

«So ein Schwein», schluchzte die Frau. «So ein Schwein.» Ich riet ihr, sich zu beschweren. Sie winkte müde ab. Die andere Frau verschwand hinter der Tür. Ich fühlte mich beklommen. Wieder dieses Prüfungsgefühl, Achselschweiß und feuchte Hände. Mir war kalt, mitten im Sommer. Die Tür öffnete sich, die Frau kicherte, schüttelte ihren hochroten Kopf: «Dat glaubt mir überhaupt keiner, die denken zu Hause, ich bin nich hingegangen oder hab's versoffen.» Sie schneuzte sich. «Geld für die Stromrechnung sollte er mir geben, die BEWAG hat abgestellt. Und wat sagt der? In Afrika haben se auch keinen Strom, da brauchen sie auch keinen. Sagen Se mal, der spinnt doch? Na, viel Vergnügen.»

So schlimm war es dann doch nicht. Ich habe noch einen Strafbarmachbogen ausgefüllt und dann das Geld für einen Monat gekriegt. Wenn wir sparsam sind, wird es wohl reichen.

15. September

Keine Begeisterung kostet der Sommer mich mehr, noch der Frühling Ahnungen. Ich weiß nicht weiter. Ich bekomme Angst vor jedem neuen Tag. Ich ziehe das Unglück an.

Wir wollten einkaufen. Langsam zuckeltest du auf wackeligen Beinchen den Bürgersteig entlang. Einem Autofahrer, der rückwärts in eine Toreinfahrt fahren wollte, nicht schnell genug. Jedenfalls gab er plötzlich Gas. Ich sah dich fallen und wußte mir nicht anders zu helfen, als mich hinten gegen das Auto zu stemmen und schreiend auf das Heck einzuschlagen.

Der Fahrer stoppte und sprang heraus, während ich dich unter dem Auto vorzog. Für dich hatte er keinen Blick, nur für die Dellen im Blech. Und noch ehe ich kapierte, was geschah, hatte er mich zu Boden gestoßen und trat auf mich ein, drei, vier Mal. Dann sprang er ins Auto und fuhr weg. Du hast geschrien, als gälte es das Leben. Ich hatte Mühe aufzustehen, beim Atmen stach es. Kein Mensch nahm von uns Notiz. Du wolltest getragen werden. Ich weiß nicht, wie wir nach Hause kamen. Ich sollte den Typ anzeigen, aber ich schaffe es nicht. Es ist mir einfach zuviel. Ach, mein Kind, wenn ich das alles vorher gewußt hätte, ob ich dann genauso entschieden hätte? Ich glaube nicht. Es wäre ja Wahnsinn.

30. Oktober

Mein Leben wird von außen bestimmt. Ich reagiere nur noch. Der Rechtsanwalt hat deinem Vater mit Vollstreckungsurteil gedroht, was immer das ist. Es hört sich schlimm an. Dein Vater will mir, auch per Rechtsanwalt, das Sorgerecht streitig machen. Jetzt mit einem neuen Grund. Das Leben in einem rechtsfreien Raum wäre mit deinem Wohlergehen nicht vereinbar. Woher weiß er eigentlich, wo ich wirklich wohne? Als Adresse gebe ich immer die Wohngemeinschaft an. Einmal in der Woche schicken sie mir meine Post zu. Es ist immer ein Horror-Tag, der Tag der Blauen Briefe. Alle Ämter verschicken ihre Post in blauen Umschlägen. Das Amtsgericht mit dem Scheidungstermin; das Gesundheitsamt, das dich immerzu impfen will; das Jugendamt, das dich sehen will, das Sozialamt und die Kindergeldkasse. Die Krankenkasse schreibt ganz in Weiß. Die Sparkasse auch. Außerdem, daß ich kein Familiengeld kriegen kann, weil du nicht in Berlin geboren bist. Sie haben sich sogar entschuldigt für die falsche Auskunft, daß alleinstehenden Müttern das Geld nicht zustände, da man nicht wolle, daß die daraus ein Geschäft machen.

Die Diakonie teilte mir, auch in Weiß, mit, daß die Stiftung Mutter und Kind nur für ungeborene Kinder zahlt. Und die Unterhaltsvorschußkasse ist noch nicht soweit. An manchen Tagen kippe ich die gesamte blaue Fracht ungelesen ins Klo.

Es gurgelt so schön, und wir sind gerettet. Dir macht das Spaß. Ich schmeiß sie rein, und du ziehst ab. Dann schauen wir gespannt in die Schüssel, und wenn sie weg sind, klatschst du begeistert in die Hände und rufst: «Alle, alle», und ich freue mich über deine Freude.

15. November
Im Sozialamt sind sie sauer, weil zwei Termine ins Klo gefallen sind. Sie wollen mir Arbeit vermitteln und dir einen Krippenplatz.

Ich könne gar nicht ablehnen, behauptet der Sachbearbeiter. Ich weiß, daß er lügt, daß ich das Recht habe, drei Jahre lang für dich zu sorgen.

Mein Wissen gilt nicht. Erst als ich schreie, er soll sich an meinen Rechtsanwalt wenden, lenkt er ein. Er hätte es nur gut gemeint. Da leg ich noch einen drauf: «Wenn Beschäftigung, dann mache ich mein Studium fertig.»

«Wie», horchte er auf, «seit wann sind Sie denn immatrikuliert?»

«Noch gar nicht», wunderte ich mich über sein Interesse, meine Güte, bin ich naiv. Schon hatte er wieder einen dieser Strafbarmachbögen in der Hand.

«Im Falle einer Immatrikulation», klärte er mich auf, «verlieren Sie Ihren Anspruch auf Sozialhilfe. Falls Sie nicht sofort Ihrer Mitteilungspflicht nachkommen, machen Sie sich strafbar.»

Wieder einmal verließ ich den Raum als Verliererin. Wie soll ich studieren ohne Geld? BAFöG ist längst vorbei. Sie lassen uns keine Hoffnung. Dein Vater und der Staat, das sind Komplizen, die ziehen am gleichen Strang, die schrecken vor nichts zurück. Sie bringen uns um. Jeden Tag ein bißchen.

Weihnachten
Gut, daß du noch keine Erwartungen hast. Auch mit Geld wären wir nicht dem Konsumrausch verfallen. Oma und Opa, die seit der Trennung nicht mehr mit mir reden, haben dir ein Päckchen geschickt. Lauter Plaste und Elaste. Ich habe es einem kleinen Türkenjungen geschenkt. Für dich habe ich ein Stoffpüppchen genäht, das war längst

nötig. Du bist aber lieber mit deinem alten Knuddellappen ins Bett gegangen. Im Haus haben wir uns ein feierliches Abendessen mit Tischdecken aus Bettlaken und Kerzen gegönnt und über unsere Zukunft geredet.

Im Januar wird das Haus geräumt. Man hat uns Wohnungen in verschiedenen Abbruchhäusern angeboten, nichts auf Dauer, aber immerhin im Kiez. Miete muß ich dann auch zahlen, dein Unterhalt wird dafür draufgehen. Die Studenten im Haus wollen wieder zur Uni gehen.

Ich werde das auch tun. Auf dem Spielplatz habe ich eine Frau kennengelernt, die als Tagesmutter arbeitet. Sie hat gerade einen Platz frei. Bezahlen wird das der Senat. Es hört sich alles ganz realistisch an.

Tagsüber werde ich studieren, und nachts werde ich mit Nähen oder Tippen Geld verdienen. Volles Programm, mein Kind, für dich und mich. Es fällt mir schwer, dich abzugeben. Wir haben keine Wahl.

15. Januar
Ich bin geschieden, ohne Unterhaltsanspruch, alles sprach gegen mich. Aber ich habe das Sorgerecht. Mir scheint, wir sind gerade rechtzeitig umgezogen.

Der Richter war ein Arsch, meine Persönlichkeit schien ihm nicht so richtig ausgereift. Schade, daß ich nicht freiwillig auf das Sorgerecht verzichte, jedenfalls soll das Jugendamt ein Auge auf dich haben. Sie haben sich schon mit einem Blauen Brief angemeldet. Hoffentlich sind sie den Konventionen verpflichtet und bringen Kaffee und Kuchen mit. Die Krankenkasse hat auch gleich versucht, mich zu linken. Für die Zeit zwischen Scheidung und Immatrikulation sollte ich als Selbständige für 270 DM pro Monat versichert sein. Ich sagte matt, das müsse ein Irrtum sein. Er taxierte mich kurz, genauso ein hageres Blondgesicht wie der vom Sozialamt, und meinte, wenn das für mich zuviel sei, sei für solche Fälle, noch einmal ein Blick von oben nach unten, das Sozialamt da. Damit ließ er mich stehen und bemühte sich um die Kaffeemaschine. Wieder einmal sahst du mich verweint nach Hause kommen.

Am nächsten Morgen bin ich gleich wieder hin. Ich habe dich mitgenommen und betont schwungvoll auf die Theke gesetzt, als seien wir da zu Hause. Dann habe ich dem Typen gewinkt, der sich nur widerwillig erhob und habe ganz von oben herab gesagt: «Ich möchte Ihren Chef sprechen. Ich habe Rücksprache mit meinem Anwalt genommen, und er sagte, Sie machen sich mit Ihrem Versicherungsvorschlag strafbar.»

Im Nu verschwand der Typ und kam kleinlaut zurück.

«Entschuldigung», stammelte er, «alles nur ein Irrtum, ungewöhnlicher Fall, bis Sie Student werden...»

«Studentin.»

«Wie? Ach so, ja, können Sie als Schüler...»

«Schülerin.»

«Wie? Ach so, ja, ganz richtig, mh, äh, für 57 DM weiterversichert werden.»

Schweißperlen standen auf seiner Stirn, während ich langsam unterschrieb und meinen Triumph auskostete.

1. Februar

Seit 14 Tagen verbringen wir unsere Zeit bei Gitte, deiner Tagesmutter. Du läßt mich nicht von der Hand. Und die Abende verbringen wir im Theater. Ich schaue zu, wie du von links nach rechts über die Bühne wackelst und damit eine Menge Geld verdienst. Mark hat das eingefädelt, er studiert Theaterwissenschaft. Erst wollte ich nicht, aber wir können das Geld gut gebrauchen. Hoffentlich geht der vom Sozialamt nicht ins Theater, sonst kürzt er gleich unsere Stütze, und wer weiß, was der vom Jugendamt dazu sagt. Es herrscht Krieg. Der Feind ist allgegenwärtig.

15. April

Wir sind in die Stadt gefahren und haben ein Vorlesungsverzeichnis gekauft. Ein feierliches Gefühl, die Eintrittskarte für ein besseres Leben. Das Semester beginnt. Das Sozialamt ist Vergangenheit. Ich nähe wie verrückt Seidenfummel für Boutiquen. Die nächste Schlappe im Ämterkrieg habe ich auch schon wieder erlitten. Mein Wohngeldantrag wurde abgelehnt. Wir sind zu arm für Wohngeld, für uns ist das Sozialamt zuständig. Später werde ich darüber lachen. Jetzt wünsche ich mir ein Maschinengewehr.

«Tatatata», alle Bürokraten in die Hölle.

Juni, der?

Das Semester ist für mich gelaufen, lange vor seiner Zeit. Du bist einfach krank geworden. Mit jedem Tag wurde dein Husten stärker. Ich wollte es nicht wahrhaben, bis dein erster Anfall kam, Keuchhusten. Nun sind alle Pläne dahin. Du bist ganz matt. Die Anfälle machen dir angst und mir auch, besonders nachts. Ich glaube, seitdem es dich gibt, habe ich noch keine Nacht durchgeschlafen, deine Bauchschmerzen, Zähne, Krankheiten und mein Krieg mit den Ämtern, eine ungute Mischung, ein richtiger Elefantencocktail.

1. Juli

Mein Leben ist ein einziger Horrortrip. Es reicht, es reicht mir so.

Gestern bin ich in der U-Bahn zusammengeschlagen worden. Wir waren auf dem Weg zur Kinderärztin. Uns gegenüber rauchte einer, und du bekamst einen heftigen Hustenanfall. Ich bat ihn, die Zigarette zu löschen, und wies ihn darauf hin, daß es ohnehin verboten sei. Er grinste bloß, so ein Prolli-Typ im Arbeitsanzug. Ich schrie, ich würde ihn anzeigen. Er grinste noch breiter. Die anderen hatten bereits ihre «Ich-sehe-nichts-ich-höre-nichts-Gesichter» aufgesetzt. Du holtest pfeifend Luft. Da sprang ich auf und riß an der Notbremse. Die Bremsen kreischten, die Leute schrien. Der Typ erhob sich drohend, kam auf mich zu, und dann landete seine Faust klatschend in meinem Gesicht.

Als ich wieder zu mir kam, lag ich auf dem Bahnsteig. Ich hörte dich «Mama, Mama» rufen und öffnete widerwillig ein Auge. Das andere war zugeschwollen.

«Na, endlich», meinte so einer in blauer Uniform. «Das wird Sie aber teuer zu stehn kommen.»

Ich habe eine Gehirnerschütterung und muß liegen. Wegen des Keuchhustens kannst du nicht zur Tagesmutter. Leute aus dem Haus helfen uns. Du freust dich über den Besuch, besonders über Mark. Neuerdings sagst du zu Marmelade Papalade. Es ärgert mich ein bißchen. Dabei wünsche ich mir manchmal nichts sehnlicher, als ein Mann zu sein. Ich hätte eine Freundin, die dich versorgt, könnte meine Arbeit machen, und dieser Mann in der U-Bahn hätte die Zigarette sofort gelöscht. Kaum zu glauben, wie einfach alles wäre.

15. August

Gestern noch dachte ich, wir könnten für zwei Wochen ins Wendland fahren, auf einen Bauernhof. Die Ärztin meinte, du brauchtest dringend frische Luft. Ich hätte in der Landwirtschaft geholfen, es war schon alles klar. Doch die Blauen Briefe sind mächtiger, da hilft auch das Klo nicht.

Sie kommen immer wieder. Erst schien alles das übliche Pech. Kaum bist du bei einer Tagesmutter, beschließt der Senat ein neues Kostenbeteiligungsgesetz. Schlimm, aber nicht ganz schlimm, dachte ich. Der Mindestsatz liegt bei 40 DM. Dafür hatte ich mich eingetragen, doch Belege meiner Armut konnte ich nicht beifügen. Es regnete Blaue Briefe. Schließlich wollten sie 600 DM. Es war so absurd, so abseits meiner Realität, daß ich alles für einen Bürokratenirrtum hielt. Ich zahlte 40 DM, und lange Zeit passierte nichts. Dann machten sie der Tagesmutter Schwierigkeiten. Wenn ich nicht zahlte, dürfe sie mein Kind nicht betreuen. Sie bekäme ein neues zugewiesen. Entnervt schrieb ich, daß ich schwarz arbeite und mein Verdienst unterhalb der Armutsgrenze liege. Wenn sie mir die Kinderbetreuung streichen würden, könne ich überhaupt nichts mehr verdienen, und da beiße sich die Katze in den Schwanz.

Relativ schnell kam die blaue Antwort. Ich solle 280 DM zahlen, nachzuzahlen seien sechs Monate, abzüglich der 40 DM. Mir wurde schwindelig, ich spürte, wie es mir den Boden unter den Füßen wegzog. Ich setzte einen Brief auf und schrieb, daß ich manchmal hungere, um die Miete zahlen zu können. In meiner Vorstellung hörte ich das ganze Büro lachen. Die spinnt ja, hungern, wo hier das Geld auf der Straße liegt, die ist wohl zu blöd, sich zu bücken. Ich zerriß den Brief, schrieb «Widerspruch wegen Zahlungsunfähigkeit».

Heute haben sie geantwortet. Sie setzen mir eine Frist von vier Wochen, wenn ich nicht zahle, soll ich in Erzwingungshaft.

Ich nahm dich auf den Schoß und suchte Trost. «Wir haben es nicht geschafft» flüsterte ich dir ins Ohr. «Wir haben verloren und werden gefangengenommen, ich komme in den Knast und du ins Heim.»

1. September
Wir fliehen. Ich habe die 5000 DM abgehoben, für den letzten Versuch.

Auf nach Kreta! Ich habe schon eine Stelle als Kellnerin, und niemand stört es, wenn du an meinem Rockzipfel hängst. Im Winter werden wir zusammen Oliven sammeln. Ich werde nicht Lehrerin werden, aber wir werden Menschen unter Menschen sein. Statt der Blauen Briefe werden uns Gedichte begleiten. Die Freude der Schiffbrüche soll uns nie verlassen.

Und plötzlich nimmst du
die Fahrt wieder auf
wie
nach dem Schiffbruch
ein überlebender
Seebär.

Lernen, «ich» zu sagen

Erfahrungen einer Mutter mit einem «behinderten» Kind

Die Nachricht, daß mit meinem Kind etwas «nicht in Ordnung» sei, traf mich völlig unvorbereitet am zweiten Tag nach der Geburt, mitten hinein in meine Freude. Wie wohl jede Mutter, hatte ich diese Möglichkeit bestenfalls theoretisch in Betracht gezogen. In der Realität jedoch löst eine solche Ankündigung Panik und Angst aus. «Ihr Sohn hat ein lautes Herzgeräusch, er muß in die Kinderklinik.» Es war dieser Satz, der mich schon damals von den anderen Müttern in der Freude über ihre gesunden Kinder trennte. Aber ich wußte noch nicht, daß dies alles nur der Anfang war; daß ich bald zur «behinderten Mutter» werden sollte.

Hatte die Unpersönlichkeit, Betriebhaftigkeit der Krankenhäuser schon bei meinen früheren beiden Geburten Ablehnung hervorgerufen, so hielt ich sie diesmal überhaupt nicht aus. Die Geburt eines Kindes ist ja nicht nur ein persönliches, privates Ereignis, sondern auch ein öffentliches. Das in der Werbung aufgebaute Bild der glücklichen Mutter: es existierte hier nicht. Es gab nichts zu strahlen und zu gratulieren. Unbewußt reagierte die Umwelt auf die auch für sie unerwartete Situation eher mit Rückzug als mit Zuwendung. Die Ärzte und Schwestern ignorierten nach außen hin die Tatsache, daß ich ein nicht gesundes Kind bekommen hatte. Sie sprachen nicht mit mir darüber, meine Tränen wurden übersehen. Allein war ich meinen Ängsten ausgesetzt.

Heute weiß ich, daß dies Hilflosigkeit war, die in mangelnder psychologischer Ausbildung ihre Ursache hat. Damals konnte ich ein solches Verhalten nur als Desinteresse und fehlendes Einfühlungsvermögen empfinden: die Umwelt tat einerseits, als sei nichts geschehen, mied mich aber andererseits. So lernte ich die emotionale Vereinsamung kennen, die bis heute anhält. Noch heute sind außer selbst Betroffenen nur einige Menschen bereit, sich auf dieses offensichtlich unangenehme Thema einzulassen. Eine ähnliche Tabuisierung gibt es eigentlich nur noch bei dem Thema Tod, das auch mit der Tatsache konfrontiert, daß eben nicht alles machbar ist.

Zu Hause warteten bereits meine zwei Kinder auf mich, die nicht wußten, was los war. Sie freuten sich auf das Brüderchen und waren zunächst erstaunt, später ängstlich, verwirrt, meinen Verzweiflungsausbrüchen ausgesetzt. Wenn ich Jonas stillte, weinte ich. Die Frage nach dem «Warum gerade ich?» war nicht zu beantworten und wurde trotzdem immer wieder von mir gestellt. Ich suchte in der Schwangerschaft nach Ursachen für die Fehlentwicklung meines Kindes. Ich hatte weder geraucht noch getrunken. Ich war zwar berufstätig gewesen und mußte als Lehrerin – ich unterrichtete damals unter anderem Physik – viel stehen, aber das konnte es doch nicht gewesen sein? Oder doch? Wie war das mit der leichten Blutung in der Frühschwangerschaft? Ich stand kurz vor der Verbeamtung auf Lebenszeit und wollte, mußte deshalb weiterarbeiten.

Als ich bei der Frage nach der eigenen «Schuld» nicht weiterkam, suchte ich die «Schuld» bei anderen: schon früh in der Schwangerschaft war eine Entwicklungsverzögerung festgestellt worden. Hatten die Ärzte sich richtig verhalten, indem sie mich beruhigten und einen falschen Termin als Grund annahmen? Wenn ich das Geschehen schon emotional nicht verarbeiten konnte, so wollte ich wenigstens rational verstehen und mich so ent-lasten.

Es gelang aber nicht. Eine Phase anhaltender Unsicherheit, existentieller Angst begann, in der ich allgemeine Entwicklungsprobleme bei Jonas zwar wahrnahm, aber «übersehen» wollte. Mehr als das, was sein Herzfehler an Folgen mit sich brachte, war weder für mich noch für die am häufigsten mit ihm befaßte Kinderärztin zu verkraften. (Von ihr erfuhr ich übrigens mehr Solidarität, als mir die übrige Umwelt entgegenbrachte. So bot sie mir eine ihrer Helferinnen als «Babysitter» an, als ich, völlig erschöpft und den Tränen nahe, eine Untersuchung in der Kinderklinik abbrach, weil die beiden «Großen» nicht mehr mitmachen wollten – nach zwei Stunden Wartezeit auf dem Flur vor dem Echolabor.) Denn Jonas war krank, ständig krank, und jedes Fieber bedeutete Herzbelastungen durch Steigerung der Pulsfrequenz und die Gefahr der Infektion des Herzens selbst durch Bakterien. Wie oft habe ich den Kleinen auf den Arm nehmen müssen, um ihn festzuhalten, weil er wieder Blut abgenommen bekam.

Trotz aller Prozeduren, die er über sich ergehen lassen mußte, war er aber ein fröhliches Kind, immer bereit zu lachen und sich zu freuen. Ich war ihm dankbar dafür, daß er durch sichtbares Reagieren mein schlechtes Gewissen ihm gegenüber nicht verstärkte. Denn ich hatte schon Schuldgefühle, oder eher Versagensgefühle ihm gegenüber, wenn ich ihm körperliche und seelische Schmerzen zufügen oder zufügen lassen mußte. Für ihn war das Festgehaltenwerden sicher ein Vertrauensbruch, den er nicht verstehen konnte. Es hat nach der Herzoperation noch ein Jahr gedauert, bis er bereit war, sich von mir ab und zu anfassen zu lassen, mit mir zu schmusen.

In der Zeit, in der ich auf der Suche nach der Diagnose mit vielen medizinischen Institutionen in Berührung kam, lernte ich auch auf Umweltverhalten zu reagieren, das meines Erachtens typisch war und ist für die Situation, in der ich mich mit meinem Kind befand. Ich wurde häufig mit einer Zweckorientiertheit konfrontiert, die vergaß oder nicht bedachte, daß der «Gegenstand», um den es ging, ein Mensch, genauer ein Kind, war.

Bei einer der unzähligen Untersuchungen, die der Abklärung des Herzfehlers diente und eine Vorbereitung auf eine in Narkose durchgeführte Untersuchung war, schlief der damals einjährige Jonas nach vier Stunden erschöpft ein. Ich lehnte eine sofortige, noch anstehende Röntgenuntersuchung ab und wollte am Nachmittag noch einmal wiederkommen, um dem Kind Zeit zur Erholung zu geben. Die Antwort auf meine Weigerung spricht für sich selbst: «Er ist doch ein Junge, das muß er abkönnen!»

Von mir wurde dabei Unterordnung unter angeordnete Maßnahmen verlangt, eine Infragestellung galt als undankbar und anmaßend. Mit dieser Haltung sollte ich später, als Jonas' Entwicklungsprobleme in den Vordergrund traten, noch viel intensiver konfrontiert werden. Damals begann ich mich zu fragen, ob eine solche Erwartungshaltung nicht auch von der Tatsache genährt wurde, daß ich eine Frau war. Das Rollenbild schreibt der Frau vor, daß sie sich angepaßt, unterordnend, wenig selbstbewußt zu verhalten hat. Und ich arbeitete gerade daran, dieses Verhalten endlich abzulegen, so groß war mein Zorn. Ich war über mich selbst erstaunt, daß ich es fertigbrachte, meine anerzogenen Autoritätsängste zu überwinden und mich zu wehren.

Es war der Tag vor der Herzoperation. Seit acht Uhr morgens hielt ich mich mit dem zweieinviertel Jahre alten Kind im Treppenhaus des Krankenhauses auf, weil kein Zimmer frei war. Ein unerfahrener Famulant war geschickt worden, um aus der winzigen Armvene Blut abzunehmen, und stach prompt daneben. Der dazukommende Stationsarzt «erklärte» lapidar, daß er bei Kindern wegen der kleinen Venen nicht gerne «stechen» würde. Ich wurde aufgefordert, auf die Nachricht aus dem Labor zu warten, ob noch einmal Blut abgenommen werden mußte, was dann nach mehreren Stunden auch geschah.

In der Mittagszeit wurde Jonas unruhig, weil er Hunger bekam, und ich fragte, wann denn nun endlich die Narkosevoruntersuchung stattfinden würde. Daraufhin teilte man mir mit, ich hätte gefälligst zu warten, ich wolle mich doch wohl nicht schon jetzt «unbeliebt» machen. Es könne durchaus sein, daß ich bis zum Nachmittag warten müsse, da der Anästhesist zur Zeit beschäftigt sei. Ich setzte es schließlich doch durch, daß die Untersuchung vorzeitig vorgenommen wurde und ich erst am nächsten Morgen mit Jonas zur Operation wiederkommen mußte.

Meine beiden Großen, selbst erst sechs und viereinhalb Jahre alt, waren in dieser Zeit völlig überfordert. Ich vernachlässigte sie gezwungenermaßen, weil ich mich völlig auf Jonas konzentrierte. Ich sprach aber viel mit ihnen über mein Verhalten, warum ich sie so oft zu den langweiligen Untersuchungen mitschleppen mußte, wenn ich keinen Babysitter fand, warum ich abgelenkt war, warum ich so wenig Zeit für sie hatte. An ihren Reaktionen merkte ich, daß sie verstanden hatten. In ihrem kindlichen Instinkt spürten sie, daß aus der fehlenden Zuwendung keine Ablehnung sprach, und verhielten sich äußerst solidarisch, sowohl mir als auch Jonas gegenüber. Indem ich sie ernstnahm, aber auch notgedrungenermaßen forderte, machten sie mir den Umgang mit ihnen leicht. So verzichteten sie am Operationsmorgen freiwillig auf das Frühstück, weil Jonas ja nichts essen durfte.

Sicherlich war auch Rainer, der Vater, von Jonas' Herzfehler betroffen. Aber er konnte sich dank seiner beruflichen Abwesenheit davon besser distanzieren und brauchte die tagtäglichen Konsequenzen nicht zu tragen. Ich war es, die ihren Beruf aufgab, obwohl es mir schwerfiel, zu Hause zu bleiben. Gerade jetzt hätte ich die Ablenkung durch eine zeitweilig andere Umgebung gebrauchen können. Es ist etwas anderes, ob frau freiwillig ihre Berufstätigkeit unterbricht oder aufgibt, oder durch äußere Bedingungen dazu gezwungen wird. Und noch heute bin ich es, die versucht, ihre eigenen Bedürfnisse mit denen der Kinder vereinbar zu halten, wobei Jonas und seine Lebensperspektive einen besonderen Vorrang haben. Oft hatte und habe ich eine maßlose Wut auf Rainer, wenn er geht und mich der Langeweile des Haushaltes und dem Stress mit den Kindern überläßt. Diese Wut ist ein notwendiger Motor für mich selber, mich zu fragen, was er als Vater wirklich tun könnte oder wo er sich aus der Verantwortung stiehlt und der Beruf zum Vorwand für häusliche und familiäre Untätigkeit wird. Insofern leiste ich mir meine Aggressionen und stehe zu ihnen, halte sie sogar für wichtig. Aber ich versuche zunehmend auch, die äußeren Zwänge, gesellschaftlichen Strukturen in meine Überlegungen einzubeziehen, die ein Ausbrechen des Mannes aus seiner Rolle nicht so einfach machen. Unsere Arbeitswelt ist auf den Mann als ganztägigen Hauptverdiener orientiert, und eine Teilung beider Bereiche, Familien- und Erwerbsarbeit, ist in seinem Beruf als Arzt faktisch unmöglich. Es gibt fast keine Halbtagsstellen. Ständig nur den Partner zu fordern und genauso konsequent zu scheitern, wirkt letztlich zerstörerisch auf die Beziehung. Insofern muß neben der notwendigen persönlichen eine politische Auseinandersetzung um das Machbare geführt werden, müssen politische Forderungen an die zuständigen Stellen formuliert werden, und das immer wieder.

In der Zeit, als die körperlichen Probleme von Jonas noch im Vordergrund standen, erfuhr ich von seiten der Umwelt zwar wenig praktische Hilfe, aber doch relativ viel Anteilnahme und Verständnis. Seine Entwicklungsprobleme erschienen als Folge seines Herzfehlers und seiner Krankheiten verständlich und erklärbar.

Wenn ich gehofft hatte, mit der Herzoperation alle Probleme gelöst zu haben, so sollte ich bald bitter enttäuscht werden. Mein Schwager, Kinderarzt von Beruf, drängte darauf, untersuchen zu lassen, warum Jonas sich nicht wie andere Kinder entwickelte. Die Angst, die latent immer dagewesen, aber von mir verdrängt worden war, war auf einmal wieder machtvoll da. Denn in Wahrheit hatte mich der Verdacht, daß außer dem Herzfehler noch andere Defekte bei meinem Kind festzustellen wären, schon bald nach der Geburt beschlichen, lag sein Kopfumfang doch an der unteren Maßgrenze. Aber wir haben alle nicht gelernt, mit «behindert» genannten Menschen umzugehen, mit ihnen zu leben. Sie werden von Kindesbeinen an ausgesondert, in der Gesellschaft, aber auch in unseren Köpfen.

Jetzt aber konnte ich mich der Realität und Erkenntnis nicht länger entziehen. Es fiel auf, daß Jonas noch nicht Dreiradfahren, nicht richtig sprechen konnte und motorisch ungeschickt, fahrig, immer in Bewegung war. Ich geriet zunehmend unter Druck. Ich nannte ihn damals Jojo, in Anlehnung an das Kinderspiel. Diese Bezeichnung charakterisierte ihn trefflich, denn er war oft wie aufgezogen. Seine Kontaktschwierigkeiten und seine Unfähigkeit, bei einer Sache zu bleiben, führten dazu, daß andere Kinder ihm auswichen und damit auch mein Bekanntenkreis zu bröckeln anfing.

Keiner sprach mich auf Jonas' Verhalten an, nein, alles geschah wortlos: Geburtstagseinladungen wurden nicht erwidert, gemeinsame Spielnachmittage fanden ohne uns statt, ich wurde zusehends ausgeklammert. Ich sah das, hatte zu der Zeit aber keine Kraft, diese Entwicklung aufzuhalten. Das Leiden am und mit meinem Kind kostete all meine Energie.

Ich hatte damals noch meinen Stolz – den ich inzwischen als Luxus aufgegeben habe – und bat nicht, mein Kind oder mich zu beachten. Ich spürte die fehlende Akzeptanz meines Kindes, die auch mich verletzte. Wird das eigenwillige, gesunde Kind schon mit Skepsis und Zurückhaltung angesehen, wenn es aus der Rolle fällt, so ist die Reaktion auf ein verhaltensauffälliges Kind sehr empfindlich, und natürlich wird als erstes die Mutter zur Rechenschaft gezogen. Ich habe mir oft genug ungefragt mein «schlecht erzogenes», «unartiges» Kind vorhalten lassen, und mich selbst unter Druck gesetzt, Jonas zu entschuldigen oder ihn zu dem erwarteten Verhalten zu bewegen. Heute frage ich mehr nach der Notwendigkeit und Sinnhaftigkeit bestimmter Normen, denn einiges, was Jonas tut, ist sicher normaler als das, was die Gesellschaft für normal erklärt hat. Er begrüßt auch Menschen, die er nicht kennt, was in unserer Gesellschaft allerdings nicht üblich ist, bedankt sich für das 20. Auto, das er geschenkt bekommt, versucht, Menschen in Gespräche zu verwickeln, was viele überhaupt nicht ertragen können. Selbst auf die Frage nach dem Namen können die meisten Erwachsenen häufig nicht mehr unbekannten Kindern gegenüber spontan antworten.

Die Flut der Vorurteile, die behindert Genannten meist entgegenschwappt, sorgt aber dafür, daß das Kind nur noch unter dem Blickwinkel seiner Probleme gesehen wird. Ein Streit, der unter normal genannten Kindern auch als normal abgetan wird, wird bei einem behinderten Kind sofort als aggressives Verhalten gedeutet.

Ich hatte beobachtet, daß Jonas auf dem Spielplatz zaghafte Spielversuche mit einem Nachbarsjungen unternommen hatte, und hatte dieses Kind öfter zu uns eingeladen. Nun wollte Jonas auch einmal Olivers Zimmer kennenlernen, und ich verabredete mit der Mutter einen Spieltermin. Kurz vor drei Uhr rief die Mutter an und sagte mir ab, mit der Begründung, sie hätte für Oliver kurzfristig mit einem anderen Kind einen Termin ausgemacht. Jonas begann zu weinen. Seine Verzweiflung war fürchterlich. Die Hemmschwelle, gesellschaftliche Konventionen, wie zum Beispiel Höflichkeit, behindert genannten Menschen gegenüber zu durchbrechen, ist viel niedriger; nach dem Motto: Die merken das ja nicht so.

Ich überwand meinen Stolz, rief die Mutter an und fragte sie, wie es für sie wäre, wenn sie kurzfristig ausgeladen würde. Sie bot mir daraufhin an, Jonas zu den beiden schon spielenden Kindern hinüberzuschikken. Diese hatten sich jedoch schon zusammengetan und gegen ihn verbündet und zankten ihn, neckten ihn die ganze Zeit. Daraufhin wehrte sich Jonas mit einem Stock, woraufhin mich die Mutter anrief und sagte, daß man «solch» ein Kind mit «normalen» Kindern nicht zusammenlassen könnte.

Aber in der tagtäglichen Arbeit hatte ich kaum Zeit darüber nachzudenken, wie allein ich war und was mir eigentlich fehlte. Abends nach 22 Uhr, wenn die Kinder schliefen, las ich alles, was ich über Behinderungen, Therapien fand, aber auch über andere Frauen, wie sie ihren Selbstfindungsprozeß angefaßt hatten. Ich ahnte zwar langsam, daß ich in dem Leben, das ich führte, als Person gar nicht vorkam, daß ich zwar handelte, aber nur für andere. Ich wollte aber bewußt nicht darunter leiden, identifizierte ich mich doch gezwungenermaßen total mit meinem behindert genannten Kind wie auch mit meinen anderen Kindern. Nur die Traurigkeit, die mich von Zeit zu Zeit überkam, war ein Indiz für die Selbstverleugnung, die ich so betrieb. Meine Unzufriedenheit war groß, aber ich ließ keine Folgerungen daraus zu. Ich war ja so pflichtbewußt. Ich beneidete andere Frauen, die am Leben teilhatten, die berufstätig waren. Ich setzte diese beiden Faktoren unbewußt gleich, fehlte mir doch die Alternative dazu.

Schon vor der Operation hatte ich Jonas im Kinderneurologischen Zentrum zur Untersuchung angemeldet. Dort wurde ein EEG gemacht und sein Entwicklungsstand getestet. Ein Rückstand von einem Viertel seines Lebensalters wurde konstatiert und ein zerebraler Schaden, entstanden in der Schwangerschaft, als wahrscheinliche Ursache diagnostiziert. Er sei ein Grenzfall-Kind, jedoch hieße seine Perspektive mit siebzigprozentiger Wahrscheinlichkeit Sonderschule, Sonderkindergarten usw.

Ich war tief betroffen. Das durfte nicht wahr sein. Ich kannte ja diese Gesellschaft, ich wußte, daß nur der akzeptiert und angenommen ist, der funktioniert, Leistungen erbringt. Was Grenzfall in diesem Zusammenhang bedeutete, konnte ich mir denken und sollte es auch bald erleben. Denn auf unseren derzeitigen Grenzen fällt ein Mensch leichter nach unten als nach oben.

Da ich nicht einsah, warum schon bei einem dreijährigen Kind eine Festlegung vorgenommen werden sollte, die ihn für den Rest seines Lebens abstempeln würde, meldete ich ihn im Regelkindergarten an und erlebte schon nach drei Wochen die Reaktion meines Kindes auf die inadäquate Behandlung. Er fing an zu stottern. Kommentar der Erzieherin: «Ich hatte mir zwar nicht vorgestellt, daß er sooviel könnte, trotzdem gehört ‹solch› ein Kind nicht in unseren Kindergarten.» Mit der Meldung ans Jugendamt begann dann seine Etikettierung.

Dennoch wehrte ich mich dagegen, ihn für behindert erklären zu lassen, wollte ich doch *Hilfe* für ihn und das bedingungslos. Sozusagen eine Notlösung war dann mein Entschluß, Jonas in einem Sprachheilkindergarten unterzubringen. Was dort an Erziehung praktiziert wurde, brachte ihn in ständigen Konflikt mit dem, was zu Hause geschah. Er sollte angepaßt werden, lernen, nicht aufzufallen in einer Gesellschaft, die *ihr* Verhalten zur Norm gesetzt hatte. Als es unerträglich wurde, meldete ich ihn ab, und er blieb zu Hause. In diese Probleme hinein fiel die Geburt meines vierten Kindes, eines geplanten Wunschkindes. Diese unsere Entscheidung rief Kopfschütteln, offene Mißbilligung und Verurteilung in dem sozialen Umfeld hervor, in dem ich mich befand: «Das arme Kind, wo er doch alle Aufmerksamkeit braucht, jetzt dreht sich sicherlich alles nur um das Kleine» – oder: «Das war doch sicher kein geplantes Kind, oder?» Anfangs rechtfertigte ich mich fast noch entschuldigend, daß es wichtig sei für Jonas, die Erfahrung zu machen, daß es Menschen gäbe, die noch hilfloser seien, noch weniger leisten könnten als er. Irgendwann aber habe ich die Beurteilung meines Verhaltens als Anmaßung abgelehnt und keine Erklärungen mehr abgegeben. Ich reduzierte solche sozialen Kontakte auf das höfliche Minimum und hatte einfach keine Lust mehr, mein eh immer wieder angegriffenes Selbstwertgefühl durch andere verletzen zu lassen. Außerdem begann ich zu erkennen, daß diese gesellschaftlich zur Schau gestellte Fürsorglichkeit eigentlich einer Entmündigung gleichkam. Man/frau nahm die behinderten Menschen nicht ernst, glaubte, immer alles für sie entscheiden zu müssen. Behinderte brauchen aber keine falschen Schonräume, sondern wollen als Andersartige für voll genommen werden. Dazu gehört auch, daß man ihnen etwas zumutet und zutraut und nicht immer so tut, als seien sie unfähig. Diese innere Einsicht und Entscheidung machte mich unabhängiger von Umwelturteilen, aber auch von meinem Kind, so daß ich begann, mehr für mich selbst zu tun.

Ich nahm – anfangs noch mit schlechtem Gewissen – wieder Kontakte auf, die in keinem Zusammenhang mit Kindern standen, die nur mir wichtig waren. Ich begann eine berufliche Weiterbildung, die ich schon immer hatte machen wollen. Es kostete mich viel Mut, mich aus der gewohnten Enge herauszuwagen, aber ich mußte etwas tun, hatte ich doch schon viel zu lange verzichtet. Ich kann mich noch an manchen Abend erinnern, denn es geschah faktisch nur abends, wo ich die Kinder heulend bei ihrem Vater zurückließ. Ich fühlte mich ziemlich elend, wenn ich ging. Andererseits empfand ich aber auch die Macht, die die Kinder mit ihrem Besitzanspruch an mich über mich errungen hatten. Sie wollten ihre Freiheit, ich die meine. Als sie merkten, daß es mir ernst war mit meinem Eigenleben, versiegten die Tränen, denn sie waren ja im wesentlichen kein Ausdruck vom Trauer.

Als ich auf diesem einen Bein stand, hatte ich auf einmal auch die Kraft und die Lust, das zweite auszuprobieren. So begann ich an den Vorbereitungen zum Mütterkongreß teilzunehmen, ihn letztlich maßgeblich mitzugestalten. Ich genoß diesen positiven Stress, ich lebte wieder und nicht nur in meiner Rolle als Mutter, sondern in allen meinen Möglichkeiten und Bedürfnissen. Ich konnte in Ruhe diskutieren, weil die Kinder dabei waren und betreut wurden, hatte kein schlechtes Gewissen, sie wegorganisiert zu haben, denn ich war ja jederzeit erreichbar. Jonas freute sich am meisten, denn auch er war selbstverständlich und unhinterfragt dabei.

In dieser Zeit bekam er endlich einen Platz als behindert genanntes Kind im einzigen städtischen Integrations-Kindergarten hier am Ort, und es geht ihm sehr gut dort. Er lernt viel von den sogenannten normalen Kindern: Kinder haben keine Probleme, mit Andersartigen umzugehen. Sie akzeptieren die Vielfalt, in der sich Menschen darstellen und sind allenfalls erstaunt über ungewohnte und unerwartete Reaktionen. Um so trauriger ist es dann eigentlich, daß diese Unbefangenheit dadurch gestört wird, daß den Kindern von Erwachsenen als Erklärung der Begriff «behindert» angeboten wird. Eigentlich können Kinder mit dieser fragwürdigen Begrifflichkeit nichts anfangen, erklärt sie ihnen doch nichts und schafft Barrieren, die sie instinktiv spüren und zurückweichen lassen. Erziehung zu Toleranz und Entgegenkommen braucht aber keine Unterscheidung, da diese allzu leicht in Aussonderung mündet.

Schon oft bin ich gefragt worden, warum ich mich gegen diesen Begriff wehre. Das hat etwas mit Betroffenheit im engsten Sinne zu tun: meine Erfahrungen haben mir gezeigt, daß die Konfrontation sowohl von Jonas als auch meinen anderen Kindern mit dieser Kennzeichnung bei ihnen heftige emotionale Reaktionen auslöst, kennen sie doch die Folgen im Verhalten der Umwelt.

Meine Älteste war schon sehr betroffen, als sie von einem gleichaltrigen Mädchen gefragt wurde: Warst du nicht geschockt, als du gemerkt hast, daß dein Bruder behindert ist? Und so verursacht mir diese Gesellschaft in der in diesem Begriff sich ausdrückenden Engstirnigkeit zusätzliche und unnötige Probleme. Denn die Erziehung eines sich nicht gesellschaftskonform verhaltenden Kindes ist auch so nicht leicht. In vielen Gesprächen muß ich immer wieder vermitteln, wenn Jonas mal wieder in banalsten Situationen «ausflippt» und uns unnötig «blamiert». Meine Kinder und auch ich leiden oft unter solchen Situationen. Dennoch wäre es ebenso unehrlich zu behaupten, daß ich immer nur Verständnis für ihn aufbrächte. Da mache ich halt all die Fehler wie andere Mütter auch. Auch ich schreie ihn manchmal an und verliere die Nerven, doch erlebe ich gerade von anderen mit ihm befaßten pädagogischen Personen statt Verständnis und Hilfe Schuldzuweisung. Der vermeintlich erkennbare häusliche Erziehungsstil wird kommentiert und kritisiert: Das Kind ist in erster Linie nicht Kind, sondern «behindert». Von mir wird Jonas gegenüber ein fast therapeutisches Verhalten erwartet, das ich nicht aufbringen kann und will. Dieses allgemein häufig zu beobachtende Phänomen bei Pädagogen, sich selbst für kompetent zu erklären und die Kompetenz anderer anzuzweifeln, ist verstärkt im Umgang mit behindert genannten Kindern anzutreffen. So wird die Unsicherheit im alltäglichen Umgang mit behinderten Kindern noch verstärkt, und statt Mut zu entwickeln, entsteht die bange Frage: Habe ich alles falsch gemacht?

Erst vor kurzem hatte ich in Jonas' Kindergarten wieder ein Gespräch, in dem seine Verhaltensauffälligkeiten in Zusammenhang mit seiner familiären Situation gesetzt wurde. Dies ist sicher *ein* Faktor für das Handeln eines jeden Kindes. Aber heute bin ich selbstbewußt genug, darauf hinzuweisen, daß Jonas immerhin sechs Stunden im Kindergarten ist und daß er mehr Einflüssen ausgesetzt ist, als den familiären. Es macht mich wütend, wenn zwei der Erzieherinnen, selbst berufstätige Mütter, mir *meine* Berufstätigkeit als Ursache für Jonas' neuerliche Aggressionen glauben ankreiden zu können. Über andere mögliche Auslöser denken sie erst gar nicht nach. So einfach ist es, mit dem Druckmittel des schlechten Gewissens zu arbeiten, statt sich solidarisch bei der Suche nach Ursachen und der Lösung von Problemen gegenseitig zu unterstützen. Würde ich mir allein die Verantwortung zuschreiben, so würde ich sicher an der Aufgabe verzweifeln. Denn ich kenne Jonas' und damit zwangsläufig auch meine Perspektive nicht; ich weiß heute noch nicht, wie lange ich für ihn verantwortlich bleiben muß.

Ich habe viel gelernt in diesen letzten Jahren und ein für mich ganz neues Selbstbewußtsein entwickelt, das ich auch in meiner früheren Berufstätigkeit nicht empfunden habe. Die Erfahrungen, die ich mit der Gesellschaft aus meiner Randposition heraus gemacht habe, machen mich sicher, daß ich eine, nein, meine Weise zu leben selbst finden muß. Ich will mir weder von der einen Seite vorschreiben lassen, daß ich mich durch den Beruf zu emanzipieren, noch von der anderen Seite, daß ich mich für mein behindertes Kind beziehungsweise für meine Kinder überhaupt aufzuopfern habe. Als ich jetzt, nach sechs

Jahren Unterbrechung, wieder in meinen Beruf zurückging, habe ich diese Widersprüchlichkeiten in der Anspruchshaltung Frauen gegenüber, hier: jede emanzipierte Frau muß arbeiten, da: eine Mutter gehört zu ihren Kindern und ganz besonders dann, wenn eines behindert ist, in vielen Kommentaren zu spüren bekommen. Am krassesten setzte mir mein Dienstherr zwei Monate lang zu, mich weiter beurlauben zu lassen, mit der offen geäußerten Begründung, ich sei mit vier Kindern, von denen eins behindert sei, überlastet. Um mich zum Aufgeben zu zwingen, wurde mir eine Stelle an der einzigen Ganztagsschule des Ortes angeboten, die ich nun wirklich nicht annehmen konnte. Es hat viele Nerven und Zeit gekostet, meine Interessen durchzusetzen, aber es ist letztlich gelungen.

Doch auch jetzt, in meinem Beruf, empfinde ich wieder die Benachteiligung der Frau in vielfältiger Weise. Wie gerne würde auch ich an einem Informatikkurs teilnehmen, der bis fünf Uhr nachmittags dauert. Aber ich habe die Kinder zu versorgen, die Therapien mit Jonas durchzuführen, mit ihm zu üben. Wer, wenn nicht ich, muß den Platz an der einzigen Integrationsschule der Stadt besorgen, wer wird dann Sorge tragen, daß Jonas morgens vor meinem eigenen Schulbeginn quer durch die Stadt dorthin kommt und mittags wieder zurück? An meine Grenzen stoße ich ja schon jetzt, wo nach vierzehntägiger Berufstätigkeit meine jüngste Tochter krank wird und ich nicht weiß, wie sie in meiner Abwesenheit versorgt werden soll. Mit einer Kinderfrau auf Abruf? Ist das einer anderen Frau zumutbar, für mich den Lückenbüßer, Notstopfen zu spielen? Soll ich einen festen Job vergeben? Wozu, wenn die Kinder meist im Kindergarten sind? Außerdem ist das ein finanzielles Problem. Mein schönes emanzipatorisches Gebäude bricht in der Realität allzu leicht auseinander, wenn auch nur eine Sache nicht nach Plan verläuft. Und statt mich mit Nützlichem oder meinen Kindern zu befassen, grübele ich jetzt seit Stunden über die Organisation der kommenden Woche.

Insofern empfinde ich es als überheblich und mir unverständlich, wenn gerade Frauen in Diskussionen locker Emanzipation mit Erwerbsarbeit gleichsetzen und das Hausfrauendasein mit Verachtung strafen. Sie grenzen damit gerade viele Frauen aus, denen es nicht möglich ist, in all ihren Belastungen mitzuhalten. Mir geht es ja noch gut, aber es dürfte die Grenzen des Möglichen sprengen, wollte beispielsweise eine Mutter mit einem mehrfach behinderten Kind sich noch eine Erwerbstätigkeit aufladen. Und, diese ernsthaft gemeinte Frage sei erlaubt, ist denn unsere Arbeitswelt so schön und so menschlich organisiert, daß sie für alle Frauen erstrebenswert sein muß? Wir kritisieren mit Recht die zunehmende Entfremdung von

Arbeit durch Automation und Rationalisierung und behaupten gleichzeitig, daß wir uns allein durch Teilhabe daran emanzipieren können?! Ich habe aber auch schon die Argumentation gehört: Du bist privilegiert, du kannst wählen, du hast einen Mann. Doch auch und gerade für mich als Mutter eines behinderten Kindes ist die finanzielle Unabhängigkeit der Frau wesentlich für ihre Selbstbestimmung. Denn gerade die Ehen von Eltern behinderter Kinder scheitern zu 80 Prozent, da der Mann den Druck nicht aushält, und was dann? Denkbar wären ja auch Modelle, die die existentiell wichtige Arbeit der Erziehung von Kindern bezahlt und die Frauen damit materiell unabhängig stellen.

Jede Form der Erziehungsarbeit – sei es im Kindergarten, im Hort oder in der Schule – wird bezahlt. Nur der Mutter wird die Arbeit auf Jahre hin unentgeltlich abverlangt, obwohl doch gerade die ersten drei Jahre als die prägendsten und wichtigsten für die Entwicklung der Kinder angesehen und erklärt werden. Welch immensen Wert hat dann diese Arbeit und wie wenig wird sie gesellschaftlich honoriert! Frauen mit behinderten, schwerstbehinderten Kindern sind durch diese Situation noch nicht einmal in der Lage, sich finanziell die notwendige Hilfe leisten zu können; sie müssen sie sich erst mühselig auf dem Instanzenweg erkämpfen. Diese Widersprüchlichkeit in der gesellschaftlichen Anforderungshaltung einerseits und der sich auch finanziell ausdrückenden Minderbewertung andererseits trägt sicherlich auch dazu bei, daß die Selbstbewertung von Müttern so widersprüchlich ist. Es sollte aber für Mütter noch mehr Möglichkeiten geben, aus der Isolation und Vereinzelung herauszukommen als durch den Beruf. Vor allem aber sollte es ihnen selbst überlassen bleiben, diese Wege zu bestimmen. Die vielen Projekte, die vielen Ansätze, die Frauen mit Kindern seit dem Mütterkongreß im November 1986 eigeninitiativ begonnen haben, zeigen dabei vielleicht einen Weg.

GISELA KLAUSMANN

Rabenmutter

Seit einiger Zeit betreue ich sporadisch das Baby einer Freundin. Erst nach ausführlicher innerlicher Rücksprache habe ich mich zu diesem Schritt entschlossen. In den drei bis vier Stunden, die ich von meinem frauen-, friedens-, umweltschutzbewegten Alltag abzwacke, lernen das Baby und ich uns zu entdecken und zu be-greifen. Es macht Spaß, vielleicht auch deshalb, weil ich die Verantwortung zu einem vereinbarten Zeitpunkt wieder abgeben kann.

Bevor ich mich vor zwei Jahren im Rahmen der Vorbereitungen zum Mütterkongreß mit dem Thema «Mutter sein» auseinandergesetzt habe, wäre so etwas für mich noch un-möglich gewesen. Babies, Kindern und Jugendlichen gegenüber habe ich mich eher reserviert und distanziert verhalten. Ich habe kein Gefühl für «Nachkommen» entwickelt; um es genauer zu sagen: ich habe jedes Gefühl dafür im Keim erstickt, um eine Entscheidung, die ich in früher Jugend, vor mehr als zwei Jahrzenten, einmal für mich getroffen hatte, nicht in Frage stellen zu müssen. Es war eine Entscheidung, die mein ganzes Leben beeinflußt hat, und über die ich nie oder nur ganz selten offen, ohne gesellschaftsfähige Drapierung sprechen konnte und wollte. Für meine Zurückhaltung werden schlaue ZeitgenossInnen schnell eine Erklärung parat haben. Eine Frau, die ihre Kinder weggibt, ist kinderfeindlich, sie ist eine Rabenmutter. Die Verachtung für mein Tun hat Schuldgefühle und Komplexe hervorgerufen und ein Reflektieren und Aufarbeiten verhindert. Ständig fühlte ich mich von unangenehmen Fragen bedroht, und das Gefühl, mich rechtfertigen zu müssen, werde ich nicht los.

Aber was habe ich denn falsch gemacht?

Viel zu behütet bin ich groß geworden. Aufklärung war ein Fremdwort bei uns in der Familie. Was nicht in das Weltbild der «Sauber-Klaus-angepaßt-Mann» paßte, wurde tabuisiert. Heile Welt mußte für Chef, Nachbarn und «die da unten» gespielt werden. Doch ich war neugierig, ich wollte entdecken, erfahren, das Leben in seiner ganzen Bandbreite herausfordern, ausprobieren, alles und auf jeden Fall. Gibt es da noch irgendwelche Spielregeln? Wofür? Ich war jung, ich hatte meine eigenen Gesetze!

Ich wollte nicht abtreiben und ich wollte nicht heiraten, selbst für viele meiner FreundInnen eine unverständliche Haltung, für meine Eltern, die mir verbieten, schwanger und ohne Mann nach Hause zu kommen, ein Skandal. Ein Spießrutenlaufen begann für mich. 1962 in einer konservativen Stadt in der Schweiz. Es gelingt mir trotz allem, die Schwangerschaft stolz zu genießen. Ich freue mich auf das Baby, obwohl ich keine rechten Perspektiven habe, was in Zukunft werden soll. Und mit der Zeit wächst dann auch meine Angst vor der Verantwortung, die da auf mich zukommt.

Als ledige und ausländische Frau darf ich das Kind nicht in der Schweiz zur Welt bringen. Also organisiere ich einen Platz als Hausschwangere in einer deutschen Universitätsklinik, um mir sechs Wochen vor der Geburt dieselbe mit leichten Arbeiten auf einer Station des Krankenhauses zu «verdienen». Von meinem Erwerbsarbeitsplatz lasse ich mich acht Wochen beurlauben. Mein Appartement vermiete ich befristet. Und noch immer weiß ich nicht, wie es «danach» weitergehen soll.

Im Krankenhaus lerne ich eine Studentin in der gleichen Situation kennen, die eine Annonce in einer bekannten Frauenzeitschrift aufgegeben hat, um Adoptiveltern für ihr zu erwartendes Kind zu finden. Die Idee beginnt, mich zu faszinieren.

Weil meine neue Freundin unmöglich die über 200 Zuschriften alleine auswerten kann, teilen wir uns die Arbeit, und ich antworte selber auf mindestens 30 Briefe. Der Druck des Ausgeliefertseins und Nicht-mehr-weiter-Wissens weicht, ich habe die Sache endlich wieder selbst in der Hand, ich kann agieren und eigene Entschlüsse fassen. Spannend sind die Auswahlkriterien. Da entscheidet das Briefpapier, die Schrift, die Orthographie, der Beruf der BewerberInnen, das Alter, der soziale Status. Endlich, nach erheblichem Papierkrieg, habe ich die «einzig richtigen Eltern» gefunden. Ein Beamtenehepaar, Anfang dreißig, das sich schon lange so sehr ein Baby wünscht – egal ob Mädchen oder Junge –, da kann ich doch nichts falsch machen. Außerdem – und das ist der wichtigste Punkt bei meiner Entscheidung – wird der Adoptionsvertrag erst nach einem Jahr Probezeit rechtskräftig. Bis dahin können sich noch ganz andere Lösungen ergeben. Vielleicht nehmen uns sogar meine Eltern auf, als stolze Großeltern? Platz wäre genug!

So vorbereitet sehe ich der Geburt gelassen, unbeschwert und gleichzeitig aufgeregt entgegen. Die letzten Wochen und Tage ziehen sich endlos hin; mein Umfang macht mich unbeweglich, die Beine werden immer schwerer. Tagtäglich rufen die zukünftigen Eltern an – ich bin wichtig, und ich fühle mich nicht allein.

Elf Tage nach dem errechneten Termin setzen die Wehen ein. Der

Moment für das große Ereignis ist gekommen. Meine Gefühle schwanken zwischen Erleichterung, Neugier und Angst vor Schmerzen; es muß sein, es soll aber, bitte schön, nicht zu lange weh tun. Die Geburt wird zu einem Erlebnis ohne Komplikationen. Und das Ergebnis sprengt alle Erwartungen: ein Junge (wow), komplett und gesund, fast neun Pfund schwer, mit vielen schwarzen Haaren, großen Augen und überhaupt – schon jetzt wie die Mutter.

Ich bin nicht nur stolz; doch die Gefühle, die ansatzweise schon während der Schwangerschaft, als sich das Leben in meinem Bauch regte, aufkamen, verdränge ich. Meine Entscheidung ist vernünftig, und ich handle verantwortungsbewußt (wirklich?). Die sofort einschießende Milch stille ich ab, ich habe mein Kind nie berührt. Als die Adoptiveltern meinen Jungen abholen, bin ich intensiv mit den Vorbereitungen meiner Rückreise beschäftigt.

Zurück in meiner Wohnung, an meinem Arbeitsplatz, in meinem Bekanntenkreis, stürze ich mich in eine wilde Liebesaffäre, die mir keine Zeit zum Nachdenken läßt. Und nun bekomme ich zu spüren, daß meine Entscheidung – die ja noch gar nicht endgültig ist – Mißbilligung, ja sogar Verachtung hervorruft, gerade bei den Menschen, von denen ich mir Unterstützung und Trost erhofft hatte, und ich lebe so, als hätte es dieses Ereignis in meinem Leben überhaupt nicht gegeben. Die Unterschrift unter dem Adoptionsantrag nach einem Jahr ist nur noch eine reine Formsache.

Nachtrag: Erstaunlich, ja fast unbegreiflich, auch für mich, wie sich die Last des Schweigens eines Vierteljahrhunderts auf drei Seiten Schreibmaschinentext zusammentragen läßt. Aber der Schein trügt: jede Aussage, jeder Satz, jede Formulierung war ein langer Prozeß – eine Auseinandersetzung mit der Vergangenheit, und oft liegen zwischen zwei Absätzen Wochen der Ruhe- und Ratlosigkeit.

Ich werde mich nicht mehr rechtfertigen, denn es gibt keine allgemeingültige, zufriedenstellende Antwort auf neugierige Fragen.

Endlich schaffe ich es, meinen Schmerz und meine Wut zuzulassen. Und eine Wut habe ich, auf eine Gesellschaft, die mir keine Perspektiven geboten hat, und die mich obendrein diskriminiert.

ICH habe nichts falsch gemacht!

ANNEGRET STOPCZYK

Gegen Kindesentführung und Mütterdiskriminierung

Neulich saß ich als Zuhörerin in einem Gerichtssaal des Berliner Amtsgerichts und hörte einen Staatsanwalt sprechen. Es ging um einen Vater, der sein Kind von der deutschen Mutter weg nach Jordanien entführt hat. Der Staatsanwalt hielt ein Plädoyer für das Kind, das nicht wie eine Sache zur Verhandlung stehen dürfe, und dessen Menschsein geachtet werden müßte.

Plötzlich kam ich mir wie im Film vor, als Statistin auf der hinteren Bankreihe, denn so eine glänzende Rede für die Interessen von Kind und Mutter – ja, und Mutter! – hätte ich mir höchstens für einen Filmauftritt vorstellen können. In pathetischer Sprache betonte er, daß zum Glück solche Entführungsfälle selten vorkämen, und daß die Täter nicht durch milde Strafumstände ermutigt werden dürften. Der jordanische Vater wurde zu einem Jahr Gefängnis verurteilt. Das Kind kann ohne seine Erlaubnis nicht aus Jordanien raus. Es wohnt in einem Palästinenserlager bei den Großeltern, die froh wären, wenn das Kind wieder in Deutschland wäre, denn Armut und Kriegsnot diktieren dort den Alltag.

In der Pause sprach ich mit diesem Staatsanwalt. Ich erfuhr: sein Plädoyer war auf völlige Unkenntnis der Lage aufgebaut; zum erstenmal vertrete er den Staat in einem «Entziehungsfall» – wie der juristische Ausdruck für das heißt, was wir schlicht «Kindesentführung» nennen. Er äußerte sich beruhigt darüber, daß so eine Entführung wohl selten vorkommt. Außerdem schien er vollkommen klar darüber zu sein, daß es hier nur um einen Ausländer ginge. Er war völlig erstaunt, als ich ihm sagte, daß es jährlich in Berlin etwa 300 Entführungsfälle gibt, wobei die Dunkelziffer noch hoch ist, weil nicht alle Frauen die Männer anzeigen. In Westdeutschland seien es etwa doppelt so viele Fälle, und etwa die Hälfte aller Entführer sind deutsche Väter. Der Staatanwalt war fassungslos und bat darum, ausführlich informiert zu werden und unsere Informationen zu erhalten. Er sei sich sicher, daß auch die anderen Staatsanwälte ahnungslos seien, und vermittelte mir einen Weg zum Generalstaatsanwalt.

Das nun ist die gewöhnliche Erfahrung, die wir bei unserem Bemühen um Aufklärung machen. Seit zweieinhalb Jahren bearbeiten wir die verschiedensten Amtsträger/innen mit Forderungen nach Gesetzesänderungen und Hilfen für Kinder und Mütter. Einige anfängliche Maßnahmen werden nun eingeleitet, aber sie sind nicht einmal ein Tropfen auf dem heißen Stein. Da «Kindesentziehung» nur ein Anzeigendelikt ist und die Mutter die Verfolgung allein verantwortet, wodurch sie vom Mann erpreßbar wird, zeigen die Richter und auch die Polizei keine Neigung, in der Tat des Vaters eine Straftat erheblichen Ausmaßes zu erkennen. Darum fordern wir als erstes, daß Kindesentführung als «Offizialdelikt» behandelt wird und so vom Staat verfolgt wird, zum Schutze von Mutter und Kind. Bisher gibt es kein «Staatsinteresse» daran, der Mutter das Kind zurückzuführen.

Immerhin bringt nun der Berliner Senator für Justiz und Bundesangelegenheiten Rehlinger einen Gesetzentwurf beim Bundesrat ein, «damit Kindesentziehungen künftig wirksamer begegnet werden kann». (1) Das Zwangsgeld soll von 1000 DM auf 50000 DM erhöht werden, und eine sofortige Zwangshaft von bis zu sechs Monaten soll verhängt werden können.

Aber sicherlich werden sich die entführenden Väter dadurch nicht beeindrucken lassen und so nur noch mehr Einfälle haben, wie sie die Frau dazu zwingen können, entweder keine Anzeige zu machen oder die Anzeige zurückzuziehen. Und wie rabiat und sogar organisiert hier die Mütter drangsaliert werden, berichtete Gabriele Jenk in einem *Zeit*-Artikel: «Er wurde verhaftet, Frau Schreiber legte ihren Sorgerechtsbeschluß vor. Da sich ihr Mann nicht äußern wollte, wo das Kind sei, wurde er wieder freigelassen. Er rief ihr noch zu, daß sie das Kind nie wiedersehen würde... Gehört hat sie aber etwas von Frau Salameh, der Bundesvorsitzenden des VSBI (‹Verband Scheidungsgeschädigter, Bürgerinitiativen gegen Kindesentzug und Unterhaltsmißbrauch›), die sie aufforderte, die Strafanzeige zurückzuziehen, was sie nicht tat. Seither fühlt Frau Schreiber sich bedroht: Ihre Autoreifen wurden zerschnitten, Männer schlichen, bewaffnet mit Gaspistolen und Stahlkugeln, in ihrem Haus herum. Einer der Männer war – wie sich später durch die Polizei herausstellte – der Sohn von Frau Salameh.» (2)

Angesichts der Kindesentführungsfälle wird gegenwärtig, wie lebendig patriarchale Herrschaftsstrukturen noch sind, und zwar trotz gesetzlicher Gleichstellung zwischen Frau und Mann (Das Kind ist niemandem gegenüber gleichgestellt). Dies nun in Kürze darzulegen, ist unmöglich, aber ein paar Notizen will ich anführen:

● Die Mütter können erst seit dreißig Jahren gegen den Willen der Väter bei Antrag das Sorgerecht erhalten.

● Bisher wurde in Deutschland meist den Müttern das Sorgerecht übertragen, weil die Väter kein Interesse daran zeigten, sozial und pflegerisch für das Kind aufzukommen. Seit der Einführung des neuen Familienrechts 1978 ist es für die Väter weitaus billiger, wenn sie das Sorgerecht für das Kind erhalten. Hochverdienende Väter entführen in letzter Zeit mit Vorliebe ihre Kinder, um «Fakten zu schaffen».

● In den USA gehört väterliche Kindesentführung inzwischen fast zum Scheidungsritual dazu. Über 80 Prozent der Väter, die das Sorgerecht beantragen, erhalten es auch.

● In Europa formieren sich die Patriarchen neu in den Forderungen nach «gemeinsamem Sorgerecht» und «unehelichen Sorgerechtsansprüchen». Interessen von Vätern werden in kürzester Zeit öffentlich diskutiert und Anlaß zu Gesetzesänderungen.

● Forderungen der «neuen Mütter», daß Väter sich sozial und pflegerisch gleichberechtigt um das Kind kümmern müßten, um überhaupt Mütterrechte zu erlangen, werden dabei vollständig ignoriert. Typischer Vertreter ist der Philosoph Christian Ullmann, der die Berufstätigkeit des Vaters als ausreichende Grundlage für die Sorgerechtszusprechung theoretisch und juristisch untermauert. Er schreibt: «Nun gilt in diesem Kulturkreis die Berufstätigkeit eines Vaters während der Ehe weithin als ein wichtiges Kriterium dafür, daß er seiner Verantwortung dem Kind gegenüber nachkommt, nicht nur, weil er damit die materielle Basis zur Pflege und Erziehung seiner Kinder schafft, sondern weil er auch in ideeller Hinsicht das Kind prägt. Berufstätigkeit des Vaters dient damit dem Kindeswohl und läuft ihm keineswegs zuwider.» (3)

Die Frau, die dem Mann für seine Karriere den Haushalt führte und ihn sowie das Kind sozial und pflegerisch aufbaute, soll weder Unterhalt erhalten noch das Kind, denn sie könne dem Kind weder ein angemessenes Leben bieten noch die ideellen Anstöße erteilen, die in der Berufswelt erworben werden würden.

Ist die Frau aber immer berufstätig gewesen, so wird dieses als Beweis ihrer Gleichgültigkeit dem Kind gegenüber gewertet. (Oberster Lehrsatz: Eine Mutter kann gar nichts richtig machen. Was sie auch tut, in Prozessen kann der Vater vereint mit Gutachtern und Richtern alles gegen sie kehren.)

● Der Frau wird vorgeworfen, sie wolle das Sorgerecht nur deshalb, um Unterhalt zu bekommen, und es fällt selten juristisch ins Gewicht, daß sie bisher das Kind größtenteils alleine versorgt hatte. Die frisch aufflammende «Vaterliebe» während Scheidungsprozessen macht vor Gericht die Mutter fast immer zur Angeklagten, ähnlich wie in Vergewaltigungsprozessen. Überschriften in der Presse: «Eiskalte Mutter hetzt Vater und Kind ins Abseits». «Vater weint im Gerichtssaal» (Weint die Mutter, ist das hysterisch).

● Beantragt der Vater das Sorgerecht, erhält er es nach unseren Erfahrungen besonders leicht bei «liberalen» Richtern, die «Mutterliebe» als archaisches Relikt abtun, und der Frau zu ihrer Emanzipation verhelfen wollen. Es gibt Fälle, in denen Richter die Mütter dazu verurteilen, in die Psychiatrie zu gehen, wobei diese Beschlüsse in zweiter Instanz aufgehoben werden, weil das noch nicht statthaft ist. (Frauen, das verrückte Geschlecht?) (4)

● Entführt der Vater das Kind, so passiert ihm gar nichts. Nachdem er für einige Zeit untergetaucht ist, erhält er das Sorgerecht, aus «Rücksicht auf das Wohl des Kindes», das nun nicht von seiner Primärperson Vater getrennt werden darf.

● Eine ausländische Frau, die zum Beispiel nach deutschem Recht einen Iraner heiratet, kann selbst auf Antrag nicht nach deutschem Recht das Sorgerecht über ihr Kind erhalten. Priorität hat das ausländische Vaterrecht, das von deutschen Richtern gegen die Mutter geschützt wird. Türkische Frauen, die in Deutschland aufgewachsen und geboren sind, haben keine Möglichkeit, sich nach Gleichheitsgrundsätzen scheiden zu lassen und das Sorgerecht zu erhalten. Die sogenannte «Nichteinmischung» stützt faktisch alle patriarchalen Verfassungen, und das, obwohl es UN-Abkommen, Europäische Abkommen und Menschenrechtserklärungen gibt, nach denen Frau und Mann in allen Staaten gleich behandelt werden sollen.

● Dies sind nur einige wenige Zusammenhänge und Tatsachen, die täglich jenen Müttern ins Gesicht schlagen, die verzweifelt nach ihren Kindern suchen.

War die uneheliche Mutter bisher noch vor dem direkten Zugriff des Vaters geschützt und nur dem «Jugendamtsbeistand» unterworfen, so soll in Zukunft auch diese kleinere «Freiheit» zugunsten der Väter aufgehoben werden.

Rufen Männer «Ungerechtigkeit», dann dauert es nie lange, bis sie «gleichgestellt» werden, denn allüberall sitzen ihre Geschlechtsgenossen, wobei der Vater davon ausgehen kann, daß jeder dritte Richter und jeder zweite Politiker geschieden ist und sich in seinem Vaterrecht verletzt fühlt. Die Väterlobby ist traditionell seit 3000 Jahren etabliert, das darf nicht vergessen werden. Eine weitreichende Mütterlobby, die ohne von Männern produzierte «Mütterideologie» auskommt, gibt es noch nicht. Hier stehen wir am Anfang.

In unserem Verein sind wir nur wenige Frauen, davon die meisten direkt von Kindesentführung betroffene Frauen, die so viel mit ihrer Sache zu tun haben, daß sie kaum Zeit für die «Vereinsarbeit» haben. Zwei Frauen (ich mitgerechnet), sind aus mütterpolitischen, frauensolidarischen und kinderfreundlichen Gründen im Verein. Das ist ein kleiner Anfang. Allein wieviel Geld aufgebracht werden muß, um die Kinder zu finden und dann zurückzuholen, ist unglaublich. Um Adonis aus dem Palästinenserlager herauszuholen, soll die Mutter 35000 DM für Prozeßkosten und andere Hilfen bezahlen. Eine Mutter, die ihr Kind in Paraguay gefunden hat, hat derartig viele Kosten auch für Detektive aufwenden müssen, daß sie mit 80000 DM den Rest ihres Lebens verschuldet sein wird, wenn nicht finanzielle Hilfen kommen. (*Spenden!!!*) Die finanzkräftigeren Väter haben sich inzwischen internationale Organisationen mit viel Geld aufgebaut. Sie nennen sich «Maskulistenbewegung» (5), und sind in vielen Ländern als «Scheidungsberatungsstellen» tätig. Oftmals, auch in Frankreich, lassen sich die Väterorganisationen von Frauen vertreten, mit Vorliebe von feministischen Anwältinnen, die sich gegen «Mütterlichkeit» stark machen. Bei genauerem Hinsehen wird aber offensichtlich, daß sie die einzigen Damen in den Gruppenbildern sind.

So entführte ein Vater (deutscher Chefarzt und FDP-Mitglied) seine Tochter nach Paraguay und sitzt mit Steuerhinterziehern, alten Nazis und anderen Flüchtlingen in einer dortigen deutschen Siedlung. Die deutsche Botschaft verweigerte der Mutter jede Hilfe, obwohl sie das Sorgerecht hat und gegen den Vater ein Haftbefehl läuft. Der Direktor der dortigen Goetheschule verweigerte der Mutter ebenfalls jede Hilfe mit der Bemerkung, das Kind sei dort legal angemeldet. Innen- und Außenministerium verhinderten eine Interpolfahndung und einen Auslieferungsantrag. Der entführende Vater beschreibt seine Lage in der *Deutsche Allgemeine»*, Zeitung für Paraguay, folgendermaßen, wobei er davon ausgeht, daß er seine Tochter nicht entführt hätte, sondern sie selber sei es gewesen, die die «Flucht» vor der Mutter vorgeschlagen hatte (was glatt erlogen ist). Bis zum Auftauchen der Mutter hatte er seiner Tochter vorgelogen, daß die Mutter plötzlich gestorben sei.

«Doch ist die Mutter eine Psychopathin (auch nach Meinung aller, die hier bisher mit ihr Kontakt hatten, in Berlin, wo Hysterie in weiten Kreisen praktisch normal ist, fällt das nicht so auf) und benutzt die Rolle der Mutter nur als Vorwand, mich, wie schon in der Ehe, als feministisches Feindbild zu bekämpfen... Meine Exfrau hatte mir wiederholt gesagt, die Mutterrolle sei eine von Männern erfundene Sache, um die Frauen zu unterdrücken. In Wirklichkeit wollte meine Exfrau nie Kinder... Die andere Seite meines Falles ist die politische, was die Bundesrepublik betrifft... Anläßlich der Scheidung verlieren die Väter fast alle ihre vom Gesetz garantierten Rechte. Aus diesem Grunde befinden sich schon Tausende von deutschen Vätern im ausländischen Exil... In Berlin gehörte ich einer Selbsthilfegruppe von

Vätern an (VSBI), die um das Sorgerecht für ihre Kinder kämpften und die von einer Frau geleitet wurde. Im Rahmen der Gruppen gaben sich die Väter gegenseitig natürlich juristische Ratschläge ... Wir wurden in Paraguay nicht durch Interpol entdeckt, denn man kannte unseren Aufenthalt bereits seit einem Jahr, nachdem ich an den deutschen Justizminister geschrieben hatte, mit der Bitte ... alle deutschen Väter, die länger als zwei Jahre im Exil leben, zu amnestieren.» (6)

Etliche «klassische Formen» der patriarchalen Vorwürfe gegen Mütter finden hier ihre Stimme. Die Mutter ist feministisch und daher untauglich zur Mutterschaft (ein immer wiederkehrender Vorwurf in Scheidungsprozessen, der leider auch durch die herrschende Meinung in der Frauenbewegung unterstützt wird). Außerdem gehört sie in eine psychiatrische Anstalt und wird kurzerhand für verrückt erklärt, was auch Richter gern tun, die die Ängste einer Mutter vor Kindesentführung mißachten. Zu guter Letzt fühlt sich der abenteuerliche Vater sich auch noch als politisch Verfolgter und möchte als solcher anerkannt werden. In Jugendämtern und in psychologischen Gutachten werden die verzweifelten Mütter als «beschränkt zurechnungsfähig» abgetan und bleiben ohne Unterstützung und Hilfe bei der Suche und Rückführung ihres Kindes. Denn die meisten glauben, der Vater hätte es aus Vaterliebe getan, nicht aus so niedrigen Beweggründen wie finanzielle Vorteile, Rache und vaterrechtliche, d. h. patriarchalische Überzeugungen. Bei keinem der uns bekannten Entführer handelt es sich um jene seltenen «neuen Väter», die tatsächlich mindestens die Hälfte der Kinderzeit übernehmen. Diese Einschätzung teilt auch Doris Bounaira, die in Köln im «Kinderschutz International» Kindesentführungen aufzuklären hilft. Die Väter fühlen sich auch so lange nicht im Unrecht, wie «der Staat» durch die Art der Strafdefinition sie beschützt. So erläutert der Vater in Paraguay: «(...) Kindesentziehung (...) ist in Deutschland ebenso wie in Paraguay (...) ein Antragsdelikt, das nur auf Antrag der Exfrau verfolgt wird, aber nicht von Staats wegen.» (6)

Dabei gibt es seit 1980 zwei Übereinkommen, die bereits von einigen Staaten unterzeichnet wurden (allerdings nicht von der Bundesrepublik), die die «Rückführung der entführten Kinder» regeln sollen. Die härtesten patriarchalen Länder unterzeichneten aber noch nicht. Es ist das «Haager Übereinkommen» vom 25. Oktober 1980 (7) und das Europäische Abkommen (8).

Es gibt sogar einen Referentenentwurf im Justizministerium zur Ratifizierungsfrage (9), wobei der Tatbestand der Kindesentführung ignoriert wird. Aber nach diesen neuen Gesetzen hätte zum Beispiel eine Mutter unseres Vereins, die ihr Kind aus den USA zurückholen konnte, keinen «Erfolg» haben können; das amerikanische Vater- und Besatzungsrecht wäre bedingungslos geschützt worden. Ein großes Übel dabei ist, daß es keine Juristinnen und Juristen gibt, die in unserem Sinne kompetent eine Mutter beraten könnten. Der Fall Kindesentführung ist nicht Inhalt ihrer Ausbildungsseminare und Weiterbildungsprogramme. Internationales und nationales Recht verschränken sich hier, und über 85 Prozent aller Staaten sind offen vaterrechtlich institutionalisiert.

Es ist ein Elend, miterleben zu müssen, wie Mütter, die um ihre Kinder kämpfen, zumeist als «Muttertiere» diskriminiert werden und den Ratschlag erhalten, sich schleunigst zu emanzipieren. Die argentinischen Mütter der Plaza de Mayo werden inzwischen allgemein als eine moralische Instanz anerkannt, weil sie gegen eine Militärregierung laut geworden sind, aber Mütter, die gegen die «zivilisierten Formen» des Patriarchats kämpfen, werden für krank gehalten.

Worte einer Großmutter vom Plaza de Mayo können vielleicht all jenen Müttern Kraft geben, die auf der Suche sind:

«Ich habe Dich überall gesucht, meine Analie, erst einen Tag, erst einen Monat und dann viele Monate. Und Jahre.

Deine Großmutter, meine Analie, ist hart wie Stahl geworden bei der Suche nach Dir. Ich weiß, daß ich Dich finden werde. Und wenn wir wieder zusammen sind, dann werde ich mich wieder in ein warmes Nest verwandeln, so wie alle Großmütter in der Welt und so, wie es früher war, als deine Mutter noch lebte.»(10)

Literatur

1) Maßnahmen zum Schutz vor Kindesentziehungen, LPD, Berliner Senat, 30. August 1988

2) Gabriele Jenk, Faustrecht statt Sorgerecht, Die Zeit, Nr. 35, 23. August 1985

3) Christian Ullmann, Elterliche Sorge und Menschenrechte, Die Mißachtung von Völkerrecht und Grundrechtsgeboten im Scheidungsfolgerecht der Bundesrepublik Deutschland, München 1986, S. 28

4) Phyllis Chelter, Frauen, das verrückte Geschlecht? Reinbek 1979

5) Männerbewegung, Abendländische Tradition, in: Der Spiegel, Nr. 16, 1984, S. 76f.

6) Der Fall Winkler und seine Hintergründe, in: Deutsche Allgemeine, Zeitung für Paraguay, 3. Jahrg. Nr. 77, 18. Nov. 1987

7) Entwurf eines Gesetzes zur Ausführung des Haager Übereinkommens vom 25. Oktober 1980 über die zivilrechtlichen Aspekte internationaler Kindesentführung.

8) Entwurf eines Gesetzes zur Ausführung des Europäischen Übereinkommens vom 20. Mai 1980 über die Anerkennung und Vollstreckung von Entscheidungen über das Sorgerecht für Kinder und die Wiederherstellung des Sorgerechtsverhältnisses.

9) Referentenentwurf Sorgerechtsübereinkommen – Ausführungsgesetz (Alle Gesetzentwürfe erhältlich als Schreibmaschinenmanuskript beim Bundesjustizministerium Bonn.)

10) Die verschwundenen Kinder Argentiniens, Eine Materialsammlung, Schriften für amnesty international, 6, Tübingen 1982, S. 45

Vertiefende Literatur

Chesler, Phyllis, Mothers on Trial, The Battler for Children and Custoday, New York 1986, teilweise abgedruckt in: Frauen und Schule, Zeitschrift für Mädchen und Frauenbildung. Heft 20, 7. Jahrg. Feb. 1988, S. 23 ff.

Erler, Gisela Anna, Rückkehr des väterlichen Sorgerechts? In. Freibeuter, Thema: Vaterschaften, Nr. 29, Berlin 1986

Geppat, Klaus, Zur strafbaren Kindesentziehung (§ 235 StGB) beim «Kampf um das gemeinsame Kind», in: Gedächtnisschrift für Hilde Kaufmann, Hg. H. J. Hirsch u. a., Berlin 1986

Hüstegge, R., Der Uniform Child Custoday Jurisdiction Act, Rechtsvergleichende Betrachtungen zu internationalen Kindesentführungen, Verlag für Standesamtwesen, Ffm. 1982

Internationale Kindesentführung, Expertengespräch, Internationaler Sozialdienst, Dokumentation vom 3. März 1986, Frankfurt, Am Stockborn 5–7

Lenz, G., Salgo, L., Zur Diskriminierung der Frau im Recht der Eltern-Kind-Beziehung, Stuttgart u. a. 1983

Limbach, Jutta, Ehefrau und Mutter in der jüngsten Rechtsentwicklung, in: Informationen für die Frau, 11–12/87, S. 9–15

Mallmann-Döll, Hannelore, Legal kidnapping – Warum Eltern ihre eigenen Kinder ins Ausland entführen, in: Psychosozial, 3/80, Reinbek, S. 43–66

Müller-Freienfels, Wolfram, Deutscher Partikularismus im Internationalen Kindesentführungsrecht – Dezentralisation der «Zentralen Behörde»?, in: Justiz, 3, 1988, S. 120–132

Mythos: Neue Väter, und zu Kindesentführung, in: Frauen und Schule, 20, 7. Jahrg. 1988, Berlin 61, Dieffenbachstr. 27

MONIKA JAECKEL

Mütter und Amazonen

Was die Lesbenfrage mit der Mütterfrage zu tun hat

Mütter- und Lebensanliegen in einen Zusammenhang zu stellen, löst zumeist große Verblüffung aus – auch in der Frauenbewegung. So weit haben wir uns von matriarchalen Bildern bereits entfernt.

Daß heutzutage bei den Vorstellungen über ein autonomes Frauenleben ein Zusammenleben mit Kindern kaum noch mitgedacht wird, zusammen mit der Tatsache, daß ich als lesbische Frau mich bei der Mütterbewegung engagiere und daß viele meiner lesbischen Schwestern besonders erbittert auf das Müttermanifest reagiert haben, motiviert mich zu diesem Artikel, in dem ich versuchen möchte, einige gängige Annahmen sowohl über Lesbenpolitik als auch über Mütterpolitik zu hinterfragen und Zusammenhänge auszuleuchten, die in einen toten Winkel der feministischen Debatte geraten sind.

Zunächst einmal gilt es, einer verbreiteten Assoziation zu widersprechen, Kinder-haben und Lesbisch-sein seien Gegensätze, ein Kind an der Hand sei der Beweis für eine heterosexuelle Identität. Es gibt viele lesbische Frauen, die Kinder haben, und viele, die sich Kinder wünschen, auch wenn das Verständnis einer Lesbenkultur, in die auch Kinder integriert sind, erst langsam wächst. Sich für Liebesbeziehungen mit Frauen zu entscheiden, sich für ein Kind zu entscheiden, es kann da auch Zusammenhänge geben: Die Suche nach dem weiblichen Selbst, der weiblichen Identität, die dir in einer Beziehung mit einer anderen Frau sowie in der Beziehung zum Kind zurückgespiegelt wird. Ich habe in der Entfaltung der autonomen Frauenbewegung nach 1968 privat eine Beobachtung gemacht, die mir damals wie heute viel zu denken gab: im Kreis meiner Freundinnen wurden die Frauen entweder lesbisch, oder sie bekamen ein Kind, und manchmal auch beides.

In einer lesbischen Beziehung begegnest du mit all deiner Neugier, deiner Sinnlichkeit, deiner Bereitschaft, dich zu öffnen einer anderen Frau, die Frau ist wie du selbst. Eine Frau mit allen Facetten der eigenen Persönlichkeit zu lieben und wert-zu-schätzen heißt in einer Umwelt, die Frauen für minderwertig hält und sich an männlichen Werten orientiert, auch sich selbst als Frau, die eigene Weiblichkeit anders zu erfahren. Auch wenn Frauen Kinder bekommen, leben sie eine exklusiv weibliche Potenz und Erfahrung. Die lesbische und die Müttererfahrung, beide haben viel mit dem Ausleben des weiblichen Körpers, der weiblichen Erotik und Sexualität zu tun.

Und es geht bei beidem auch um das Erleben anderer Beziehungsqualitäten. In Frauenbeziehungen geht es z. B. darum, ein Terrain jenseits des Geschlechterkampfes und der gesellschaftlichen Festschreibungen von männlich und weiblich zu betreten. In der Beziehung zu Kindern können viele Mütter Eigenschaften wiederbeleben, die in unserer Gesellschaft nur noch bei Kindern zugelassen sind. Es ist viel Körperlichkeit, Erotik und Zärtlichkeit in Beziehungen zu Kindern enthalten und eine Verbindlichkeit, die durch die gegebene Kontinuität der Beziehung ermöglicht wird und heutzutage in anderen Beziehungsformen kaum noch lebbar ist. (1)

Mütter und lesbische Frauen haben sich in der Frauenbewegung noch viel zu wenig mit ihren Erfahrungen ausgetauscht – allzusehr gehen unsere Lebensentwürfe im Alltag auseinander. Wir geben einander auch zu wenig Gelegenheit dazu, die Frauenkultur, die die Vielfalt zuläßt und aus der Vielfalt lebt, ist bei uns noch zu wenig entwickelt. (2)

Mich haben Äußerungen von Müttern wie die nachfolgend zitierten jedoch schon immer fasziniert und neugierig gemacht:

«Wenn ich an meine Schwangerschaft denke, weiß ich noch, wie verblüfft ich war, als plötzlich mein Körper anfing, eigene orgiastische Feste zu feiern. Wenn sich dieses kleine Würmchen in meinem Bauch bewegte, bekam ich ganz glänzende Augen, wünschte mir, daß diese Sensationen andauern sollten. Die Erfahrung dieser Art von Autosexualität, die keiner Stimulanz von außen bedurfte, hat mich ganz schön umgehauen. Es war wie eine tiefe erotische Welle, in die ich mich fallen lassen konnte – übrigens völlig leidenschaftslos. Ich kann mich daran erinnern, daß es ähnliche Trancezustände von mir gab, zu einem Zeitpunkt, als ich ausschließlich mit Frauen gelebt habe – vergleichbar und dennoch anders...

Die Seite der atemberaubend schönen Momente in der Begegnung von Frauen, im Kontakt weiblicher Körper mit weiblichem Körper, im unausgesprochenen Verständnis und Nähe einer Person, die so tickt wie du, wie wenig ist all das in unserem üblichen Verständnis von Sexualität und Erotik enthalten.»

«Die Erfahrung, daß der Mann unwichtig wird, machst du auch in der intensiven Beziehung und Bezogenheit zum Kind. Er fehlt dir nicht, sowohl seelisch und auch körperlich. Kinder sind ein starkes Lebensbündnis für Frauen. Es ist eine andere Form der Erotik, der

Körperlichkeit und der Liebe, aber dennoch glaube ich, daß nach der Geburt in der intensiven Begegnung mit dem Kind ein ähnlicher Ausschluß von Männern passiert wie bei lesbischen Frauen.

Die Unterbewertung und das Verschweigen mütterlicher Leidenschaften als einer autonomen Beziehungsfähigkeit von Frauen, die Tabuisierung aller Facetten weiblicher Sexualität, die sich nicht spiegelbildlich zu männlichen verhalten, ist sicher im Zusammenhang der Behauptung männlicher Macht und Dominanzansprüche zu sehen.»

Um Mißverständnissen gleich zuvorzukommen: es soll hier nicht behauptet werden, daß alle Mütter das so erleben, ebenso wie die lesbische Identität unterschiedlich erlebt wird, z. B. wenn stärker ein androgynes Selbstverständnis zugrunde liegt.

Dennoch will ich weiterfahren mit meiner These, daß es zwischen lesbischen Frauen und Müttern wichtige Zusammenhänge gibt – nun stärker auf einer analytischen und frauenpolitischen Ebene.

Die Diskriminierung der lesbischen Sexualität, die Heterosexualität als gesellschaftliche Norm und die Diskriminierung von Müttern, die Mütterfeindlichkeit unserer Gesellschaft haben im Kern mit der Abwertung des Weiblichen zu tun (3). In der Erscheinungsform ist diese Diskriminierung unterschiedlich und daher auch die Reaktion darauf emotional unterschiedlich besetzt, was es oft schwierig macht, sich auf das dahinterliegende Gemeinsame der Abwertung der Weiblichkeit zu besinnen.

(Die lesbische Frau wird als unweiblich, als Mannweib diskriminiert, die Mutter als Mutterkuh, ohne die Fähigkeit zu geistigen Höhenflügen.)

Frauen werden in dieser Gesellschaft über ihre Beziehung zum Mann definiert: Tochter von, Freundin von, Ehefrau von, Sekretärin von, Mitarbeiterin von ... Beziehungen zwischen Frauen führen demgegenüber ein gesellschaftliches Schattendasein. Daß Frauen zur Bewältigung ihres Alltags und im emotionalen Erleben häufig eine entscheidende Bedeutung füreinander haben, geht einher mit der Tatsache, daß sie sich häufig gleichzeitig geringschätzen und gegenseitig abwerten (4). Das Tabu der Sexualität und der Liebe zwischen Frauen macht Frauen für Frauen in ihrem Bewußtsein entbehrlich, auch wenn es in der Praxis meist anders aussieht, denn die Erotik und die romantische Liebe stehen in unserer Kultur ganz oben, hinter denen alles andere an Glanz verliert und hintenan gestellt wird. Frauen für Frauen auf erotischem Gebiet für tabu zu erklären heißt, die Wertschätzung von Frauen für sich selbst und füreinander als Frauen zu untergraben.

Sexualität zwischen Frauen, Frauen im Gefühlsleben an erste Stelle zu setzen, wird nicht zuletzt deshalb so abgewertet und wirkt bedrohlich, weil Männer im Alltag von Frauen bereits sehr oft entbehrlich sind oder den Alltag auch erschweren.

Solange Frauen ihre Frauenbeziehungen, ihren Frauenalltag leben, ohne sie selbstbewußt zu vertreten und öffentlich sichtbar zu machen, wird der Mantel der Nichtbeachtung darübergelegt. Hier gibt es ein wenig beachtetes Kontinuum zwischen der Frauen-, der Lesben- und der Mütterbewegung.

Liebesbeziehungen zwischen Frauen werden totgeschwiegen, d. h. sie werden toleriert, solange sie nicht öffentlichen Raum für sich beanspruchen. Die Lesbenfrage wurde erst dann politisch brisant, als lesbische Frauen öffentliche Sichtbarkeit und Raum beanspruchten, in den Medien, in den Schullehrplänen, im öffentlichen Straßenbild (5). In den Anfängen der Frauenbewegung ging der große Aufschrei darum, daß Männer in den Frauenzentren und Frauenbuchläden nicht zugelassen waren. Nicht, daß sie so sehr inhaltlich an dem interessiert sind, was dort geschrieben und diskutiert wird, wie die Themenprioritäten in der Männerpolitik und den Männermedien bis heute zeigen.

Und es wiederholt sich heute in den Mütterzentren, wo es wieder von seiten der Öffentlichkeit, der Verbände, der Ministerien heißt: werden hier Männer ausgeschlossen? – aus einem Alltag, wo Männer laut den letzten Männerstudien so wenig vertreten sind, daß sie statistisch keine rechenbare Größe abgeben. (6)

Wenn Mütterzentren sich Familienzentren nennen, auch wenn de facto kaum Väter beteiligt sind, sind die Gemüter beruhigt – denn dann sind die Männer noch anwesend, in den Köpfen und per Anspruch, wenn auch nicht realiter.

In den Mütterzentren tauschen sich Frauen über ihre Erfahrungen im Leben mit Kindern aus, es entstehen Bestätigungs- und Unterstützungsnetze und Ansprüche auf eine kinderfreundliche Umwelt (7). Mütterzentren sind ein Ort, wo die Leistungen, die Frauen mit Kindern erbringen, als weibliche Leistungen sichtbar werden, wo sie den Rahmen bestimmen, wo Frauen als Mütter an die Öffentlichkeit treten und gesellschaftliche Ressourcen für ihre Arbeit und ihren Alltag beanspruchen. (8)

Die Angst der Männer, ausgeschlossen zu werden, ist die Angst, es könnte sich hierbei weibliches Selbstbewußtsein entwickeln und ist insoweit nicht unberechtigt. Nicht umsonst gilt auch heute noch die Frage, ob Männer zugelassen sind als Gradmesser für die gesellschaftliche Salonfähigkeit von Frauenprojekten. Wo gelöscht wird, ist auch Feuer.

Der Partnerschaftsmythos – oder wie in der Frauenbewegung aus Männern Väter wurden

Von frauenpolitischer – pikanterweise oft auch von radikal-lesbischer – Seite kommt, zwar unter etwas anderem Vorzeichen aber dennoch derselbe Vorwurf: Wo bleiben bei eurer Politik die Väter? Ihr hebt die geschlechtliche Arbeitsteilung nicht auf.

Es ist wirklich skurril und entbehrt nicht der Komik/Tragik: da kommt aus feministischer Ecke eine Partnerschaftsforderung, die Frauen, die Kinder haben, auf Gedeih und Verderb an ihre (heterosexuelle) Partnerschaft kettet, als Lösung der Frage der Vereinbarkeit von Beruf und Kindern. Es gibt derzeit einen feministischen Trend, alle frauenpolitischen Strategien an der – für mich zutiefst heterosexuellen – Ideologie von der partnerschaftlichen Aufteilung der Kinderbetreuung zwischen den Geschlechtern zu messen. Das bedeutet für Frauen, die mit Kindern leben wollen, eine Festschreibung auf ein heterosexuelles Lebenskonzept, wie auch innerhalb der Beziehungen eine Zementierung einer Abhängigkeit von Männern im praktischen Alltag, sehr verwandt mit der ökonomischen Abhängigkeit von Frauen von Ehemännern im Konzept der Versorgungsehe, die von denselben Kreisen (zu Recht) so lautstark angeprangert wird.

Die Lösung der «Frauenfrage» an die individuelle Partnerschaft zu binden, ist die Privatisierung einer gesellschaftlichen Frage und macht Frauen im Spektrum ihrer Lebensentwürfe und Lebensräume allein von der Einsichtigkeit, der Handlungsbereitschaft und der (sich nur im Schneckentempo vollziehenden) Veränderung von Männern abhängig, was eine nicht einzusehende Einschränkung des Handlungsspielraums für Frauen bedeutet, abgesehen davon, daß die Veränderung von Männern in den individuellen Partnerschaften zumeist auf der Arbeit von Frauen aufbaut und viel Frauenenergie bindet.

Wo bleiben da unsere Visionen von einer autonomen Frauenkultur, wenn wir entweder darin Männer zulassen, damit sie – gleichberechtigt – auf die Kinder aufpassen, oder die Kinder nicht zulassen, damit die Männer daheim oder im Kindergetto gezwungen werden, sie zu betreuen. Die Matriarchate waren keine kinderlosen Gesellschaften, die Amazonenkulturen im übrigen auch nicht.

Wir haben in der Frauen- und Lesbenbewegung für autonome Frauenräume gekämpft, daß Frauen in ihrer existentiellen Lebensgestaltung nicht von Männern abhängig sein müssen. Soll das für Frauen mit Kindern nicht zutreffen?

Wir haben immer an der Zwangsheterosexualität kritisiert, daß sie Frauen möglicherweise daran hindert, sich von männlichen Erwartungen, Vorstellungen, Denk- und Wertestrukturen zu entfernen. Gilt das nicht für Fragen der Kindererziehung, der Schaffung einer kinderfreundlichen Umwelt, bei der Frage, wie die nächste Generation aufwachsen soll? Geht es bei einem Leben mit Kindern nicht auch darum, uns von patriarchalen Werten zu lösen, eigene Kriterien und Vorstellungen zu setzen?

«Wo bleiben in der Frauenbewegung die Lebens- und Wohnzusammenhänge von Frauen mit Kindern, wo wir unser Wissen und unsere Erfahrungen an die nächste Generation weitergeben? Warum werden Frauen, die sich von den Vätern ihrer Kinder trennen oder von vornherein ohne sie ihre Kinder aufziehen möchten, automatisch als alleinerziehend definiert? Warum gibt es bei uns so viel Gerede von der Bedeutung der Väter für Kinder, aber nicht von der Bedeutung anderer Frauen? Wollen wir die Sichtweise hier bestätigen, ohne Mann (Vater) seien Frauen allein, alleinerziehend?

Es ist eine Notwendigkeit für die Zukunft des Feminismus, Frauen mit Kindern in und außerhalb von Familien einen Frauenzusammenhang zu bieten gegen patriarchale Erziehungsprioritäten. Es handelt sich dabei auch um ein politisches Engagement für die zukünftige Generation. Wir brauchen Frauenengagement auch in unseren privaten Lebensräumen, nicht nur als Sozialarbeit im Mädchenladen. Auch lesbische Frauen wollen Kinder und brauchen Bedingungen, unter denen das leistbar ist. «Frauenbefreiung ist immer da zu kurz gegriffen, wo es auf einen individuellen Weg hinausläuft. Die Frauen am meisten einschränkende Situation der Mutterschaft nur durch einen Verzicht auf Kinder, den Mythos des partnerschaftlichen Vaters oder ‹alleinerziehend› lösen zu wollen, ist keine politische Antwort. Frauen haben es in der Hand, die tatsächliche Entscheidungsfreiheit für Kind und Beruf anzustreben, wenn sie sich – neben anderen Maßnahmen – tatsächlich im Lebensalltag mit Frauen zusammenschließen», schreibt Ursula Rieger. (9)

In der Auseinandersetzung mit dem Müttermanifest wurde mit dem Vorwurf, die Mütterpolitik hebe die geschlechtliche Arbeitsteilung nicht auf, meist auch die Anschuldigung gekoppelt, hier würde von Frauen nur an die Solidarität von Frauen appelliert.

Ist es nicht langsam an der Zeit, die tagtägliche Solidarität, die zwischen Frauen real abläuft, sichtbar zu machen und selbstbewußt zu feiern, anstatt sie abzuwerten und sich davon zu distanzieren? Die Unterstützungsnetze zwischen Frauen, die die meisten Lebensbereiche durchziehen, werden gesellschaftlich verschwiegen. Hoch im Kurs steht statt dessen die Fata Morgana der Partnerschaft als Ziel aller (politischen) Träume, mit der die realen Netzwerke unter

Frauen als nachrangig und von minderer Qualität oder als Selbstausbeutung abgetan werden.

Landauf, landab ist die Spaltung und die Feindseligkeit zwischen berufstätigen Frauen und Hausfrauen ein beliebtes (Medien-) Thema. Dabei wird gern unterschlagen, daß berufstätige Frauen – wenn überhaupt – sehr oft durch Frauen in ihrem Lebensalltag Entlastung erfahren, die den «anderen Wurf» leben – durch Oma, Tagesmutter, Nachbarin, Schwester, Freundin, Putzfrau.

Frauen organisieren sich auch oft den genüßlichen Teil des Alltags miteinander, die nachmittägliche Tasse Kaffee und Zigarette mit der Nachbarin, die Gespräche beim Gemüseputzen in der Küche, die oft die besten sind, die kleinen Ausflüge und Unternehmungen mit den Kindern, wo viel Fröhlichkeit, Spontaneität und Lebendigkeit und spielerische Bedürfnisse ausgelebt und zugelassen werden.

Wann wollen wir Frauen das, was wir in unseren Lebenszusammenhängen füreinander bedeuten, uns anrechnen, ein gemeinsames Selbstbewußtsein daraus beziehen, und in unseren politischen Strategien *daran* ansetzen, vorhandene Frauenräume offensiv auszubauen und uns weitere zu erkämpfen?

Die Aufwertung der Alltagsbeziehungen unter Frauen ist genauso wichtig wie die Aufwertung von weiblichen Liebesbeziehungen. Beides gehört zur Frauenkultur. Mehr Sichtbarkeit dessen, was Frauen für Frauen bedeuten, bedeutet die Liebens-Würdigkeit von Frauen für Frauen und die Bindung von Frauen an Frauen zu stärken.

Daß bei der Frage der Kinder immer wieder der Ruf nach den Männern ertönt, liegt an der Abwertung, den dieser Bereich gesellschaftlich und auch im Bewußtsein von Frauen erfahren hat.

Das Leben mit Kindern wird negativ gespeichert, weil es eine (entmachtete) weibliche Domäne ist. Kinder- und Hausarbeit wird unbezahlt, unsichtbar, isoliert, in ökonomischer Abhängigkeit und von Frauen geleistet. Zu schnell wird aus dieser Verknüpfung kurzgeschlossen: also sollen Männer das auch tun.

Es geht jedoch nicht um die geschlechtliche Arbeitsteilung als solche, es geht um die gesellschaftliche Wertigkeit, um die Bedingungen, mit denen die jeweiligen Parts von den konkreten materiellen Ressourcen, den verfügbaren Lebenschancen und den Einflußmöglichkeiten her bedacht sind.

Ganze Generationen des Patriarchats haben daran gearbeitet, die Kontrolle und die Verfügungsmacht über den weiblichen Körper, über die Mutterschaft und die Bedingungen der Reproduktion sich anzueignen und den Alltag mit Kindern, den Frauen leben, mit der öffentlichen Ohnmacht auszustatten, die wir heute erleben (10). Und sie haben Jahrtausende dazu gebraucht. Die Rückeroberung der Verfügungsgewalt über unseren Körper, über unsere Sexualität, unsere Beziehungen, unsere Liebesfähigkeit und unsere Beziehung zu Kindern gehören zusammen. Es könnte ein gemeinsamer Kampf von Lesben und Müttern sein, daß der Zusammenhang von unserem Körper, von Geburt, von Mutterschaft und Kindererziehung, von Reproduktion und Alltag, von Wissen, Macht und Weiblichkeit wieder in unsere Hände kommt.

Mit Kindern zu leben, wird in einer Gesellschaft, in der alles Männliche höher bewertet wird, mehr Geld, Privilegien und mehr Prestige einbringt, in ähnlicher Weise zum Risiko, wie mit Frauen zu leben.

Die Ablehnung der geschlechtlichen Arbeitsteilung verkehrt sich schnell zum Haß auf alles Weibliche, zum Selbsthaß, zur eigenen Abwertung. Wir schütten das Kind mit dem Bade aus, wenn wir von den gesellschaftlichen Bedingungen her auf die Inhalte des weiblichen Alltags, der weiblichen Domänen schließen.

Genausowenig wie wir die Möglichkeiten und Qualitäten lesbischer Beziehungen nicht deswegen verleugnen, weil sie sich unter den aktuellen Bedingungen der Diskriminierung und Isolation, dem Mangel an bestätigender Umwelt, dem Verlust an heterosexuellen Privilegien oft nur mit großer Widersprüchlichkeit realisieren lassen, genausowenig sollten wir die Qualitäten der Mutter-Kind-Beziehung ignorieren, nur weil sie unter gesellschaftlich widrigen Bedingungen gelebt werden und sich manchmal auch in ihr Gegenteil verkehren.

Die feministische Analyse des Patriarchats hat längst den Reproduktionsbereich einbezogen und trägt die Theorie der unbezahlten Hausarbeit vor sich her. Nur gibt es hier eine emotionale Trennung zwischen gesellschaftlicher Analyse und der Einstellung zu den betroffenen Personen, den Hausfrauen.

Jede Gruppe von Frauen, die ihre spezielle Situation thematisiert und sich in eigenen Gruppen organisiert, seien es die Lesben, die Alleinerziehenden, die Prostituierten, wird in der Frauenbewegung akzeptiert, nur der Gruppe der Hausfrauen wird das Recht auf Eigenorganisation, eigene Räume, eigene politische Schwerpunkte abgesprochen. Wer sich nicht für die Dreifach-Belastung im Namen der Emanzipation entscheidet, gilt als faul, parasitär und unterjocht.

Das Patriarchat drückt sich ganz zentral auch in seiner Kinderfeindlichkeit aus, in der Verachtung des Alltags, des Körpers, der Beziehungswelten, der Umwelt, der Verantwortlichkeit fürs Leben, all dem, was nicht unter Leistung und materiellem Maßstab (= Fortschritt) subsumierbar ist. Daß die Mütterpolitik das frauenpolitische Engagement zu diesen Fragen erweitert hat, ist ein Gewinn.

Die Explosivität, die sowohl die Lesbenfrage als auch die Mütterfrage in sich trägt, hat viel mit der Beziehung zur eigenen Mutter, der ersten Liebesbeziehung unseres Lebens zu tun, und mit der gesellschaftlichen Abwertung und Entmachtung von Weiblichkeit, die diese Beziehung so ambivalent gestaltet, daß Nähe und Verrat so nah beieinander liegen. Die Angst oder Scheu vor Frauenbeziehungen hat oft mit einer ungelösten Beziehung zur eigenen Mutter zu tun, wie auch die Scheu oder Verweigerung gegenüber eigenen Kindern.

Die Mütter haben die Diskussion um Frauenpolitik wieder stärker auf den Ausgangspunkt «das Private ist politisch» gebracht. Vielleicht können wir in der weiteren Auseinandersetzung persönlicher und ehrlicher diskutieren, weniger mit zugeklapptem Visier, damit Fragen nach unserem *gelebten* Leben, nach unseren Kindern und Kinderwünschen, unserer Sexualität, nach der Realität unserer Partnerschaften vor der Definition der politisch korrekten Linie vorrang bekommen.

Anmerkungen

1) Jaeckel, M. und Tüllmann, G.: Die aktuelle Gretchenfrage heißt: Wie stehst du zur Mütterfrage? in: Frauen und Mütter, Berlin 1979

2) Cramon-Daiber, B. u. a.: Schwesternstreit – von den heimlichen und unheimlichen Auseinandersetzungen zwischen Frauen, Reinbek 1983

3) Jaeckel, M.: Wer, wenn nicht wir? Zur Spaltung zwischen Frauen in der Sozialarbeit, eine Streitschrift für Mütter, München 1981

4) Brauckmann, J.: Die vergessene Wirklichkeit, Männer und Frauen im weiblichen Leben, Münster 1985

5) Pagenstecher, L. u. a.: Mädchen und Frauen unter sich: ihre Freundschaften und ihre Liebesbeziehungen im Schatten der Geschlechterhierarchie, in: Sexualität – Unterdrückung statt Entfaltung, Leverkusen 1985

6) Metz-Göckel, Sigrid u. a.: Der Mann. Eine repräsentative Untersuchung der Zeitschrift «Brigitte». Hamburg 1985

7) Jaeckel, M., Tüllmann, G. u. a.: Mütter im Zentrum – Mütterzentrum, München 1988

8) Vgl. den Artikel von Hildegard Schooß über Mütterzentren in diesem Buch

9) Ursula Rieger, unveröffentlichtes Manuskript, Berlin

10) Wolf-Graf, A.: Frauenarbeit im Abseits, München 1983

Mütterpower

Seit Jahren habe ich einen – bisher unerfüllt gebliebenen –
Traum: Ich überrede meine Kinder nicht mehr dazu, zur
Schule zu gehen; ich beschimpfe sie nicht mehr, wenn sie die
plötzlich notwendig werdenden Korken, Bierdeckel, Wollre-
ste u. ä. nicht rechtzeitig finden; ich kümmere mich nicht mehr
um das vergessene Englischbuch und trage keinen Turnbeutel
mehr mit verlegen um Entschuldigung bittendem Lächeln in
die Schule. Ich pauke weder das große noch das kleine 1 × 1;
ich lasse mich nicht mehr einweisen in die Didaktik des Eng-
lischunterrichts, noch lasse ich mir beibringen, wie weit meine
Kinder die Elektrizität begreifen dürfen und die griechischen
Sagen kennen müssen. Die schönste und größte neue Errun-
genschaft aber ist, daß ich folgende Fragen aus meinem
Sprachschatz streiche: «Hast du eine Arbeit geschrieben oder
zurückbekommen» und «Was hast du heute für Hausaufgaben auf?» Ich träume davon, daß die überwiegende Mehrheit
der Mütter sich ebenso verhält. Wir alle verwirklichen plötzlich unseren Traum vom Zusammenleben-lernen mit Kindern. Wir ignorieren die Ansprüche der Schule an uns einfach!
   Die Schule – bis zur Regierungsspitze – würde sicher einen
wilden Schrei des Entsetzens und der Empörung ausstoßen.
Wir aber würden der Administration, den sicher anrückenden
Scharen von Lehrerinnen und Lehrern, Polizistinnen und Polizisten, Sozialarbeiterinnen und Sozialarbeitern, Psychologinnen und Psychologen nur ins Gesicht lachen. Wir würden den
Arm um unsere Kinder legen – ganz sicher und locker – und
würden laut und herzlich lachen über all die ernsten Anstrengungen, die uns doch gar nichts angehen.
   Die erste Zeit wäre für alle sehr schwer, besonders für die
Schule: Halbfertige oder gar nicht gemachte Hausaufgaben wären die Folge. Die Sätze «Erkläre mir das doch noch einmal»
oder «Das hab ich nicht verstanden» würden in den Schulge-
bäuden widerhallen und die Regierung zwingen, die Schule
ganz neu zu organisieren: nämlich als Ort des Lernens und

Übens. Die Schule wäre gezwungen, nur noch sich selbst zu kontrollieren und nicht mehr das, was die Mütter mit den Kindern zu Hause geübt haben. Die Schule wäre auch gezwungen, ein Heer von Sekretärinnen und Sekretären einzustellen, die den Kindern – zumindest der unteren Klassen – die Ordner führen. Die Lehrkräfte würden wieder lernen, ungelenke Kinderschriften zu entziffern und sich mit der grenzen- und rahmenrichtlinienlosen Phantasie und Kreativität der Kinder auseinanderzusetzen. Frau stelle sich nur einmal vor: Kein Eselsohr würde mehr klammheimlich ausgebügelt, keine Randbemalung würde mehr gelöscht, kein noch so kleiner, versehentlicher Fehler mehr zum Verschwinden gebracht. Wie interessant, wie farbenprächtig, wie menschlich würde die Schule sein können!

Der Realisierung derartiger Träume hat der Staat per Gesetz einen Riegel vorgeschoben. In den Hausaufgaben-Richtlinien der Länder sind Hausaufgaben obligatorisch. Insgesamt ergibt sich ungefähr folgendes Bild:

Zunächst sind immer die Mütter gemeint, wenn von Eltern die Rede ist. Denn «auch der Vater, der in der Regel am Nachmittag nicht zu Hause ist, sollte *nach Möglichkeit manchmal* abends mit dem Kind *kurz* über dessen Aufgaben sprechen» (Saarland). Wer anders also als die Mütter sind gefordert, wenn es heißt: «Die Erziehungsberechtigten sind verpflichtet, um die pünktliche und gewissenhafte Anfertigung der Hausaufgaben besorgt zu sein» (Bayern). Zwar darf die «Mithilfe... nicht vorausgesetzt werden» (Berlin), doch wird sie offenbar immer noch mit einkalkuliert, wenn es heißt: «Hausaufgaben werden in der Regel nicht zensiert, weil die Schüler unter sehr unterschiedlichen Bedingungen arbeiten und das *Ausmaß der häuslichen Hilfe* oder Beeinträchtigung oft nicht zu erkennen ist» (Hamburg). Die Hausaufgaben sollen also selbständig angefertig werden, wobei die Mutter «diese Selbständigkeit langsam aufbauen und dann immer mehr zurücktreten (soll)» (Saarland). Das selbständige Arbeiten und Lernen für die Schule sollen also die Mütter ihren Kindern beibringen und nicht etwa die Schule. Auch für den richtigen Rahmen sind die Mütter verantwortlich: Der Arbeitsplatz, die zeitliche Bestimmung, die Pausen und vor allem die Motivation müssen von den Müttern hergezaubert werden. «Die Hilfe muß gezielt und sparsam sein» (Saarland). Denn «oft genügt ein guter Gedanke, ein knapper Hinweis oder eine sachliche Anleitung...» (Saarland). Außerdem können Mütter «auch bestimmte Dinge, von denen sie wissen, daß sie gerade im Unterricht behandelt werden, in für das Kind praktische Situationen kleiden» (Saarland – alle Zitate aus Uta Enders-Dragässer, Mütterdressur 1982). Du meine Güte! Was hat die Schule für eine Vorstellung vom Zusammenleben mit Kindern und vom Alltag von Müttern. Nicht Freizeit, sondern Lebenszeit beginnt nach Schulschluß. Nicht die Schulzeit, sondern diese Lebenszeit bietet den Kindern die Möglichkeit, zu erleben und zu begreifen, um diese Gesellschaft zu erkennen und sich ihr gegenüber zu verhalten. Es ist an der Zeit, daß Mütter der Schule ganz deutlich sagen, was wir unseren Kindern täglich beibringen und daß es vieles zu lehren und zu vermitteln gibt, was in der Schule nicht gelernt werden kann. So zum Beispiel selbständiges Einkaufen, selbständige Verantwortlichkeit für den eigenen kleinen aber wachsenden Lebensraum wie eigene Sachen, eigenes Zimmer, Mitverantwortung in der Familie, selbständiger Umgang mit Institutionen und Behörden wie Kaufmann, Post, Verkehrsmittel. Von der Vermittlung wie sozialer Phantasie, Lebensinhalt, Kultur, Religion u. ä. wollen wir gar nicht reden. Warum müssen sich Mütter von der Schule im einzelnen vorschreiben lassen, was sie in dem durch Berufstätigkeit u. ä. knapp bemessenen Zusammensein mit den Kindern reden und unternehmen sollen?

Offenbar hat die Schule noch immer nicht mitgekriegt, daß sich in den letzten zwanzig Jahren die Müttererwerbstätigkeit versechsfacht hat.

«Ich bin der Meinung, daß Kinder, die in die Schule kommen, erst einmal einen Schock überwinden müssen. Da muß die Mutter erst einmal da sein, zumindest nachmittags.»

So äußerte sich eine Mutter aus einer Gesprächsrunde zum Thema «Mütter und Beruf». Auch die anderen Mütter von Schulkindern drückten ihren Ärger über die Belastung durch die Schule der Kinder aus: an erster Stelle wurden die Schulaufgaben genannt. Einige Mütter erzählen darüber hinaus, daß sie wegen der Schulanforderungen eine Teilzeitarbeit (bei vorheriger Vollzeitarbeit) aufgenommen haben oder ihre Weiterbildungspläne erst einmal aufgesteckt haben:

«Es lief so lange gut mit der Berufstätigkeit, bis ich merkte, daß die Kinder die Schularbeiten doch nicht richtig machten.»

Wenn uns Müttern diese Zusammenhänge einmal deutlich sind und wenn unsere Empörung über den Mißbrauch unserer Kräfte als verlängerter Arm der Schule groß genug ist, dann können wir uns vielleicht auch solidarisch zueinander verhalten. Wir mögen uns dann nicht mehr spalten lassen in gute und böse Schulkindermütter, sondern wir erwarten, daß die Schule uns bei einer Zusammenarbeit als Expertinnen für unsere Kinder und für Erziehung ernst nimmt. Statt Schulaufgaben als Hausarbeit erwarten wir Hausarbeit als Schulaufgabe! Das heißt, die Schule sollte mit entsprechenden Curricula das Fach Hausarbeit für Jungen und Mädchen verbindlich einführen (mit Förderstunden für Jungen!), um so als Bildungseinrichtung im Rahmen einer fortschrittlichen Bildungspolitik ihren Beitrag zur Aufhebung der geschlechtsspezifischen Arbeitsteilung zu leisten und unsere Kinder auf das Leben vorzubereiten. Bis dahin ist es sicher noch ein weiter Weg.

Zur Stärkung – und damit uns durch Umkehrung die ganze Angelegenheit recht deutlich wird – stellen wir uns vor:

Wir laufen durchs Schulgelände, unterm Arm haben wir ein großes Paket: lauter Schuhe – und obendrein noch unser Schuhputzzeug. Am Lehrerzimmer angekommen, verspüren wir Erleichterung: die Sucherei und Schlepperei hat ein Ende. Endlich können wir abwälzen! Wir schieben die Tür auf und knallen den Karton auf den Tisch, die Schuhbürste rollt unter den Schrank. Drei Lehrer sitzen am Tisch, sie lesen, rauchen und reden. Etwas erstaunt sind sie schon, als wir lautstark in ihre Stille kommen: «Sie wünschen?» Augenscheinlich halten sie uns für Putzfrauen – möglicherweise für Schuhputzfrauen. Einer streckt schon behaglich seinen Schuh aus und liest dabei seine Zeitung – erfreut über den Service! Verlegen winken wir ab: «Nein, nein, wir sind keine Putzfrauen. Eigentlich ganz im Gegenteil. Wir möchten vielmehr, daß Sie uns und unseren Familien die Schuhe…» Nun ist die Behaglichkeit zu Ende. Und der Spaß auch. Wo vorher gleichgültig Zeitungen raschelten, sehen wir Unverständnis: «Sie wünschen?» Nun müssen wir doch unseren Brief hervorholen. Einen von der Schule erhaltenen Mahnbrief haben wir in unserem Sinne umformuliert:

«Sehr geehrter Lehrer!

Trotz vieler Ermahnungen und noch mehr Gesprächen mit unseren Familien halten sich unsere Familienmitglieder immer wieder nicht an unsere Vereinbarungen oder an allgemeine Regeln gesitteten Zusammenlebens. Wir bitten Sie daher sehr, mit unseren Kindern zu besprechen, was sie selbst dazu tun können, daß sich die Situation in den Familien bessert. Da sich derzeit unsere Familien gegen eine Beteiligung bei der Hausarbeit sperren, fordern wir Sie hiermit auf, einen Teil dieser Arbeiten gemeinsam mit unseren Kindern in der Englischstunde zu erledigen: Bitte putzen Sie doch mit ihnen die Familienschuhe. Mit freundlichem Gruß...»

Als sie lesen, sind wir längst wieder unten, den Karton und das Schuhputzzeug hinterlassen wir. «Beknackte Weiber», sagt der eine und geht raus. Der zweite steht am Fenster und weint – ihm ist so wehmütig. Er muß an sein liebes Mütterchen denken. Wie oft hat sie ihn morgens mit blank polierten Stiefeln überrascht! Der dritte putzt Schuhe.

Irene Block / Susanne Müller

Dieser Text erschien in gekürzter Form in der Zeitschrift «Frauen und Schule».

UTA ENDERS-DRAGÄSSER

Mütter als Hilfslehrerinnen:
Ein blinder Fleck in der Mütterdiskussion

Wir tun uns schwer mit den Müttern, und wir tun uns schwer als Mütter. Immer noch wird Mutter-Arbeit mit Liebe verwechselt und kann als das scheinbare Gegenteil von ‹Arbeit› angeeignet werden. Dadurch bleiben Frauenausbeutung und Frauenspaltung in vielen gesellschaftlichen Bereichen immer noch unbegriffen. Es mißlingt Frauen, Müttern wie Nichtmüttern, die Realität und Materialität unbezahlter mütterlicher Arbeit und ihre Aneignung durch Frauen als Tatsache wahrzunehmen und dies frauenpolitisch aufzuarbeiten. Ein eklatantes Beispiel dafür ist unsere Hausaufgabenpraxis, ein blinder Fleck in der bundesdeutschen Mütterdiskussion.

Mit der Einschulung der Kinder beginnt für Mütter ein neuer Lebensabschnitt: nicht nur die Betreuungs*zeiten* müssen neu organisiert werden, orientiert am Stundenplan der Kinder, die Betreuungs*arbeit* erhält eine neue Qualität. Denn nun beginnt für die Mütter die Hilfslehrerinnen-Zeit; ihr Alltag wird mitbestimmt nicht nur von den zeitlichen, sondern insbesondere den inhaltlichen Vorgaben eines Schulsystems, das bei uns, abweichend vom internationalen Standard, als Halbtagsschule organisiert ist und daher inhaltliche Zuarbeit in aller Selbstverständlichkeit voraussetzt.

Was sich dabei einer einzelnen Mutter vordergründig erst einmal als mehr oder weniger schwieriges Kinderbetreuungsproblem darstellen mag, ist frauenpolitisch Aneignung von unbezahlter Mütterarbeit und führt noch dazu zur Spaltung zwischen Müttern und Lehrerinnen. Neben den z. T. unkalkulierbaren Schulzeiten der Kinder ist die Hausaufgabenpraxis das Instrument, mit dem Schule sich unbezahlte Mütterarbeit aneignet und die Frauen spaltet, die als Lehrerinnen Hausaufgaben aufgeben und die als Mütter für die Erledigung der Hausaufgaben verantwortlich sind.

Die Hausaufgaben sind schulische Arbeitsaufträge, die in der Schule gestellt werden und die während der unterrichtsfreien Zeit und außerhalb der Schule zu Hause als Einzelarbeit anzufertigen sind. Die Resultate der häuslichen Arbeit werden während des Unterrichts in der Schule kontrolliert und bewertet. In allen Bundesländern sind dazu Richtlinien von den Kultusverwaltungen erlassen worden. In keinem Fall liegt die Verantwortung für die Erledigung bei den Schülerinnen und Schülern. Sie ist immer Sache der ‹Eltern› und damit der Mütter.

Wenn bei uns ein Kind Schwierigkeiten in der Schule bekommt, wird daher nur selten nach den Versäumnissen in der Schule gefragt. Statt dessen werden von vornherein Versäumnisse des Elternhauses und damit der Mütter vermutet. Daher müssen bei uns die Mütter oder stellvertretende Betreuungspersonen regelmäßig nachmittags oder abends mit den Kindern für die Schule arbeiten und für ein gutes Lernklima sorgen. Diese Schularbeit, die als sogenannte ‹elterliche Hilfe› abverlangt wird, umfaßt ein breites Spektrum teilweise aufwendiger, teilweise hochqualifizierter Arbeiten. Die Mütter, beziehungsweise ihre Ersatzkräfte machen mit dieser Arbeit nicht nur den Schulunterricht möglich, sondern unterrichten einen Teil des Schulpensums selbst, was ihnen sicherlich oft gar nicht bewußt ist. Sie beaufsichtigen die Kinder, sie sorgen mit Rat, Trost und Strafe dafür, daß diese sich an diese Art von regelmäßiger Schularbeit mehr oder weniger gewöhnen. Aber sie erklären den Kindern auch Sachverhalte, die diese im Unterricht nicht verstanden haben, zeigen ihnen, wie eine Aufgabe gelöst werden kann, geben ihnen zusätzliche Informationen, suchen für sie zusätzliches Textmaterial, üben mit ihnen. Das heißt, sie unterrichten außerhalb der Schule, aber nach den Vorgaben und Zielen der Schule, zum Teil sogar mit Arbeitsblättern und Vorlagen, die die Kinder zu diesem Zweck aus der Schule mitbringen. Das alles ist konkrete Arbeit für die Schule. Es ist aber immer noch nicht ins allgemeine Bewußtsein gedrungen, daß es sich dabei um eine *Privatisierung* und *Individualisierung* von Schularbeit handelt, die in Form von *regulärer Aufsichts-, Beziehungs- und Unterrichtsarbeit grundsätzlich den Müttern* im Rahmen ihrer unbezahlten Familienarbeit *abverlangt wird*. Die offizielle Halbtags-Regelschule ist längst zu einer *heimlichen Ganztagsschule* geworden, bei der die Einzelarbeit mit den Kindern weitgehend privatisiert werden konnte, aber nach schulischen Vorgaben und Zielen und unter schulischer Kontrolle stattfindet. Damit hängt der Erfolg in der Schule wesentlich von der Qualität der außerschulischen Stoffvermittlung und des außerschulischen Übens ab. Da diese Arbeitsleistungen aber nicht von allen Müttern und ihren Stellvertreterinnen erbracht werden können, weil dies eine eigene qualifizierte Ausbildung und abgesicherte sozioökonomische Verhältnisse voraussetzt, stellt sich die Frage nach der Chancengleichheit in der Schule auf Grund dieser Situation in aller Schärfe.

Benachteiligt sind beispielsweise Kinder und Jugendliche, deren Mütter diese Arbeit nicht leisten können, z. B. weil sie als Ausländerinnen noch nicht genügend Deutsch können, oder weil es für sie ein Existenzrisiko bedeuten würde, auf Erwerbsarbeit, auf Aus- und Fortbildung zu verzichten. Ihren Kindern fehlen daher nicht nur die ordentlich gemachten Hausaufgaben am nächsten Morgen, sondern sie haben einfach weniger Schule, weniger Unterricht. Ihre «Benachteiligung» aber verschafft den anderen, die diesen «Privatunterricht» regelmäßig haben, einen Vorsprung. Dieser wird dann auf die Familiensituation zurückgeführt, als sei die häusliche Schularbeit völlig freiwillig und zusätzlich. Der Anschein vermeintlich individuellen Versagens auf Grund ungünstiger Familienverhältnisse verschleiert schulische Benachteiligung und die schulische und bildungspolitische Verantwortung dafür. Deshalb finden sehr viele Mütter die Hausaufgabenarbeit so wichtig, auch wenn sie selbst sie nicht leisten können. Und diejenigen Mütter, die sie leisten können, erhoffen sich dadurch – und leider nicht zu Unrecht – einen Leistungs- und Statusvorsprung ihrer Kinder. Der besteht dann zum einen in einem direkten Lernzuwachs, zum andern aber im Ausschluß der Kinder, die nicht in der gleichen Weise privatisierten Schulunterricht erhalten können.

Der Anspruch der Schule auf die unbezahlte Arbeit der Mütter kann derzeit als durchgesetzt gelten. Es gibt einen breiten Konsens unter Müttern wie Nichtmüttern bezüglich der Verpflichtung der Mütter auf die Hausaufgaben-Arbeit. Mütter wie Nichtmütter gehen davon aus, daß die Mütter die Allein-Verantwortung für den Schulerfolg ihrer Kinder tragen.

Ungeachtet dessen, daß dies zugleich ein massives Mißtrauensvotum gegen das bestehende Schulsystem darstellt, handelt es sich hierbei aber auch, *historisch gesehen, um eine Ausweitung der unbezahlten Frauenarbeit und damit eine Verfestigung der geschlechtlichen Arbeitsteilung*, auch wenn sich dieser Anspruch in der Praxis nicht durchgängig realisieren läßt, weil die Mütter in einem Maß wie nie zuvor erwerbstätig sind. Daher auch die Expansion der aus öffentlichen oder privaten Geldern finanzierten Hausaufgabenbetreuungshilfen oder -firmen.

Entscheidend ist, daß damit das Schulwesen die Verantwortung für Lernerfolge und Befinden der Kinder auf die Mütter abgewälzt beziehungsweise weitergegeben hat. Damit sind die Mütter in die Pflicht genommen, auf sie kann sozial und psychisch ein enormer Druck ausgeübt werden, der sie – auch schul- und frauenpolitisch – in der Defensive hält und ihre Schuldgefühle und ihre Anpassungstendenzen verstärkt. Entscheidend ist auch, wie dieser Druck vor den Augen und Ohren von SchülerInnen von Frauen auf Frauen ausgeübt wird. Das gilt vor allem für die Grundschulzeit, in der Lehrerinnen Mütter, aber auch Mütter sich untereinander auf diesen schulischen Umgang mit ihrer Arbeit, ihrer Zeit, ihrer Verantwortlichkeit gegenüber den Kindern festlegen.

Wenn die ‹Hausaufgabenpraxis› von Zeit zu Teit in den Medien als ‹pädagogisches Problem› oder als ‹Familien-Alptraum› angeprangert wird, noch dazu mit Fotos von angestrengten Vätern, wird damit verschleiert, daß es sich dabei in erster Linie um einen wahren Mütter-Alptraum handelt. Hier geht es gar nicht um ein pädagogisches Problem der Schule, sondern um eine umfassende gesellschaftliche Frauen-Problematik: die massenhafte Aneignung unbezahlter Mütterarbeit mit ihren vielen bedeutsamen Folgen wie der Spaltung zwischen Müttern und Lehrerinnen, der Belastung der Beziehungen von Müttern und Kindern, dem Scheitern der Lebenskonzepte von Müttern durch die Schwierigkeiten, häusliche und außerhäusliche Tätigkeiten miteinander zu vereinbaren, die Einflußlosigkeit der Mütter im öffentlichen Leben, die Armut der Mütter im Alter. Denn bei den Müttern wirken sich die Schulbetreuungsprobleme und die privatisierte Schularbeit direkt auf ihre Lebenspraxis und Lebensplanung aus und tragen dazu bei, wichtige Alternativen zu verhindern: es fehlt an Zeit für so vieles Wichtige, nicht nur für Erwerbstätigkeit, für Aus- und Fortbildung, für Umschulung, sondern auch für politische, künstlerische, wissenschaftliche, soziale Betätigung u. ä. Wenn sich eine Mutter von der Schule für die regelmäßige Hausaufgaben-Arbeit vereinnahmen lassen muß, im Namen der Zukunft ihres Kindes, wogegen sie sich *im Einzelfall nur schwer wehren kann*, hat dies neben den anderen Verpflichtungen aus ihrer Gesamtverantwortung für das Wohlergehen der Familie erheblichen unmittelbaren Einfluß auf ihre ökonomischen und persönlichen Möglichkeiten, unabhängig und abgesichert zu sein oder es zu werden, steht ihre eigene Zukunft, ihre eigene Altersversorgung zur Disposition.

Zur Disposition stehen auch soziale Beziehungen: Ein Kind mag lernen, daß es die Mutter für seinen Schulerfolg verantwortlich machen kann, daß es eine eigene Verantwortung nicht übernehmen muß, daß es einen Anspruch auf die Anwesenheit und die Versorgung durch die Mutter hat, gerade wenn die Mutter auf Grund entgangener eigener Bildungschancen hochmotiviert ist.

Sehr schnell kann sich auch eine subtile Hierarchie von Arbeit und Kontrolle zwischen Mutter und Vater herausbilden: auf Grund ihrer ‹Verantwortung› für den Schulerfolg ihres Kindes hat die Mutter die konkrete Arbeit für die Schule zu leisten. Der Vater kann dagegen Druck auf die Mutter und das Kind ausüben und sich die Verantwortung und die Arbeit vom Hals schaffen. Er kann auch mit dem Kind gegen die Mutter koalieren. Im Familienalltag mag das bedeuten, daß die Hausarbeit völlig an der Mutter hängenbleibt, weil z. B. der Sohn «Schularbeiten» machen muß, so daß die Mutter keine Chance hat, den Sohn an der Haus- und Familienarbeit zu beteiligen und ihm damit wichtige Lernmöglichkeiten zu eröffnen.

Die Tatsache der Inanspruchnahme der Mütter durch die Schule wird in der Mütterdiskussion auffallend ausgeklammert, als seien die Anforderungen und Belastungen durch die Schule so unwichtig, daß sie nicht eigens erwähnt werden müssen. Dabei wird in der Institution Schule nicht nur von Lehrern und Lehrerinnen Schülerinnen und Schülern eine sexistische Geschlechterideologie *vermittelt*, sondern es wird darüber hinaus alltäglich die Aneignung von unbezahlter Mütterarbeit und die patriarchale Spaltung von Frauen in großem Ausmaß *praktiziert*. Die frauenfeindliche Praxis der Schule, wie sie auch durch Frauen realisiert wird, liefert den Kindern und Jugendlichen und den Erwachsenen beiderlei Geschlechts am lebenden Modell der Mütter immer wieder neu und höchst anschaulich die Vorstellung davon, wie eine ‹normale› Frau und eine ‹gute› Mutter zu sein hat und welchen Ansprüchen sie genügen soll.

Die Spaltung unter Müttern ist Ausdruck eines harten Konkurrenzkampfes. Es gibt die lautstarke Akzeptanz von Müttern, die ihre fremdbestimmte Verantwortlichkeit für das Wohlergehen ihrer Kinder zur «Motherhood is Beautiful» – Bewegung hochstilisieren, aber auch einen – weitgehend noch stummen, aber wachsenden – Widerstand von Müttern gegen die Institution, damit auch gegen Lehrerinnen. Diese Frauenspaltung wird selten so evident wie auf Elternabenden beim Thema Hausaufgaben: Da verlangen die einen Mütter lautstark mehr Hausaufgaben, machen sich als ‹gute› Mütter öffentlich und verbünden sich mit den Lehrerinnen, die die Verantwortung für den Schulerfolg gern bei den Müttern sehen, gegen die Mütter und Kolleginnen, die die Verantwortung von Schule und die Hausaufgaben als Problem ansprechen wollen.

Noch kann diese Kritik mit massivem sozialen Druck abgewehrt werden, über Noten, Abschlußentscheidungen, Sanktionen und ‹pädagogische Ziele und Maßnahmen›. Noch nie war die Schule so einflußreich. Noch nie war sie in solchem Umfang von der Verantwortung für den Lernerfolg freigestellt, zu Lasten von Müttern und Kindern. Die jugend-, schul- und frauenpolitische Skandalisierung der Hilfslehrerinnen-Arbeit der Mütter steht noch aus.[1]

Anmerkung

1 In Hessen wurde zu Zeiten der rot-grünen Zusammenarbeit (1984–1987) versucht, mit einer Festlegung im Hessischen Aktionsprogramm für Frauen die Belastung der Mütter durch die Hausaufgaben zu thematisieren und anzugehen. Dies ging auf Forderungen der AG Frauen und Schule zurück, dem einzigen schulbezogenen Diskussions- und Arbeitszusammenhang der Frauenbewegung. Dieses Netzwerk ist 1981 als Arbeitsgemeinschaft des Vereins Sozialwissenschaftliche Forschung und Praxis für Frauen e. V. entstanden. Hier treffen Frauen zusammen, die mit Bildungs- und Erziehungsfragen als Praktikerinnen zu tun haben, wie Lehrerinnen, Referendarinnen, Schülerinnen, Mütter, Sozialpädagoginnen usw. beziehungsweise Wissenschaftlerinnen, Studentinnen.

Mit jährlich stattfindenden bundesweiten Tagungen und den Dokumentationen dieser Tagungen hat die AG ein wichtiges schulkritisches Forum schaffen können, das die Möglichkeit der Information, des Austauschs, der gegenseitigen Unterstützung sowie der Erarbeitung und Weitergabe praktischer und wissenschaftlicher Lösungswege und Handlungsalternativen bietet.

Literatur

Block, Irene/Enders, Uta/Müller, Susanne: Das unsichtbare Tagwerk. Mütter erforschen ihren Alltag, Reinbek 1981

Block, Irene u. a.: Feminismus in der Schule. Berlin 1985. (Dokumentation der 3. Fachtagung der AG Frauen und Schule Berlin 1984)

Brehmer, Ilse (Hg.): Sexismus in der Schule. Weinheim 1982

Die Schule lebt – Frauen bewegen die Schule. Dokumentation der 1. Fachtagung Gießen 1982 und der 2. Fachtagung Bielefeld 1983 Frauen und Schule. Ilse Brehmer/Uta Enders-Dragässer (Bearbeiterinnen), herausgegeben von der Arbeitsgruppe Elternarbeit, Band 12, Reihe Materialien für die Elternarbeit, Deutsches Jugendinstitut, München 1984

Enders-Dragässer, Uta: Die Mütterdressur. Eine Untersuchung zur schulischen Sozialisation der Mütter und ihren Folgen, am Beispiel der Hausaufgaben, Basel 1981

Enders-Dragässer, Uta: Hausaufgaben und kein Ende ... in: Block u. a. 1981

Enders-Dragässer, Uta: Die unbezahlte Arbeit der Mütter für die Schule, in: Brehmer (Hg.) 1982

Enders-Dragässer, Uta: Hausaufgaben sind Hausarbeit sind Mütterarbeit, in: Die Schule lebt – Frauen bewegen die Schule 1984

Enders-Dragässer, Uta: Familienpflicht – ein Faß ohne Boden. Die Erziehungsfunktion im Haushalt – Mütter als Hilfslehrerinnen der Nation, in: Das Parlament Nr. 35–36/1./8. September 1984

Enders-Dragässer, Uta: «Schulische Ausgrenzung in einer multikulturellen Gesellschaft» in: Informationsdienst zur Ausländerarbeit Nr. 2/1984

Enders-Dragässer, Uta: Frauenspaltung am Beispiel Hausaufgaben, in: Block u. a. 1985

Enders-Dragässer, Uta: Mothers' Unpaid Schoolwork in West Germany, in: Schmuck (ed) 1987: Women Educators. Employees of Schools in Western Countries. State University of New York Press, Albany 1987

Enders-Dragässer, Uta: Arbeitskonkurrenz und Frauenspaltung in der Schule: Ein blinder Fleck in der Mütterdiskussion, in: beiträge zur feministischen theorie und praxis, 21/22, 1988

WIE ICH MEIN KIND ERZIEHE

Mütterzentren

Bis heute habe ich immer gedacht, ich sei Pragmatikerin, und Mütterzentren seien nichts als der praktische Weg einer oft besprochenen und beschriebenden Frauenpolitik. Aber, so langsam dämmert mir – spätestens seit der Diskussion um das Muttermanifest – die provokative Dimension der Mütterzentren.

Vielleicht ist das, was Mütterzentren ausmacht, nur über Biografien zu verstehen, denn die Ablehnung oder Zustimmung zu Mütterzentren wird oft entscheidend von lebensgeschichtlichen Erfahrungen bestimmt. Deshalb will ich hier anhand von Gesprächen mit Frauen aus Mütterzentren und mit meiner eigenen Geschichte aufzeigen, was das Leben in Mütterzentren ausmacht, was uns daran wichtig ist und welchen gesellschaftspolitischen Radius Mütterzentren haben.

Ich bin in einer kinderreichen Handwerkerfamilie aufgewachsen. Unser Familienleben war zuallererst bestimmt von den Bedingungen eines Geschäftshaushaltes, der um sechs Uhr morgens begann, spät abends beendet war und nur selten ein freies Wochenende kannte. Zu unserem Haushalt gehörten auch meine Großmutter und zahlreiche Mitarbeiter und Mitarbeiterinnen. Meine Mutter war mit Leib und Seele Geschäftsfrau und darüber hinaus Mutter aus Überzeugung.

Sie führte ein Leben, das heute für viele Frauen als idealtypisch gilt: Sie brachte Gleichberechtigung und Erfolg im Beruf in Einklang mit Mutterschaft.

Ihre Kinder pflegte sie selbst, solange sie Babys waren, neben der Arbeit im Geschäft. Unterstützt wurde sie dabei von verwandtschaftlichen und bezahlten Helferinnen und später auch durch Einrichtungen wie Kindergarten und Internat. Als Geschäftsfrau nahm sie teil am öffentlichen und gesellschaftlichen Leben, wenn letzteres auch nur sehr eingeschränkt möglich war.

Gleichberechtigte Geschäftspartnerin, Ehefrau, Mutter, ein Leben in der Großfamilie in gesicherten finanziellen Verhältnissen – trotz dieses «idealen Vorbildes», vielleicht auch, weil ich die unerfüllten Sehnsüchte und Träume meiner Mutter nach mehr Ruhe, mehr Zeit zum Erleben und Genießen und vor allem nach mehr Anerkennung für ihre Mutter-Arbeit gespürt habe, entschloß ich mich, völlig anders zu leben. Ich entschied mich, den Teil, den ich in meiner Kindheit als mangelhaft erlebt hatte, in meinem Erwachsenenleben grundsätzlich zu verändern: Das unruhige Leben einer Geschäftsfrau und Mutter mit Karriereabsichten wollte ich nicht leben. Ich heiratete einen Mann, der vorhatte, Karriere zu machen, was die Aussicht zuließ, eine finanzielle Grundlage für Kinder zu haben, ohne daß ich mich selber in die Niederungen des Gelderwerbs zu begeben brauchte, und lebte das beschauliche Leben einer bürgerlichen Hausfrau und Mutter von drei Kindern.

Mein wohlgeplantes «häusliches Glück» zerfiel allerdings bald in tiefe Einsamkeit und das marternde Gefühl der Bedeutungslosigkeit einer Frau in einer vorörtlichen Reihenhausidylle.

Ich beschloß, mein Leben zu verändern. Ich versuchte es:

- mit Erwerbstätigkeit – das schied aus wegen der drei Kinder
- mit Ausbildung – das schied aus wegen der drei Kinder
- mit Kommunalpolitik – das schied aus wegen der drei Kinder

Was mit drei Kindern ging, war ehrenamtliche Arbeit.

Ich schloß mich einem traditionellen Frauenverband an, um Frauenpolitik zu machen. Hier schied ich schließlich aus, weil ich für bezahlte Frauenarbeit eintrat.

Ich probierte es bei der autonomen Frauenbewegung. Hier schied ich aus, weil ich in der Mutterschaft eine weibliche Stärke sah.

Die traditionellen Frauen hielten an ihrem traditionellen Rollenverständnis fest. Es wurde sehr viel von Mutter- und Hausfrauen-*Pflichten* gesprochen. Ihre Verbandsarbeit hatten sie nach männlichem Muster aufgebaut. Das gesamte Verbandsleben spielte sich unter Ausschluß der Kinder ab, ich sah in dieser Zeit niemals ein Kind. In der autonomen Frauenbewegung war es noch schlimmer. Dort getraute ich mich nicht einmal zu gestehen, daß ich aus Überzeugung Mutter geworden war.

Ein ganzheitliches Konzept von Frauenleben gab es nirgends. Frauen hatten sich jeweils für Prioritäten entschieden und die anderen Aspekte ihres Frauenlebens abgespalten. Für die Autonomen war Mutterschaft exotisch, für die Traditionellen der Autonomie-Anspruch.

Ich wollte das eine nicht ohne das andere und entschied mich, einen ganzheitlichen Weg zu suchen. Und weil keine der bestehenden Gruppen Politik im Interesse von Müttern machen wollte, mußte ich selbst etwas unternehmen. Dabei traf ich auf Frauen, die ihrerseits nach einer Alternative für das traditionelle Mütter-Dasein suchten, und gemeinsam entwickelten wir das Konzept «Mütterzentrum».

Was sind Mütterzentren?

Mütterzentren sind offene Treffpunkte, angesiedelt in Wohngebieten, in Stadtvierteln, möglichst schnell erreichbar, nicht unbedingt im Stadtzentrum gelegen. Hier organisieren Frauen aus dem Stadtteil ihren Alltag mit Kindern, füreinander und für andere Menschen aus der Umgebung. Mütterzentren sind Informations-Drehscheiben und Kontaktstellen für viele alltägliche und wichtige Dinge: einfache und komplizierte:

● Beratung in alltagspraktischen und Lebensfragen
● den nachbarschaftlichen Plausch,
● Kinderbetreuung,
● Bildung im allgemeinen und im besonderen,
● Kommunalpolitik.

Hier wird gemeinsam gegessen, vom Frühstück über das Mittagessen bis zum selbstgebackenen Kuchen am Nachmittag. In Mütterzentren werden persönliche Bedürfnisse wahrgenommen, und ohne den Druck verschiedener Ideologien lernen Frauen ihre Wahrnehmungen ernst zu nehmen.

Mütterzentren sind ein Übungsfeld für demokratisches Verhalten, und sie verdeutlichen demokratische Regeln. Mütterzentren bieten die geschützte Öffentlichkeit, um Verantwortung füreinander, für sich selbst und für Fremde übernehmen zu lernen.

Mütterzentren sind das neue Modell eines sozialen Netzwerkes nach alten Mustern. In Mütterzentren kümmert frau sich aus persönlichem Interesse um Menschen: um sich selbst, um Kinder und um alte Leute. Es gibt keine hauptamtlichen Akteurinnen, vielmehr ist dieselbe Frau heute Aktive – wir nennen das «Dienstfrau» – richtiger wäre: Gastgeberin – und somit mit anderen verantwortlich für die Tagesaufgaben jeglicher Art: Vom Kaffeedienst bis zur Öffentlichkeitsarbeit werden Arbeiten nach Neigung und Fähigkeiten verteilt und mit einem Stundenhonorar bezahlt; morgen oder nächste Woche kommt sie selbst dann als Besucherin und genießt die Dienstleistungen der anderen. Das heißt, ein und dieselbe Person erlebt sich selbst im gleichen Umfeld wechselweise als Aktive und als Passive. Sie kann geben und nehmen aus demselben Topf. Dabei ist es unerheblich, wie alt sie ist, ob sie Kinder mitbringt oder welchen Bildungs- oder Sozial-Status sie hat. Mütterzentren orientieren sich immer an den Bedürfnissen der Besucherinnen und deren Möglichkeiten, sowohl in öffentlichen als auch in privaten Zusammenhängen.

Es sind vier Charakteristika, an denen Mütterzentren zu erkennen sind:

1. Das Laien-mit-Laien-Prinzip

Mütterzentren arbeiten nach dem Laien-mit-Laien-Prinzip. In Mütterzentren werden die Menschen mit ihren realen Fähigkeiten und Kompetenzen angesprochen, das heißt, die Kochfrau muß keine Köchin sein, die Kinderfrau keine Erzieherin, die Beraterin keine Sozialpädagogin oder Psychologin. Gebraucht werden die unterschiedlichsten Kompetenzen: praktische jeder Art und – für die Bewältigung zwischenmenschlicher Reibungspunkte besonders wichtig – soziale Kompetenzen, Lebenserfahrung und ein gutes Gespür für Menschen.

Mütterzentrums-Frauen bringen persönliche Kompetenzen mit, die sie in ihrem alltäglichen Leben erworben haben, ohne institutionalisierte Ausbildung und ohne Zertifikat, aber in ihrem Leben mit Kindern, als Hausfrauen, als Liebespartnerinnen, als Nachbarinnen.

In dieser Atmosphäre, wo sich Praxis-Expertinnen begegnen und respektieren, entwickeln sich hierarchiearme Strukturen wie von selbst.

2. Ein freies Angebot

Die Besucherinnen, ich könnte auch Teilnehmerinnen sagen, wollen frei von äußeren Zwängen an den verschiedensten Angeboten teilnehmen können. Maßgebend für den Tagesablauf in Mütterzentren ist der Rhythmus der Teilnehmerinnen/Besucherinnen, der ihrer Kinder oder der Ablauf in ihren Familien. Mütterzentren sind m. W. der einzige öffentliche Raum, wo nicht die Einrichtung die Ordnung vorgibt, sondern die Besucherinnen selber. Vorgegeben ist lediglich die Öffnungszeit – aber auch die ist variabel, wenn die Besucherinnen das wollen.

3. Honorar für alle gleich

Alle verbindlichen Arbeiten werden gleichmäßig bezahlt, je nach der finanziellen Ausstattung der Einrichtungen zwischen 5 DM und 10 DM je Stunde. Die ökonomische Absicherung über feste Arbeitsplätze wäre nur für wenige möglich und kann deshalb nicht Ziel der Mütterzentren sein. Nach dem geltenden Wertemuster unserer Gesellschaft ist Geld eine wesentliche Voraussetzung für die Mitarbeit in der Öffentlichkeit und deshalb auch Rechtfertigung gegenüber Ehemännern und Familien. Unsere Honorarregelung, die unabhängig von der Aufgabe für alle gleich ist, ist daher oftmals die Voraussetzung für den ersten Schritt der Frauen aus der Privatheit in die Öffentlichkeit.

4. Kinder gehören dazu

Im Mütterzentrum gehören die Kinder selbstverständlich dazu. Kinder werden nicht einfach wegorganisiert, wie das sonst im öffentlichen Leben üblich ist. Für ein öffentliches Leben mit Kindern fehlen den meisten Menschen die Vorstellungskraft und deshalb auch die Übung, mit Kindern umzugehen. Mütterzentren haben auch hier Neuland betreten, aber inzwischen haben sie bewiesen, daß Leben und Arbeiten mit Kindern auch öffentlich möglich ist.

Mütterzentren sind weiblich bestimmte Räume. Hier haben Frauen das Sagen. Männer müssen sich unterordnen, sie können als Gäste an den allgemeinen, öffentlichen Angeboten teilnehmen. Für viele Männer eine unerwartete Position, was häufig Widerstand auslöst. Je selbstverständlicher diese Form jedoch von den Frauen gehandhabt wird, um so eher verstehen Männer das auch als Chance, veränderte Rollenbilder einzuüben.

Mütter im Zentrum

Mütterzentren haben keinen Erziehungsanspruch. Sie lehnen es ab, erwachsene Menschen in ein bestimmtes Wertmuster zu drängen. Mütterzentren geben Frauen das geschützte Forum, wo sie ihre eigenen Werte entwickeln oder überprüfen können, wo sie voneinander abgucken und ausprobieren, ob ihre Lebensplanung und ihr persönliches Wertschema richtig ist, ohne einem Ideologiedruck ausgesetzt zu sein. Und nicht zuletzt deshalb sieht jede Frau für sich etwas anderes in ihrem Mütterzentrum:

Angelika P.: «Für mich ist das Mütterzentrum eine ideale Plattform, außerparlamentarische weibliche Kommunalpolitik zu machen. Den Weg über die offiziellen Institutionen habe ich probiert, aber für zu lang befunden. Was kann schon eine Kreis-Frauenwartin im Deutschen Sportbund an frauenspezifischer Politik durchsetzen? Oder – welche Ochsentour muß eine Frauengruppe in der Kirche durchstehen, bis sie eigene Gedanken aussprechen darf? Auch in den Parteien muß immer erst der Herr Parteisekretär oder Parteigeschäftsführer gefragt werden, und die Freude einer Gewerkschaftsfrau, weil ihre Kollegen ihr Gelegenheit gaben, über die Bedeutung von Teilzeitarbeit für Mütter und Väter zu sprechen, hat sie ganz vergessen lassen, daß damit noch nichts in den Köpfen der Herren Kollegen verändert ist.

Das beste Beispiel sind die Frauenbeauftragten, die es jetzt schon in der kleinsten Gemeinde gibt. Dieser an sich wichtige und richtige Gedanke einer Frauenbeauftragten ist längst ausgehöhlt, ohne echte Kompetenzen und erst recht ohne Gelder. Sie kommen nur selten über die Alibi-Funktion hinaus. Sie bestätigen – mangels Möglichkeiten – eher das bestehende System der männlich bestimmten Parteistrukturen und können meist gar nicht auf Frauenbedürfnisse reagieren. Wohlgemerkt, ich will damit nicht Kritik an den Bemühungen der Frauen in den verschiedensten Männergremien üben, ich will allerdings darauf hinweisen, daß die geforderte Mitarbeit der Frauen im männlichen System oft entweder zur Anpassung an dieses System führt oder die Frauen sich daran – zumindest innerlich – aufreiben, weil sie in ihren weiblichen Forderungen zurückstecken müssen, wenn sie selbst nicht untergehen wollen.

Wie effektvoll hingegen alleine das in zwei Schaufenstern ausgehängte Schild «Mütterzentrum» auf die Kommunalpolitik wirkt, wollte ich zunächst gar nicht glauben. Es machte sich schließlich an dem etwas naiven, aber vergrämten Ausspruch eines CDU-Ortsbürgermeisters fest: ‹Im Mütterzentrum wird so viel Untergrundpolitik gemacht!› Ich behaupte nicht, daß die bloße Existenz von Mütterzentren etwa schon zu frauenfreundlicher Politik geführt hätte, aber Aufmerksamkeit und Unruhe haben wir damit allemal erregt und zwar täglich, nicht hin und wieder als einmalige Aktion, die auch wieder verpufft. An unserem Schild muß man ständig vorbei, und das zeigt Wirkung. In der öffentlichen Gerüchteküche rangiert unser Mütterzentrum mal als linker Kommunistenladen, mal sind wir chaotische Öko-Freaks oder auch CDU-nahe Bürgerfrauen mit faschistischen Tendenzen. Nachdem ich mir klargemacht hatte, welche Ängste sich hinter derartigem Gerede verbergen, rege ich mich darüber gar nicht mehr groß auf. Vielmehr beobachte ich mit Spannung, was – von der Öffentlichkeit weitgehend unbemerkt – im Mütterzentrum wirklich geschieht: Hier entwickeln Frauen ihre eigene Stärke. Zunächst jede für sich, leise, aber sicher, und daraus wird unmerklich auch eine nachvollziehbare gemeinsame Stärke.»

Dorothea K.: «Reihenhaus und Sportverein waren früher mein Leben. Was daraus geworden ist, trug ich schließlich zu verschiedenen Therapeuten, ohne ein positives Ergebnis. Erst im Mütterzentrum lernte ich sinnvoll mit meinem Leben umzugehen. Ich habe hier Frauen getroffen, die mir zuhören. Jetzt fühle ich mich vor allem nicht mehr alleine. Das ist ganz wichtig für mich. Im Sportverein bin ich auch unter 60 Frauen eigentlich immer allein gewesen, persönliche Gespräche waren dort nicht möglich.»

Brigitte H.: «Ich war eine kleine Verwaltungsangestellte, bevor ich ins Mütterzentrum kam, und darauf war ich stolz. Mein Ziel war, nach einer Kinderphase wieder in meinen Beruf zurückzugehen, ich hätte aber niemals die Phantasie entwickelt, meine berufliche Laufbahn auf der Leitungsebene anzusetzen. Im Mütterzentrum war ich fünf Jahre Besucherin und Akteurin. Hier sind mir die Zusammenhänge des öffentlichen Machtgefüges erst wirklich aufgegangen. Zu Anfang meiner Mütterzentrumszeit fühlte ich mich erhaben über die sogenannten ‹kleinen Leute› und hatte Ehrfurcht vor den sogenannten ‹großen Leuten›.

Weder in meinem beruflichen noch in meinem Hausfrauenalltag hatte ich echten Kontakt zu Frauen anderer gesellschaftlicher Schichten, man blieb unter ‹seinesgleichen›. Im Mütterzentrum begriff ich auf dem Wege der Tuchfühlung, was Hierarchie und Arroganz und Toleranz wirklich bedeuten. Im alltäglichen Leben des Mütterzentrums, in dem es um meine Bedürfnisse, aber ebenso um die anderer Frauen ging, lernte ich, über gesellschaftliche Unterschiede wegzukommen, und entwickelte neue Kriterien für den Umgang mit Menschen. Ich entdeckte an anderen Frauen liebenswerte Eigenschaften, mit denen ich ohne Mütterzentrum wohl niemals auch nur geredet hätte.

Im Rathaus waren mir regelrechte Feindbilder gegenüber der ‹Klientel› aufgebaut worden, die ich nicht hinterfragt hatte und für gegeben hielt. Demzufolge ordnete ich mich selbst auch in eine Schublade ein und begrenzte mich selbst mit dem, was ich war und werden durfte. Erst die sanfte Anleitung zu antiautoritärem Denken im Mütterzentrum ließ mich über meine eigenen Grenzen hinauswachsen. Heute habe ich eine leitende Stelle in der Verwaltung. Daran ist die ‹Mütterzentrumsschule› nicht ganz unbeteiligt. Meine Mütterzentrumszeit betrachte ich heute als einen nicht unwesentlichen Teil meiner persönlichen und meiner beruflichen Fortbildung, den ich viel mehr Frauen gönnen möchte.»

Sabine G.: «Das Mütterzentrum hat mein Leben stark beeinflußt. Hier habe ich den Boden gefunden, auf dem ich *aufrecht* stehen kann. In den letzten vier Jahren hat sich mein Selbstbewußtsein geradezu hemmungslos entwickeln können, andererseits habe ich noch nie so viel Kritik einstecken müssen, was mir aber auch das rechte Maß für meine Fähigkeiten und Grenzen gezeigt hat. Heute kann ich mit meinen Fähigkeiten und mit meinen Grenzen ziemlich genau umgehen, was zur Folge hat, daß ich neue Entdeckungen an mir und anderen machen kann und dabei auch so manchesmal meine selbstgesteckten Grenzen schon überschritten habe. Das hat mir Mut gemacht und viele neue Ideen eingebracht.

Früher hatte ich mal Ambitionen, in die Politik zu gehen. Allerdings habe ich nicht das Sitzfleisch für irgendwelche Posten und habe es deswegen gelassen. Heute mache ich im Rahmen des Mütterzentrums Politik mit Frauen. Ich habe die Lust an Sonntagsreden verloren und glaube auch nicht mehr daran. Außerdem befürchte ich, wenn ich mich in die Maschinerie einer Partei begeben würde, total deformiert wieder herauszukommen. Inzwischen bin ich davon überzeugt, daß Politik, die wirklich etwas verändert, an den Tischen im Mütterzentrum oder in den Kneipen oder auf dem Markt gemacht wird, deshalb sehe ich dort meinen Platz. Trotzdem finde ich die Arbeit der Frauen, die sich in die parteipolitische Auseinandersetzung begeben, enorm wichtig und toll. Ich halte ihre und meine politische Arbeit für sich gegenseitig ergänzende Aufgabenbereiche und hoffe, mit dieser ‹konzertierten Aktion› die männliche Politik nachhaltig beeinflussen zu können.

Die Erfahrungen im Mütterzentrum haben mich reifer gemacht, auch in der Beziehung zu meinem Mann. Alles, was mich weitergebracht hat, hat auch unsere Beziehung gefestigt, ich fühle mich heute in unserer Ehe unabhängiger und selbstbewußt. Mein Mann sieht das übrigens genauso. In Gesprächen mit ihm höre ich immer wieder, wie gut mir die Mütterzentrums-Arbeit bekommt. Er unterstützt mich und ist oft ein guter Berater bei meinen Problemen im Mütterzentrum. Diese Gespräche finden heute auf einer viel gleichberechtigteren Basis statt als früher. Vor meiner Mütterzentrums-Zeit fühlte ich mich zu allem unfähig und war deshalb auch abhängig von Karl. Damals überließ ich ihm die Arbeit mit unserem Baby und alle Entscheidungen für unser gemeinsames Leben. Ich fühlte mich immer noch als Tochter und hatte kaum eine eigene Meinung.

Meine Mutter allerdings bleibt meinem Mütterzentrums-Leben gegenüber mißtrauisch und unterstützt mich nur halbherzig. Ihr wäre es wohl doch lieber gewesen, wenn ich entweder eine ‹ordentliche Hausfrau› geworden wäre oder wenigstens mein Studium zu Ende gebracht hätte und einen ‹ordentlichen Beruf› ausüben würde.

Das mit dem Beruf ist ja auch so eine Sache für sich. Nach langen und schwierigen Kämpfen und mit viel Glück habe ich jetzt einen richtigen bezahlten Beruf im Mütterzentrum gefunden. Zwar ist er gegenüber herkömmlichen Berufen ziemlich ungewöhnlich, aber er entspricht vollkommen meiner Vorstellung vom Leben. Es gibt keine Trennung von Privatleben und Berufsleben, die Grenzen sind fließend. Im Mütterzentrum bin ich oft beides gleichzeitig.»

Dagmar F.: «Als Kind war ich die brave Tochter. Ich schaffte mein Abitur ohne besonderes Engagement – eben weil das so von mir erwartet wurde. Dann wußte ich nicht, welchen Beruf ich aufnehmen sollte. Ich hätte mich für so manches interessiert – aber Entscheidungen? Das hatte ich nicht gelernt. Entschieden hatten bis dahin immer meine Eltern, vom Kleidchen für den Sonntagsspaziergang bis zum Verhalten im Urlaub, und so war es nur folgerichtig, die Empfehlung meines Vaters aufzugreifen und Architektur zu studieren.

Anders wurde es erst, als ich nach Abschluß des Studiums weit von zu Hause wegging. Ich brach mein Zusatzstudium ab und arbeitete in einem Werbestudio.

Das gefiel mir – selbstbestimmte kreative Arbeit. Auch wenn ich manchmal rund um die Uhr arbeiten mußte, war es doch das, was ich wollte. Ein tolles Team von netten Leuten, viele Ideen und ein rechtes Miteinander. Die Grenzen zwischen Freizeit und Arbeit verwischten sich, Arbeit und Leben machten Spaß. So lange, bis ich ein Kind bekam.

Plötzlich änderte sich alles.

Die Kollegen wurden mißtrauisch, grenzten sich ab. Mit dem Kind war ich jemand anders geworden, ich gehörte nicht mehr dazu, und ich zog weg.

Per Zufall stieß ich auf das Mütterzentrum, und mein Leben änderte sich wieder. Ich mußte für unseren Unterhalt sorgen, aber eine Arbeit als Architektin mit Kind fand ich nicht. Mein Kind den Großeltern ganz übergeben wollte ich auch nicht.

Im Mütterzentrum machte ich zunächst Plakate und spielte Gitarre. Teamarbeit folgte und schließlich ein 40-Stunden-Job als Koordinatorin für handwerkliche und gestalterische Aufgaben im Stadtteil-Service.

Oft werde ich gefragt, wieso ich diese Arbeit einer Tätigkeit als Ingenieurin vorziehe. Weil ich doch so einen tollen Männerberuf habe, meinen viele, müsse mir doch die (Berufs)-Welt offenstehen. Ich will aber gerade diese Männer-Berufs-Welt nicht. Dort kann ich nur unter Aufgabe meiner Mutterschaft etwas werden. In der Männer-Berufs-Welt wird zuerst von mir verlangt, mein Kind wegzuorganisieren, acht Stunden am Tag so zu tun, als hätte ich kein Kind – das finde ich unnatürlich und falsch.

Ich will einen Alltag, in dem Arbeiten und Leben miteinander verbunden sind und sich nicht wie zwei feindliche Lager gegenüberstehen. Im Mütterzentrum sind wir dabei, so etwas aufzubauen. Wir haben dort Arbeitsplätze geschaffen, wo Mütter Mütter bleiben können und Kinder einbezogen sind. Wir wissen schon, das ist nicht leicht, uns fließt der Strom entgegen, aber wir werden es schaffen. Und damit werden wir Signale setzen, die anderen Mut machen sollen, sich nicht einfach einzuordnen in bestehende Ordnungen, sondern nach eigenen – mütterlichen – Wegen zu suchen.»

Wenn Mütter sich im Zentrum finden, ist es nicht weit zu noch größeren Taten. Nach sieben Jahren Mütterzentrumspraxis war es in Salzgitter soweit, den Aktionsradius zu erweitern. Orientiert an den persönlichen Bedürfnissen hatte sich eine positive Atmosphäre entwickelt, von der auch andere Menschen angesprochen wurden. Zuerst besuchten uns mehrere alte Menschen aus dem Stadtteil zum Mittagessen. Sie freuten sich, auf diese Weise eine warme Mahlzeit zu bekommen, und sie freuten sich über den Kontakt mit jüngeren Menschen. Dann häuften sich die Anfragen nach Handreichungen im Haushalt, nach Aufmunterung durch Gespräche, nach praktischen Hilfen im Krankheitsfall und nach Unterstützung bei handwerklichen Arbeiten und bei Kleinreparaturen etc.

Aus diesen ersten Anfängen, die auf der Basis persönlichen Vertrauens zwischen Mütterzentrums-Frauen und alten Menschen beruhten, haben wir den Stadtteil-Service entwickelt, nach dem Motto: «Jung hilft Alt – Alt hilft Jung».

Unser Stadtteil-Service hat nicht den Anspruch, ein flächendeckender Dienstleistungsbetrieb für Alte und Hilfsbedürftige zu sein. Er ist eine Aufgabenerweiterung mit besonderen Schwerpunkten. Auch im Stadtteil-Service werden die unterschiedlichsten Interessen aller Beteiligten berücksichtigt.

Es gibt für uns keine Werteskala, in die wir bestimmte Arbeiten einordnen. Wir wollen anderen Menschen unbürokratisch bei der Bewältigung von Alltagsproblemen helfen, bei Problemen, für die es keine gesellschaftlichen Anlaufstellen gibt. So ist hinlänglich bekannt, daß gerade junge Mütter an enormen Schlafdefiziten leiden – gesellschaftlich ein «banales» Problem. Wir dagegen *wissen*, wie wichtig es ist, sich mal zwei Nächte lang ungestört ausschlafen zu können. Wir orientieren uns nicht daran, welche Arbeiten über gesellschaftlich gesetzte Maßstäbe als ‹wichtig› erachtet werden, sondern daran, was von den Betroffenen als ‹wichtig› angesehen wird.

Ob wir einmal die Woche zum Vorlesen in ein Haus gehen, ob wir jeden Mittag einem alten Mann das Essen bringen und ihn füttern oder ob wir einer überlasteten Mutter für zwei Tage zwei Kleinkinder abnehmen, einer anderen Frau für eine Zeitlang den Haushalt organisieren, damit sie an einer beruflichen Fortbildung teilnehmen kann... für uns ist jede dieser Arbeiten *gleichwertig*.

Wir übernehmen Grundpflege und häusliche Krankenpflege, wenn das gewünscht wird. Wir veranstalten und organisieren Treffen für alte Leute im Mütterzentrum, damit sich zwischen Alten und Jungen Vertrauen entwickelt.

Mit diesen Angeboten wollen wir weg von den Gettos, den Kinder-Gettos, den Frauen-Gettos, den Alten-Gettos. Wir wollen hin zu einem gemeinsamen Leben bei aller Verschiedenheit der Menschen.

Die Mitarbeiterinnen sind Mütterzentrums-Frauen, die ihre Qualifikationen als Hausfrauen und Familienfrauen erworben haben. Wir fragen auch im Stadtteil-Service nicht: «Welches Papier hast du?», sondern: «Was kannst du? Was traust du dir zu?» In mehreren Jahren Mütterzentrums-Arbeit haben alle Mitarbeiterinnen die erforderlichen Fähigkeiten und Kompetenzen erprobt.

Für die Organisation des Stadtteil-Services spielen die Bedürfnisse der Mitarbeiterinnen eine gleichbedeutende Rolle. Die Arbeitsabläufe werden auf die Möglichkeiten der Mitarbeiterinnen abgestellt. Der Stadtteil-Service bietet neben den Hilfen für Alte, Kranke oder sonstwie belastete Menschen auch ein Entlastungssystem für die erwerbstätigen Mitarbeiterinnen und andere Erwerbstätige. Arbeitseinsätze werden nach dem Rhythmus der Mitarbeiterinnen eingeteilt, sie bestimmen den Einsatzplan – wie alles andere – gleichberechtigt mit. Es wird Rücksicht genommen auf den Zeitablauf der Schulen und Kindergärten oder die Krankheit eines Kindes.

Der Fahrdienst des Stadtteil-Services steht selbstverständlich auch den Mitarbeiterinnen zur Verfügung. Für 1,50 DM werden Kinder von der Schule abgeholt oder zum Kindergarten gebracht, denn erfahrungsgemäß nehmen derartige Einrichtungen selten Rücksicht auf die Bedingungen erwerbstätiger Eltern.

Der Mittagstisch und der Schülertreff mit Hausaufgabenbetreuung gehören selbstverständlich ebenso zum Stadtteil-Service wie alle vorgenannten Dienstleistungen.

Selbstverständlich haben alle Mitarbeiterinnen des Stadtteil-Services einen Arbeitsvertrag, sie werden nach BAT bezahlt. Ihren Arbeitsumfang bestimmen sie selbst. Es gibt 40-, 20-, 10-Stunden-Verträge.

Allen Mitarbeiterinnen bieten wir hauseigene Fortbildungen an. Wobei der Erfahrungsaustausch und die gemeinsame Reflexion der Erlebnisse im Vordergrund stehen. Die Fortbildung wird von Fachkräften (Profis) begleitet.

Zur politischen Umsetzbarkeit

Selbstverständlich darf die beschriebene Arbeitsweise nicht als billige Sozialarbeit oder als Ausbeutung von Frauenarbeitskraft verstanden oder im Sinne ehrenamtlicher Beschäftigungstaktik eingesetzt werden.

Mütterzentren sind erst einmal Selbsthilfe-Projekte für Mütter, die ein Interesse daran haben, das Leben in ihrem Umfeld direkt mitzugestalten, die sich selbst und ihre Kinder nicht von der herrschenden Logik der Erwerbswelt bestimmen lassen wollen. Sie wollen sich dem Diktat des ‹homo oeconomicus› nicht unterordnen. Sie sind an einem Leben interessiert, in dem Kinder, alte Leute und die Erwerbstätigkeit gleichwertig sind. Sie verstehen sich selbst nicht als die stille Reserve für soziale Aufgaben in der Gesellschaft, sondern arbeiten am Konzept einer Dienstleistungsgesellschaft, in der Lebensqualität nicht auf die Angebote einer ‹Fast-food-McDonalds-Kantine› reduziert wird.

Einrichtungen wie Mütterzentren und Stadtteil-Service sind selbstverständlich nicht zum Null-Tarif zu haben. Sie kosten – neben dem wichtigen Know-how – Mieten, Sachmittel, Honorare und Gehälter. Ob es in erreichbarer Zukunft zu Regelfinanzierungen kommen kann, ist sicherlich abhängig vom gesellschaftlichen und politischen Willen. Wir jedenfalls meinen:

Mütterzentren gehören in jeden Stadtteil, in jede Nachbarschaft! Mit unserer Arbeit als Mütter nutzen wir der Allgemeinheit, deshalb sollten die notwendigen Finanzen auch von der Allgemeinheit bereitgestellt werden.

Um das zu erreichen, brauchen wir eine Lobby, brauchen wir Unterstützung von Vereinen, Verbänden, von alten und jungen Menschen, von Müttern und Vätern, die sich mit unseren Vorstellungen identifizieren können und die bereit sind, uns ideell und finanziell weiterzuhelfen.

Last not least...

Die vielen verschiedenen Möglichkeiten der Mütterzentren sind mit den in Salzgitter erprobten Bereichen noch längst nicht ausgeschöpft. Greifbar nah sind andere Arbeitsschwerpunkte, z. B.: auf dem Arbeitsfeld der Computerbranche, in Handwerk und Handel und ebenso in Bereichen der Wissenschaft und des Journalismus. Die Salzgitterschen Erfahrungen sind erst der Anfang, und es werden sich weitere phantasievolle neue Lebens- und Arbeitsmodelle von Müttern für Mütter daraus entwickeln. Wir sind noch keine lautstarke Bewegung, aber eine Bewegung, die ständig anwächst und uns den entsprechenden Bedarf an Mütterzentrumseinrichtungen beweist. Bundesweit gibt es inzwischen ca. 60 funktionierende Mütterzentren und über 60 Initiativen, die in der Aufbauphase stehen.

Wer die Mütterzentrums-Schule mitgemacht hat, wird «nicht in den Nischen sitzenbleiben» (Rita Süssmuth), sondern ganz im Gegenteil, mit den Mütterzentrumsmöglichkeiten haben Mütter zum erstenmal eine echte Chance, die verschiedensten Lebensformen zu verwirklichen und unser aller Umwelt mitzugestalten, nach dem Motto:

«Es muß im Leben mehr als alles geben!»

ANNE LÜLLWITZ

Unbezahlte Frauenarbeit

Von einer, die auszog, ihre Chancen als Mutter in der
Arbeitswelt zu erforschen

Als ich vor sieben Jahren meine gute und sichere Arbeitsstelle kündigte, wußte ich noch nicht, daß ich damit meinen Ausschluß aus dem Erwerbsleben vollzogen hatte. Und ich hätte jeden ausgelacht, der mir vorausgesagt hätte, daß ich in wenigen Jahren in der Kartei des Arbeitsamtes geführt würde mit dem Vermerk «unvermittelbar».

Ich konnte eine solide Berufsausbildung, große Berufserfahrung, mehrjährigen Auslandsaufenthalt, sehr gute Kenntnisse in einer wichtigen europäischen Sprache aufweisen, hatte mich auf ein interessantes Fachgebiet mit Auslandsberührung spezialisiert und dort bewährt. Ich war eine qualifizierte und wie man mich des öfteren wissen ließ, wertvolle Arbeitskraft.

Nun wünschte ich mir ein Kind und wurde Mutter. Dieses Wunschkind wollte ich in den ersten wichtigen Lebensjahren selbst betreuen und dann einen gangbaren Weg finden, der mich wieder ins Berufsleben zurückführen sollte, ohne mein Kind vernachlässigen zu müssen.

Mit vier Jahren bekam mein Kind einen Platz im Kindergarten und ich begann mit meiner Bewerbungsaktion. Ich schrieb zwölf Firmen an, von denen ich wußte, daß sie mir Beschäftigungsmöglichkeiten bieten könnten. Ich bekam zehn Absagen und zwei Einladungen zu einem persönlichen Gespräch.

Die beiden Gespräche mit den jeweiligen Personalchefs liefen sehr ähnlich ab. Man zeigte sich beeindruckt, ja fast begeistert von meiner bisherigen beruflichen Laufbahn, beeilte sich schon, den Arbeitsvertrag aufzusetzen, was ich unterbrach mit der Bemerkung: «Aber ich möchte nur halbtags arbeiten, weil ich ja, wie Sie wissen, ein Kind habe und dieses noch zu klein ist, um seine Mutter einen ganzen Tag lang entbehren zu können.» Ungläubiges Staunen, Fassungslosigkeit, Zweifel an meiner Seriosität malte sich auf den Gesichtern. Nein, Teilzeitarbeit ist für diese Position nicht möglich. Steife Verabschiedung, Ende!

Nach diesem Abenteuer bewarb ich mich auf Zeitungsannoncen für

Teilzeitstellen, die zwar nicht haargenau mit meinen Kenntnissen übereinstimmten, diese jedoch mehr oder weniger berührten. Ich bewarb mich auf ausgeschriebene Stellen für mein Fachgebiet – alles Vollzeitstellen – und fragte, ob nicht eine Stellenteilung machbar sei. Ich bewarb mich bei Übersetzungsbüros. Es waren ca. 10 bis 15 Bewerbungen, meist schriftlich, manche telefonisch, alle ohne Erfolg.

Nach zwei Jahren Suche erlebte ich eine Überraschung. Bei einer der beiden Firmen, die mich bereits eingeladen hatten, aber als Teilzeitfrau nicht haben wollten, war man anderen Sinnes geworden. Dort herrschte inzwischen akuter Personalnotstand; inzwischen war auch das Beschäftigungsförderungsgesetz in Kraft getreten. Kurz und gut, man bot mir eine qualifizierte Teilzeitarbeit auf Basis eines befristeten Beschäftigungsverhältnisses.

Es war wunderbar! Ich konnte meinen interessanten Beruf ausüben (vormittags) und mich meinem Kind widmen (nachmittags), ich konnte auch das Geld aufbringen für Entlastung bei der Hausarbeit und für Kinderbetreuung bei Krankheit und Kindergartenferien. Endlich, nach langer Zeit, fühlte ich mich wieder als voller Mensch.

Die Freude währte nicht lange. Nach fast einem Jahr Arbeit in diesem Betrieb wurde ich vor die Alternative gestellt: entweder Vollzeitarbeit oder keine Beschäftigung mehr. Das Gespräch mit dem verantwortlichen Herrn – Mitglied des Vorstands eines bedeutenden Unternehmens der deutschen Wirtschaft – werde ich nie vergessen.

Er zeigte sich erstaunt, daß ich mit dem Angebot eines Vollzeitarbeitsplatzes nicht zufrieden war: «Die Tatsache, daß Sie ein Kind haben, ist Ihre Privatangelegenheit. Wir müssen unsere Arbeitsplätze nach wirtschaftlichen Gesichtspunkten besetzen, dabei können wir auf private Probleme von Arbeitnehmern keine Rücksicht nehmen.»

Meine vorerst letzte Aktion: Neben diversen Einzelbewerbungen auf Annoncen verschickte ich 25 Briefe an ausgewählte Betriebe meiner Branche und bot darin an, als Fachfrau bei Beschäftigungsengpässen im Rahmen eines befristeten Beschäftigungsverhältnisses in Teilzeit tätig zu werden. Von den 25 Bewerbungen erhielt ich 14 Absagen, die restlichen 11 Firmen meldeten sich überhaupt nicht.

Wenn ich jetzt in meiner Küche stehe, beim Abspülen oder Herdputzen – mein Kind besucht inzwischen die Grundschule –, dann komme ich wieder ins Grübeln. Meine Erfahrungen nach 16jähriger Berufstätigkeit als Frau ohne Kind und jetzt 3jähriger Suche nach einer Erwerbsarbeit als Mutter:

So so. Berufstätig sind Sie also. — Wäre es nicht angebrachter, daß Sie sich um die schulischen Leistungen Ihrer Kinder kümmern?

M. M

● Im bundesdeutschen Berufsleben haben Männer mit Abstand die größten Chancen.

● Frauen, kinderlose, werden diskriminiert, weil sie Mütter werden *könnten* und so ein unkalkulierbares und unerwünschtes Risiko für den Betrieb darstellen.

● Mütter, vollzeitarbeitende, werden stärker benachteiligt als Frauen ohne Kinder, weil man fürchtet, daß sie durch die Doppel- oder Dreifachbelastung Beruf-Kinder-Haushalt im Beruf nicht den vollen Einsatz bringen werden.

● Am meisten diskriminiert werden jedoch verantwortungsbewußte Mütter, die ihren kleinen Kindern zuliebe nicht vollzeitarbeiten wollen (dabei will ich nicht die vielen alleinerziehenden Mütter verurteilen, die vollzeitarbeiten *müssen*), sondern einen Kompromiß suchen zwischen Familie und Beruf. Die Mütter, die ihren Kindern eine geborgene und glückliche Kindheit schenken wollen, die *mit* ihren Kindern leben wollen, diese Mütter haben *überhaupt keine Chance mehr* im heutigen Berufsleben.

Dabei ist es inzwischen allseits bekannt, daß die Mehrheit der

Frauen nicht mehr zwischen Kind oder Beruf wählen will, sondern beides möchte: *Familie und Beruf*.

Es ist schon eine seltsame Gesellschaft, die einerseits das Sinken der Geburtenrate beklagt und andererseits Frauen, die Kinder gebären, mit Erwerbslosigkeit *bestraft*.

Adressen für Mütter

Mütter Courage
c/o Ute Frankenne
Ennertstr. 22
5300 Bonn 3
Tel.: 0228/483654
(Koordination der Müttergruppen
Aktion «Mama, ich muß mal»)

Mütter – Hin- und hergerissen zwischen Familie und Beruf
5070 Bergisch-Gladbach
Kontakt: Christa Hoffmann
Tel.: 02204/1294
Monika Thum-Paul
Tel.: 02205/4928

Arbeitskreis gegen Kindesentführung und Mütterdiskriminierung
Freienwalder Str. 21
1000 Berlin 65
Postgirokonto Berlin West
10145–103

Forte
(Frauen ohne Recht nach Trennung
und Ehe)
Sesener Str. 23
1000 Berlin 31
Tel.: 030/8927 8892

Deutsche Hausfrauengewerkschaft
Bundesvertretung
Monika Stehle
Goerdelerstr. 130
5300 Bonn 1
Tel.: 0228/624743

AG Mütterpolitik bei den Grünen
c/o Dorothee Pass-Weingartz
Samanstr. 4
5300 Bonn 3
Tel.: 0228/443195

Zeitungen

Zeitungen, die sich die Mütter selber
geschaffen haben

Mama-mia
(erscheint vierteljährlich)
Kontakt- und Redaktionsadresse:
Dorothee Pass-Weingartz
Samanstr. 4
5300 Bonn 3
Tel.: 0228/443195

Stiefmütterchen
(erscheint 4- bis 5mal im Jahr,

12,– Abo)
Redaktion:
Margrit Jansen
Sehretstr. 18
6070 Langen

DHG-Rundschau
(erscheint vierteljährlich, 1,– DM
Schutzgebühr)
Zeitung der dtsch.
Hausfrauengewerkschaft
Postfach 1462
5300 Bonn 1

Mütter gegen Atomkraft

Mütter gegen Atomkraft e. V.
Hagenbacher Str. 37
8000 München 60

Mütter gegen Atomkraft
Wurzelbaumstr. 35 Rgb.
8500 Nürnberg 10

Mütter gegen Atomkraft und für gesunde Ernährung – Heide –
Carola Noak-Degenhardt
Wischweg 6
2240 Wesseln

Mütteraktionsgruppe «Bedrohte Umwelt»
Evelyn Krause
Am Ährenfeld 4
4504 Georgswarenhütte

Mütter gegen Atomkraft
Bielefeld
Susanne Bade
An der Regt 30
4800 Bielefeld

Mütter gegen Atomkraft
Ludmilla Fromme

Liliencronstr. 16
7000 Stuttgart

Mütter gegen Atomkraft
Dorothee Irmler
Nelkenweg 6
7800 Freiburg 34

Mütter für eine atomfreie Zukunft
Dr. Karoline Hochreiter
Pelikanstr. 11
A-5020 Salzburg

Mütter gegen Wackersdorf
Brigitte Kemperling
Hugo-Wolf-Str. 14
A-5020 Salzburg

Pinzgauer Mütter für eine atomfreie Zukunft
Ulrike Kapeller
A – 5721 Piesendorf 7

(Weitere Adressen «Mütter gegen Atomkraft» sind in der Broschüre «Tschernobyl-Initiativen» zu erfahren. Erhältlich bei Anne Matz, Neideckstr. 6, 8000 München 60)

Mütterzentren *

Überregionale Adressen für Information, Netzwerk, Fortbildung:

Greta Tüllmann / Monika Jaeckel
Deutsches Jugendinstitut
Freibadstr. 30
8000 München 90
Tel.: 089/623060

Deutscher Paritätischer
Wohlfahrtsverband
Landesverband Bayern e. V.
Andrea Müller-Stoy
Düsseldorfer Str. 22

8000 München 40
Tel.: 089/306110

Freundinnen u. Förderer der MZ
e. V.
Hildegard Schooß
Erikastr. 13
3320 Salzgitter 51
Tel.: 05341/391653/4

* In diese Liste sind die MZ aufgenommen, die über eigene Räume verfügen und mit dem laufenden MZ-Betrieb begonnen haben.

Adressen mit * sind im Aufbau befindliche Mütterzentrums-Initiativen

Baden-Württemberg

Mütterzentrums-Initiative
Stuttgart-Vaihingen
Irmgard Grammer
Pfaffenwaldring 66 b
7000 Stuttgart 80
Tel. 0711/689886

Mütterzentrums-Initiative
Stuttgart-Süd
Erika Seikh
Immenhofer Str. 16
7000 Stuttgart
Tel. 0711/6407501

Andrea Lux *
Schwabstr. 108
7000 Stuttgart 1
Tel. 0711/296877

Mütterzentrums-Initiative
Stuttgart-West
Isolde Hilebrand
Bebelstr. 70
7000 Stuttgart
Tel. 0711/633576

Mütterzentrum Stuttgart-Ost
Bergstr. 24
7000 Stuttgart 1
Tel. 0711/463569

Claudia Freund *
Ulrichstr. 55
7024 Filderstadt

Ursula Kohnle *
Birkenweg 12
7086 Neresheim-Ohmenhe

Treffpunkt F für Frau und Familie
Dossingerweg 2
7086 Nehresheim

Mütterzentrums-Initiative
Bad Wimpfen
Ulrike Rosenhagen
Körnerstr. 6
7107 Bad Wimpfen

Andrea Eckhardt *
Jahnstr. 4
7159 Auenwald 2

Frauentreff Kirchberg
Angelika Chautre
Jagststr. 14
7184 Kirchberg

Frau-Mutter-Kind-Zentrum
Am Brestenberg
7230 Schrammberg

Mütterzentrum Esslingen
Monika Dengler-Kober
Kastenackerweg 20
7300 Esslingen
Tel. 0711/3700923

Mütterzentrum
Treffpunkt für Frau und Familie
Drei Fürstenstr. 6
7406 Mössingen
Tel. 07473/8599

Nachbarschaftszentrum Reutlingen
Unter den Linden 47
7410 Reutlingen
Tel. 07121/330588

Mütterzentrum Sigmaringen
Michaela Kummerow
Achbogenstr. 7
7480 Sigmaringen
Tel. 07571/3909

Mütterzentrum
Treffpunkt F
Kaiserstr. 63
7500 Karlsruhe
Tel. 07249/374137

Schröcker Mütterzentrum
Ingrid Bethge
Max-Planck-Str. 2
7514 Leopoldshafen
Tel. 07247/2512

Mütterzentrum Pforzheim
Gisela Obier
Falkenstr. 39
7530 Pforzheim
Tel. 07231/63236

Sybille Maise *
Langumfuhre 10
7880 Bad Säckingen

Mütterzentrums-Initiative Ulm
Camilla Hannes
Oberer Hasenkopfweg
7900 Ulm
Tel. 0731/51594

Bayern

Mütter-Initiative Berliner Straße
Heidrun Liebl-Lorenz
Theodor-Dombart-Str. 15
8000 München 40
Tel. 089/3612288

Mütterzentrums-Initiative Moosach
Elisabeth Staamann
Hanauerstr. 49
8000 München 50
Tel. 089/1496251

Mütterzentrums-Initiative Ober-
menzing
Karin Mühlbacher
Verdistr. 27
8000 München 60

Mütterzentrum Sendling
Daiserstr. 5
8000 München 70
Tel. 089/777744

Familienzentrum Laim
Fürstenriederstr. 109
8000 München 21
Tel. 089/566933

Mütterzentrum Neuhausen
Andreestr. 5
8000 München 19
Tel. 089/164818

Familienzentrum Allach
St. Johannstr. 26
8000 München 50
Tel. 089/8122651

Mütterladen Giesing
Brünnsteinstr. 5
8000 München 90
Tel. 089/6925102

Mütterzentrum Neuaubing
Wiesentfelserstr. 68
8000 München 60
Tel. 089/870392

Bürgertreff München-Süd
‹Tee und Treff›
Limatstr. 6
8000 München 71
Tel. 089/7559373

Frauentreff Neuperlach
Oskar-Maria-Graf-Ring 20
8000 München 83
Tel. 089/6706463

Familienzentrum Kirchheim
Helma Schatz-Steinberger
Alpenblick 14
8011 Grub
Tel. 089/9032986

Nachbarschaftshilfe Haar
Brigitte Ziegler
Vockestr. 61
8013 Haar
Tel. 089/465695

Frauentreff Markt Schwaben
Finsingerstr. 25
8015 Markt Schwaben
Tel. 08121/46576

Frauen- und Müttergruppe Eichenau
Taubenstr. 27
8031 Eichenau
Tel. 08141/80625

Frauen- und Mütterzentrum
Moosburg

Gudrun Schöck
Am Mühlbachbogen 24a
8052 Moosburg
Tel. 08761/5336

Mütterzentrum Erding
Freisingerstr. 2
8058 Erding
Tel. 08122/2533

Mütterzentrum Traunstein
Katharinenstr. 3a
8220 Traunstein
Tel. 0861/7247

Mütterzentrum Waldkraiburg
Porschestr. 12
8264 Waldkraiburg
Tel. 08638/5164

Mutter-Kind-Café Wegscheid
Dietlinde Scholz
Meßnerschlag 1
8396 Wegscheid

Mütterzentrums-Initiative Regens-
burg
Gabriele Röckl
Prüllstr. 9
8405 Donaustauf

Müttertreff Kehlheim
Barbara Stein
Nelkenstr. 13
8420 Kehlheim

Nachbarschaftszentrum
Haus der Familie
Amselweg 7a
8450 Amberg
Tel. 09621/86272

Mütterzentrum Nürnberg
Fr. Fettge
Denisstr. 10
8500 Nürnberg 80
Tel. 0911/545000

Mütterzentrum Fürth
Königstr. 26
8510 Fürth
Tel. 0911/777465

Mütterzentrum Erlangen
Luitpoldstr. 4
8520 Erlangen
Tel. 09131/26568

Mütterzentrumsinitiative Forchheim
Carmen Makrewitz
Schnaid 26
8551 Hallerndorf
Tel. 09543/9893

Familienzentrumsinitiative
‹Familienselbsthilfe e. V.›
Luise Brandmair-Löchner
Wingersdorf 24a
8602 Frensdorf
Tel. 09502/7314

Familienselbsthilfe e. V.
Roswitha Lippitz
Hauptstr. 36
8602 Pettstadt
Tel. 09502/1637

Mütter- und Familienzentrum
Aschaffenburg
Gaby Petrig
Kettlerstr. 24
8752 Mömbris
Tel. 06029/8957

Mütterzentrums-Initiative
Aschaffenburg
Monika Schmittner
Winzerstr. 13
8758 Goldbach
Tel. 06021/58522

Mütterzentrums-Initiative Neun-
burg/Donau
Bärbel Wiehen
Blumenstr. 4
8859 Rohrenfels

Frauentreff Welden
Berta Brell
Hauptstr. 8
8901 Altenmünster
Tel. 08295/665

Memminger Frauen e. V.
‹Frauenzimmer›
Buchdruckergasse 1
8940 Memmingen 1

Berlin

Mütterzentrums-Initiative
der Gruppe Eltern beraten Eltern
Ingelore Gemmlich
Albrecht-Achilles Str. 65, Ui. 2014
1000 Berlin 31
030/8919396

Charlotte Rohde *
Kaiserallee 26
1000 Berlin 48

Mütterzentrums-Initiative Berlin
Margit Baschin
Pücklerstr. 28
1000 Berlin 36
030/6181666

Frauencafe Gropiusstadt
Loewensteinring 22
1000 Berlin 47
030/6024617

Mädchentreff Neu-Köln
Müttergruppe
Brisestr. 70
1000 Berlin 44

Bremen

Mütterzentrum Hechting
Gisela Peters
Robins Balji 20
2800 Bremen 20

Mütterzentrum Vahr
Mobilbau Gymnasium
Kurt-Schuhmacher-Allee 65
2800 Bremen
Tel. 0421/4677244

Mütterzentrum Bremen-Walle
Elisabethstr. 134
2800 Bremen

Mütterzentrum Bremen-
Hemelingen
Hohenlohestr. 9
2800 Bremen

Mütterzentrum Huchting
Amersfoorterstr. 8
2800 Bremen 66

Hessen

Mütterzentrumsinitiative Kassel
Anne Karthäuser-Tiez
Herkulesstr. 97c
3500 Kassel
Tel. 0561/39342

Christiane Schmitt-Kemmerer *
Am Ameisenberg 12
6000 Frankfurt 60

Mütterzentrums-Initiative Bornheim
Marion Lohrengel
Mainkurstr. 20
6000 Frankfurt 60
Tel. 069/492324

Mütterzentrum Langen
Fährgasse
6070 Langen
Tel. 06103/53344

Ev. Gemeinde Gravenbruch
Frau Köhler
Dreiherrn-Stein-Platz 8
6078 Neu-Isenburg 2

Mutter-Kind-Café Darmstadt
Liebfrauenstr. 33
6100 Darmstadt
Tel. 06151/784175

Frauentreff-Mobile Michelstadt
Bahnhofstr. 40
6120 Michelstadt
Tel. 06061/72555

Mütterzentrum Wiesbaden
Am Schloßpark 54
6200 Wiesbaden
Tel. 06121/602476

Angelika Glowka *
Gneisenaustr. 11
6200 Wiesbaden

Mütterzentrum Taunusstein
Hannelore Peter
Zum Schwimmbad 16
6204 Taunusstein

Mütterzentrums-Initiative Limburg
Irmgard Kirchberg
Am Hammerweg 1
6250 Limburg 1
Tel. 06431/44521

Mütterzentrumsinitiative Wetzlar
Marion Pitz
Am Brauhaus 13
6330 Wetzlar 22

Mütterzentrum Oberursel
Edith Töpper
Alois-Heminger-Str. 5
6370 Oberursel 6
Tel. 06171/79397

Mütterzentrum Fulda
Magdeburgerstr. 45
6400 Fulda
Tel. 0661/64034

Hamburg

Mütterzentrums-Initiative Eimsbüttel
Heike Bohla
Eidelstedter Weg 11
2000 Hamburg 20
Tel. 040/4914703

Mütterzentrums-Initiative Dulsberg
Ute Peters
Gebweiler Str. 15
2000 Hamburg 76
Tel. 040/611086

Mütterzentrums-Initiative Bergedorf
Elke Visser
Holtenklinkerstr. 111a
2050 Hamburg 80
Tel. 040/7261146

Niedersachsen

Frauen helfen Frauen
Reitende Dienerstr. 3
2120 Lüneburg
Tel. 04131/31810

Mütterzentrum Burg/Fehmarn
Beate Mellinghaus
Theodor-Storm-Str. 4
2448 Burg

Mütterzentrums-Initiative Diepholz
Gaby Koopmann
Ossenbecker Moorweg 141
2840 Diepholz
Tel. 05441/5318

Mütterzentrums-Initiative
Oldenburg
Monika Sellin
Süderdiek 24
2900 Oldenburg
Tel. 0441/60961

Mütterzentrum Hannover-Döhren
Bernwardstr. 2
3000 Hannover
Tel. 0511/8387832

Mütterzentrum Langenhagen
Haus der Jugend und des Sports
G. Ruge, U. Milark
Langenforther Platz 1
3012 Langenhagen
Tel. 0511/7307359

Mütterzentrums-Initiative
Baringshausen
Bahnhofstr. 3
3013 Baringshausen

Mütterzentrums-Initiative Laatzen
Burga Pyde
Triftstr. 20a
3014 Laatzen 4
Tel. 05102/1794

Mütter- und Kinderzentrum
Zum Schützenwald 20
3042 Münster
Tel. 05192/5922

Mütterzentrum Bergen
Henriettenstr. 2
3103 Bergen 2
Tel. 05051/6266

Doris Adebahr*
c/o Kinderschutzbund
Wollenweberstr. 53/55
3200 Hildesheim
Tel. 05121/21493

Mütterzentrum Drispenstedt
Ehrlicherstr. 4
3200 Hildesheim-Drispenstedt

Mütterzentrum Braunschweig
Laffertstr. 10
3300 Braunschweig
Tel. 0531/895450

Mütterzentrum Lehre
Berlinerstr. 21
3306 Lehre
Tel. 05308/1423

Mütterzentrum Helmstedt
Edeltraut Krüger
Thie 8
3308 Königslutter
Tel. 05353/3585

Mütterzentrum Salzgitter-Bad
Erikastr. 11
3320 Salzgitter-Bad
Tel. 05341/391653

Mütterzentrum Wolfenbüttel
Harztorwall 7
3340 Wolfenbüttel
Tel. 05331/1345

Mütterzentrums-Initiative
Immenrode
Ines Gronwald
Schmiedestr. 20
3387 Vienenburg 2
Tel. 05324/6746

Mütterzentrum
Gisela Sweers
Europa Allee 38
3400 Göttingen

Maria Westerveld*
Friedenshof
August-Werner-Allee 5
3408 Duderstadt

Mütterzentrum Lindau
Feldstr. 15
3411 Katlenburg-Lindau

Mütterzentrum Nörten-Hardenberg
Stiftsplatz 9
3412 Nörten-Hardenberg

Mütterzentrums-Initiative
Lütgenrode
Wilma Muehle
Untere Dorfstr. 3
3412 Lütgenrode

Mutter-Kind-Zentrum Barbis
Barbiserstr. 147
3422 Bad Lauterberg
Tel. 05524/5178

Mütterzentrum Eschwege
Langestr. 38
3442 Wanfried-Aue

Mütterzentrums-Initiative Lingen
Eva Paetzold
Altenlingener Weg 37
4450 Lingen

Mütterzentrum Meppen
Margret Meyring-Berger
Helter Beeke 56
4470 Meppen
Tel. 05931/5737

Nordrhein-Westfalen

Mütterzentrum Düsseldorf
Barbara Elias
Blumenthalstr. 19
4000 Düsseldorf 30
Tel. 0211/486798

Mütterladen-Stadtteiltreff
Düsseldorf
Rheinbarbenstr. 5
4000 Düsseldorf 30
Tel. 0211/443914

Mütterzentrum Neuss e. V.
Birgit Meyer
Kolpingstr. 70
4040 Neuss 1
Tel. 02101/547565

Mütterzentrum Neuss e. V.
Am Baldhof 1a
4040 Neuss
Tel. 02101/547565

Mütterzentrum Duisburg
Dagmar Bals
Grabenstr. 136
4100 Duisburg 1
Tel. 0203/371651

Mütterzentrum Neukirchen-Vluyn
Gisela Klaar
Haydnstr. 13
4133 Neukirchen-Vluyn
Tel. 02845/31666

Mütterzentrum Münster
Sabine Schlemer
Eichenweg 3
4400 Münster-Roxel
Tel. 02534/8189

Mütter-Café im Anna-Krückmann-
Haus, Münster
Friedensstr. 5
4400 Münster
Tel. 0251/33574/7
(Mechthild Buer od. Christel Wei-
chelt

Mütterzentrum Dortmund e. V.
Bärbel Hauenstein
Große Heimstr. 66
4600 Dortmund 1
Tel. 0231/127740

Mütterzentrum Dortmund e. V.
Adlerstr. 81
4600 Dortmund 1
Tel. 0231/141662

Mütterzentrum Bochum
Gabriele Potthast
Chaudronstr. 13
4650 Gelsenkirchen
Tel. 0209/139570

Mütterzentrum Beckum
Monika Kempe
Mühlenweg 98
4720 Beckum
Tel. 02521/4359

Mütterzentrum Neunkirchen
Brigitte Huenges
Geranienweg 18
5206 Neunkirchen
Tel. 02247/74136

Mütterzentrum Neunkirchen-
Seelschcid
Alte Schule
5206 Neunkirchen

Mütterzentrum ‹Mama Mia› Bonn
Karin Jegust-Schmandt
Gerichtsweg 32
5300 Bonn 3
Tel. 0228/444100

Mütterzentrum ‹Müttercourage› BN
Ute Fankenne
Ennertstr. 22
5300 Bonn 3
Tel. 0228/483654

Mütterzentrum Meckenheim
Renate Meier
Joseph Kreuser-Str. 34a
5309 Meckenheim
Tel. 02225/145555

Mütterzentrum Velbert
Marion Radtke
Unterer Eickeshagen 6
5620 Velbert 11
Tel. 02052/2201

Mütterzentrum Menden
Ute Eikenbusch
Lessingstr. 1
5750 Menden
Tel. 02373/5337

Mütterzentrum Iserlohn
Anne Szittnick
Limburger Str. 32
5860 Iserlohn
Tel. 02371/51070

Kaffeestube-Mütterzentrum e. V.
Iserlohn
Aloysiusstr. 1
5860 Iserlohn

Mütterzentrum Lüdenscheid
Gudrun Rubner
Wagnerstr. 46
5880 Lüdenscheid
Tel. 02351/60767

Saarland

Mütterzentrum Saarbrücken
Lehmkaulweg 67a
6600 Saarbrücken
Tel. 0681/853422

Schleswig-Holstein

Mütterzentrums-Initiative
Frauennetzwerk z. Arbeitssituation
Hamburger Chaussee 99
2300 Kiel

Mütterzentrums-Initiative Kiel
Uschi Hörnig
Gneisenaustr. 25
2300 Kiel 1

Mütterzentrums-Initiative
Bremerhaven
Ursula Fürstl
Ferd.-Lasalle-Str. 17
2850 Bremerhaven

Österreich

Mütterzentrums-Initiative Wien
Astrid Fadler
Fugbachgasse 12/13
1020 Wien

Eltern-Kind-Zentrum Linz
Scharnitzerstr. 5
4020 Linz
Tel. 0043/536343

Eltern-Kind-Zentrum Innsbruck
Adamgasse 4
6020 Innsbruck
Tel. 0043/21997

Eltern-Kind-Zentrum Bregenz
Brandgasse 2
6900 Bregenz

Eltern-Kind-Initiative Graz
Christelle Gieselbrecht
Beethovenstr. 37
8010 Graz

Schweiz

Mütterzentrum Bethlehem
Waldmannstr. 15
3027 Bern-Bethlehem
Tel. 0041/565506

Müettre Beiz
Mattengasse 27
8000 Zürich

Über die Autorinnen

DR. UTA ENDERS-DRAGÄSSER, Mutter zweier inzwischen erwachsener Kinder und ehemalige Lehrerin, daher eine Promotion über die Belastung der Mütter durch die Hausaufgabenpraxis (1980); Soziologin und Erziehungswissenschaftlerin; mangels beruflicher Chancen diskontinuierlich in der Forschung (Schul- und Sozialisationsforschung, Mädchen- und Jungenarbeit, Kinderbetreuung) sowie Fort- und Weiterbildung von Frauen tätig; hat die AG Frauen und Schule mit aufgebaut, ein unabhängiges Frauenforschungs-Institut in Frankfurt (FIF e. V.) und ein europäisches Netzwerk zur Betreuungssituation von Schulkindern mitgegründet.

GISELA ANNA ERLER, geb. 1946, Familienforscherin am Deutschen Jugendinstitut. Seit 15 Jahren Forschung und Praxis (Teamarbeit) zum Thema Frau/ Geschlechtsrollen/Familie/Beruf (z. B. Modellprojekt «Tagesmütter»), Studien über neue Arbeitszeitmodelle bei Beck/Iken, Coop, internationale Vergleichsstudie über Elternurlaub und Reorganisation der Arbeitswelt, u. a. in Schweden und USA. Autorin des Buches «Frauenzimmer» 1985; Mitautorin des Müttermanifests. Langjähriges politisches Engagement in der Studentenbewegung, der Frauenbewegung und randständig bei den Grünen, zwei Söhne, 9 und 13 Jahre alt.

ANNE HAPPERSBERGER-LÜLLWITZ, geb. 1948. Meine Leiden-Schaft gehört von Anbeginn an den Kindern. Als Älteste von 5 Kindern war ich Vertraute meiner Mutter und Miterzieherin meiner Geschwister. Anschließend 6 Jahre Ausbildung zur «Expertin» für Kinder und Arbeit mit Kindern (10 Jahre) in verschiedenen Institutionen und Positionen, mit großen und kleinen Gruppen, mit behinderten und nichtbehinderten, als Gruppenleiterin und als Einrichtungsleiterin – als Fremderzieherin habe ich erfahren, wie begrenzt mein Einfluß auf Kinder ist und daß ich im Höchstfall ergänzend wirken kann.

Als Mutter (seit 1976, drei Söhne) hat mich am schlimmsten der gesellschaftliche Ausschluß getroffen: der Raub meiner Zuständigkeit für Kinder einerseits – und die Verantwortungszuweisung für strukturell bedingte Fehlentwicklungen andererseits allein an mich.

Mein Engagement gilt heute deshalb der Veränderung der Lebensbedingungen von Müttern. «Durch Worte und Bilder für ein besseres Leben für alle». Seit 1979 Mitglied der Deutschen Hausfrauengewerkschaft, seit 1987 Redaktionsleitung der DHG-Rundschau.

MONIKA JAECKEL, geb. 1949, Soziologin aus der 68er Generation (Frankfurt Ffm), von Anfang an aktiv in der autonomen Frauenbewegung. Highlights: Flying Lesbians, Lohn für Hausarbeit-Kampagne, Mütterzentren. Arbeitet beim Deutschen Jugendinstitut in München seit 1976 zu frauen- und familienpolitischen Themen.

Veröffentlichungen (Auswahl): «Schwesternstreit», «Weibliche Ökonomie».

EVA KANDLER, geb. 1949 in Wuppertal, verheiratet, 4 Kinder. 1967 Abitur, 1968 Studium der Mathematik und Sozialwissenschaften an der Uni Bonn. Seit 1977 Realschullehrerin; mit der Geburt von Jonas, meinem dritten Kind, für sechs Jahre beurlaubt; ich versuche jetzt erneut, Kinder, Beruf und Familienarbeit zu vereinbaren. Mitorganisatorin des Mütterkongresses 1986, eine der Erstunterzeichnerinnen des Müttermanifests, soweit möglich aktiv in der Mütterpolitik.

GISELA KLAUSMANN, 1942 geboren, glückliche Kinderjahre in einer Großfamilie in der DDR. 1952 entwurzelt – Umzug nach Westdeutschland. Realschule, Ausbildung zur technischen Zeichnerin, ab 1961 im europäischen Ausland meist freiberuflich im Kunsthandwerk tätig. Zur Zeit Teilnehmerin der Frauenstudien an der Uni Dortmund. Beschäftigt bei einem Verbraucherschutzverein. Meditatives Privatleben.

HEDWIG ORTMANN, Dr., M. A., Professorin für Erziehungswissenschaft an der Universität Bremen.
Angaben zur Person: Schon so oft und für verschiedene Zwecke Gesagtes! – Bin ich immer die gleiche? – Oder kommt mit der Zeit lediglich am Schluß etwas hinzu? Nein, etwas anderes, sich Änderndes tritt in den Vordergrund: Geboren in der Zeit des Faschismus – Kindheit im großen Krieg – Rebellion in den Zwanzigern: «Studium» gegen den Widerstand der Umstände – Rebellion in den Endzwanzigern: «68» – in den Mittdreißigern: «Kinder» – den Enddreißigern: «Ich bin eine Frau!» – den Vierzigern: «So geht das auch nicht!» Verzweiflung und Krankheit – – Jetzt: Es reicht mit den Rebellionen! Die Sprengsätze sind (hoffentlich) aufgebraucht. Statt dessen: Ach, endlich! Anstrengungslosigkeit, Leben in der Weite, Beginn der Ernte (23. 11. 88).

DOROTHEE PASS-WEINGARTZ, geb. 1951, Mutter von zwei Söhnen, Studium der Soziologie/Politikwissenschaft, seit Anfang der 70er Jahre aktiv in der Frauenbewegung. Veröffentlichungen in verschiedenen Frauenzeitschriften, seit 1984 Mitglied des Rates der Stadt Bonn und Sprecherin der Fraktion. Initiierung und Organisation des Kongresses «Leben mit Kindern – Mütter werden laut». Sprecherin der AG Mütterpolitik bei den Grünen.

GABRIELE POTTHAST, geb. 1955. Studium: Englisch und Deutsch, seit 1979 Mitarbeit in der autonomen Frauenbewegung; vier Jahre Lehrerin beim BfW des DGB bis 1983, von 1983 bis 1985 Mitglied des Deutschen Bundestages und Mitglied des Bundestagsausschusses für Arbeit und Sozialordnung; von 1985 bis 1987 wissenschaftliche Mitarbeiterin in den Arbeitskreisen ‹Sozialpolitik› und ‹Frauenpolitik› der Bundestagsfraktion Die Grünen. Seit 1985 Mutter einer nichtehelichen Tochter; Mitarbeit in der Mütterpolitik- und Mütterzentrumsbewegung. Seit 1988 wissenschaftliche Mitarbeiterin des Mütterzentren-Bundesverbands.

HILDEGARD SCHOOSS, geb. 1944, verheiratet, drei Kinder, seit 1972 aktiv in der Frauenbewegung, 1981 Gründung des 1. Mütterzentrums in der BRD, danach Initiierung und Begleitung weiterer Mütterzentren, seit 1984 Mitarbeiterin von SOS-Kinderdorf mit der Zuständigkeit für das Mütterzentrum und den Stadtteil-Service in Salzgitter; Veröffentlichungen: «Schwesternstreit» (1983), «Ausbildung ein Leben – Leben eine Ausbildung» (1986), «Mütter im Zentrum-Mütterzentrum» (1988).

IRENE STOEHR, geb. 1941, Soziologiestudium, kinderlos und mütterfreundlich, blickt seit Jahren gern auf die «Schwestern von gestern» zurück. Dies und anderes in verschiedenen Beschäftigungs- und Nichtbeschäftigungsverhältnissen: in Frauenseminaren, als Redakteurin oder sogenannte freie Autorin.

ANNEGRET STOPCZYK, freischaffende Philosophin, 1951 geboren. Ich arbeite gerade an meinem ersten großen Buch. Zahlreiche kleinere Sachen sind in Funk, Büchern und Zeitschriften veröffentlicht. 1982 habe ich ein Kind geboren. Seit Tschernobyl bin ich aus der Uni ausgestiegen.

GABI TRINKAUF: als Jahrgang 1949 hatte ich das größte Glück, im Jahre 1968 gerade im richtigen Alter zu sein, um meine bisherige Existenz abzuschütteln und mich in das Neue zu stürzen. Danach folgten Jahre, in denen sich Studien an verschiedenen Universitäten, Kinder, Haushalt, Stadtflucht, Landflucht, Häuserkampf, Friedensbewegung in bunter Mischung aneinanderreihten. Seit einigen Jahren lebe ich als freie Journalistin in Berlin.